让我们做自己的法律顾问

马丽艳 著

国家开放大学出版社 · 北京

图书在版编目（CIP）数据

让我们做自己的法律顾问／马丽艳著 . —北京：
国家开放大学出版社，2018.7

ISBN 978 - 7 - 304 - 09344 - 0

Ⅰ.①让…　Ⅱ.①马…　Ⅲ.①法律—中国—通俗读物
Ⅳ.①D920.5

中国版本图书馆 CIP 数据核字（2018）第 168531 号

让我们做自己的法律顾问

RANG WOMEN ZUO ZIJI DE FALÜ GUWEN

马丽艳　著

出版·发行：国家开放大学出版社

电话：营销中心 010 - 68180820　　　总编室 010 - 68182524

网址：http://www.crtvup.com.cn

地址：北京市海淀区西四环中路45号　　**邮编：**100039

经销：新华书店北京发行所

策划编辑：李　倩　　　　　　**版式设计：**李　响

责任编辑：石明贵　　　　　　**责任校对：**冯　欢

责任印制：赵连生

印刷：廊坊十环印刷有限公司

版本：2018 年 7 月第 1 版　　　2018 年 7 月第 1 次印刷

开本：787mm×1092mm　1/16　　**印张：**19.75　　**字数：**430 千字

书号：ISBN 978 - 7 - 304 - 09344 - 0

定价：42.00 元

前 言
Preface

　　人这一生，都离不开衣食住行，生老病死，婚丧嫁娶，生儿育女，教育就业，这些关乎每一个人切身利益的事情，无一不在法律的规范之下。法律之于生活，绝非可有可无。但在现实生活中，许多人法律意识淡薄，对于关乎自身利益的基本法律知识一知半解甚至一无所知。有些人觉得法律没什么用，我不犯法；我一辈子不犯法，法律就一辈子对我没用。不懂法的结果，就是吃了亏都不知道怎么回事，被人告上法庭都不知道错在哪里。

　　随着时代的变革，社会和家庭都发生了巨大的变化，作为社会细胞的家庭，不可避免地遇到了更多的法律问题（例如：没有登记结婚而引发的房屋产权归属问题和子女抚养问题；丈夫背着妻子送给情人的房屋，妻子主张返还原物问题；领取结婚证但未在一起同居生活的一方死亡，另一方可否继承遗产的问题；夫妻感情破裂长期分居，一方死亡后另一方可否继承死亡一方遗产的问题；继承了继父或继母的遗产还可否继承生父母遗产的问题；被单位非法辞退后，员工可获得哪些补偿？死亡赔偿金可否偿还债务？车辆被卖，但没有办理过户登记手续，后车主开车撞人，原车主是否需要承担赔偿责任？买了假货只知道气愤却不知道如何维护权益；让老板无理辞退，不知道怎样据理力争），一个人一生中可能遇到以上一系列关乎自身利益的事情，但在实际中或许因为对法律不了解而痛心绝望，或是不敢或者不愿意拿起法律武器来维护自己的利益。

　　大多数老百姓宁可自己吃亏也不愿意去打官司，认为打官司既费时，也费力，还担心打官司支付不起高昂的费用。遇到比较棘手的争议纠纷，也没有请律师咨询或委托处理的习惯。因此，掌握基本的法律知识是十分必要的。中国逐渐成为法制健全的社会，法律也正在越来越多地介入普通民众的生活，法律并不是专业人士所特有的代名词，而应当成为普通百姓了解、熟悉和掌握的常识。

　　希望此书能够成为老百姓生活中的法律顾问和指南。书中精选的案例或事例，都源于普通老百姓的日常生活。这是一本通俗易懂的书籍，阅读此书，就好比你在跟律师面对面地交谈，它将帮助你正确处理日常生活中遇到的涉及法律的疑难问题。此书能够引导我们的生活方式，让我们切实体会到法律给予我们的关怀与帮助。

  本书所涉及的案例，涵盖了普通百姓工作与生活的方方面面，让我们做自己的法律顾问。关注法律，走进法律；将法律生活化，能为老百姓自行掌握。

编者

2018 年 6 月

目 录
Contents

婚姻家庭·财产·继承篇

第一章　婚姻家庭关系 / 003

1. 彩礼打欠条，有法律效力吗？ / 003

2. 丈夫隐瞒妻子赠送给情人的贵重物品，妻子可以要回吗？ / 004

3. 举行了订婚仪式但未办理结婚登记手续，结婚不成引发的财产争议，
   一方可以要求退还彩礼吗？ / 005

4. 男女双方登记结婚后未共同生活，离婚时，男方可以一并请求返还彩礼吗？ / 007

5. 登记结婚时不是本人亲自到场的，婚姻的效力如何认定？ / 008

6. 丈夫背着妻子借了巨额的债务意外死亡，妻子有无义务偿还债务？ / 009

7. 配偶一方赌博所欠的债务是夫妻共同债务，还是配偶一方的个人债务？ / 011

8. 成年的儿子出车祸，前夫能拒付抚养费吗？ / 012

9. 单亲父母无力抚养孩子可否送人？ / 012

10. 父母子女关系能否解除？ / 013

11. 丈夫在婚姻关系存续期间又通过穆斯林的教义手续娶妻，是否构成重婚罪？ / 014

12. 长大成人的孩子要起诉父母当初遗弃自己的行为，法律如何解决？ / 016

13. 父母离异，一方没有尽到抚养义务，孩子成年后对其是否仍承担赡养的义务？ / 016

14. 夫妻为了逃避债务假离婚，一方反悔了怎么办？ / 017

15. 丈夫得了重大疾病遭妻子遗弃，妻子是否要负法律责任？ / 018

16. 妻子离家出走发生意外，丈夫承担什么法律责任？ / 019

17. 恋爱分手后，双方关于青春损失费的约定是否有效？ / 020

18. 离婚协议能反悔吗？ / 021

19. 离婚诉讼前，夫妻双方签署的离婚协议是否有效？ / 022

20. 不在户口所在地能起诉离婚吗？ / 023

21. 婚礼筹备金属于夫妻共同债务吗？ / 024

22. 夫妻离婚后，祖父母是否有权探望孙子女？ / 025

23. 夫妻之间所打借条是否具有法律约束力？ / 026

24. 表兄妹领证结婚无效吗？ / 027

25. 子女能否向父母主张大学期间的教育生活费？ / 028

26. 父母生前欠债，子女有义务偿还吗？ / 030

27. 前妻擅自更改孩子的姓，丈夫能否拒绝支付抚养费？ / 030

28. 夫妻离婚后丈夫发现孩子不是亲生的，丈夫能否向妻子追索孩子的抚养费？ / 031

29. 夫妻在离婚时，签下"孩子跟一方生活另一方不支付孩子抚养费"的协议，
离婚后能否向对方要还孩子的抚养费？ / 033

30. 离婚后未与子女共同生活的另一方是否还享有监护权？ / 034

31. 夫妻离婚后，未跟子女生活的一方是否应承担子女因病治疗的费用？ / 035

32. 父母对子女抚养权的判决标准是什么？ / 036

33. 离婚后一方可否中止不支付孩子抚养费另一方的探视权？ / 037

34. 再婚配偶不育能否要求变更孩子抚养权？ / 039

35. 离婚协议约定不付抚养费是否有效？ / 039

36. 配偶一方婚后患精神病，婚姻是否无效？ / 040

37. 夫妻离婚，一方生活困难，可否要求对方给付抚养费？ / 041

第二章 夫妻财产关系 / 043

38. 夫妻书面约定婚后所得财产归各自所有，但妻子因为要照顾孩子、打理家务等
而辞去工作，离婚时可以提出经济补偿请求吗？ / 043

39. 婚前房屋在婚姻关系存续期间产生的增值部分，是否属于夫妻共同财产？ / 044

40. 婚前房屋在婚姻存续期间所得租金属于夫妻共同财产吗？ / 045

41. 婚房登记在恋人名下后双方分手，出资方要求登记方返还的
是房屋还是首付款？ / 046

42. 恋爱一方婚前买房，产权属于谁？ / 047

43. 情侣未婚买房，分手后如何分房？ / 047

44. 未婚同居后共同买房，并为之欠下债务，房子和债务该怎么处理？ / 049

45. 婚前一方出资买房，婚后没有共同还贷，离婚时房子可否作为夫妻
共同财产来分割？ / 050

46. 一方婚前按揭贷款购买的房屋，婚后共同还贷，房屋属于夫妻共同财产吗？ / 050

47. 结婚后房款由男方出资，房产证上也只有男方名字，离婚时房屋怎么分割？ / 051

48. 婚前一方出资购房，产权登记在双方名下，离婚时房产应如何分配？ / 052

49. 夫妻共同共有的房屋，一方能否擅自出卖？ / 053

50. 夫妻共有房屋出卖，一方虽未签订合同，但知道买卖的事实并未表示异议，
应当认为其默示同意？ / 054

51. 夫妻共有房屋出卖，一人签字效力如何？ / 055

52. 婚后购买、登记在一方名下的房屋是否属于夫妻共同财产？ / 056

53. 父母出资以子女的名义买的房，谁拥有产权？ / 057

54. 婚后由一方父母出资为子女购买的房产，离婚时房屋怎么分割？ / 057

55. 婚后由一方父母出资为其购买的房产，产权证上写了夫妻两个人的名字，
此房屋算夫妻共同财产吗？ / 058

56. 婚前以一方名义购买，婚后共同还贷并取得房屋产权证的按揭房屋，在离婚
诉讼中协商不成的情况下应如何分割？ / 059

57. 以对方名义偿还部分房款，能不能拥有部分产权？ / 060

58. 登记结婚后一方用婚前的积蓄购买的房子，双方未在一起共同生活，
离婚时房产应如何分割？ / 061

59. 夫妻共同财产，未经一方的同意，可否随意赠人？ / 062

60. 一方因身体受伤害获得的医疗费，离婚时可否当作共同财产来分割？ / 063

61. 婚后因他人赠与或遗赠获得的财产，是夫妻共同财产吗？ / 064

62. 嫁妆是否夫妻共同财产？ / 065

63. 离婚时一方转移隐匿银行存款该如何处理？ / 066

64. 对于无效婚姻，财产应如何分割？ / 067

65. 离婚时复员军人的转业费可否当作夫妻共同财产？ / 069

第三章　遗产继承问题 / 071

66. 夫妻离婚后妻子照顾瘫痪在床的前夫5年，前夫死后，妻子还能继承前夫的
遗产吗？ / 071

67. 遗腹子能否继承被继承人的遗产？ / 072

68. 养子女能继承生父母的遗产吗？ / 073

69. 继子女继承了生父母的遗产后能否继承继父或继母的遗产？ / 074

70. 死亡赔偿金可否当作遗产来处理？ / 075

71. 未领结婚证以夫妻名义共同生活，一方死亡后另一方是否享有财产的
继承权利？ / 076

72. 领取结婚证但未在一起生活，一方死亡后，另一方可否继承死亡
一方的遗产？ / 077

73. 夫妻长期分居，一方意外死亡，另一方可否继承死亡一方的遗产？ / 078

74. 再婚的夫妻，丈夫意外死亡，妻子可否继承丈夫的遗产？ / 079

75. 离异的妇女带孩子改嫁能否继承再婚丈夫婚前的房屋？ / 080

76. 丈夫死后，妻子再婚，能带走分得的遗产吗？ / 080

77. 立遗嘱分家产的问题 / 081

78. 未成年人可以代替过世的父母继承遗产吗？ / 082

79. 父母双亡的未成年人如何继承遗产？ / 083

80. 父母可以代替未成年子女放弃继承权或者拒绝接受遗赠吗？ / 084

81. 放弃继承权可以不赡养父母吗？不赡养父母就丧失继承权吗？ / 085

82. 外嫁女儿能否继承遗产？ / 086

83. 尽赡养义务的孙子是否享有继承权？ / 087

84. 夫妻吵架后妻子自杀，对方是否有继承权？ / 088

85. 丈夫死亡后，妻子能否继承丈夫婚前的财产？ / 088

86. 丈夫死亡后妻子有权继承公婆遗产吗？ / 089

87. 房屋抵押后能否继承？ / 090

88. 配偶在房产作抵押后意外死亡，继承者必须还清贷款才能继承房产吗？ / 090

89. 房屋已被某继承人占有，其他继承人应如何主张权利？ / 091

90. 子女在父亲再婚前出具的放弃遗产继承的声明是否有效？ / 092

91. 先继承遗产还是先偿还债务？ / 093

92. 服刑罪犯有没有继承权？ / 094

93. 夫妻间不尽扶养义务能否继承遗产？ / 095

94. 在婚姻关系存续期间女方放弃继承父亲财产，男方认为侵害了
自己的合法权益？ / 096

95. 没有血缘关系的人能"继承"遗产吗？ / 097

房产权益篇

第四章　房屋纠纷 / 101

96. 承租的房屋被房东卖了，新房东能否要求承租人搬出房屋？ / 101

97. 租住房屋漏水导致楼下损失应该由承租人还是房东赔偿？ / 102

98. 承租人在租赁期内死亡，与其共同生活的亲属是否可以继续租住该房屋？ / 102

99. 房屋迟延交付，业主能否要求退房？ / 103

100. 装修房质量差业主能索赔吗？ / 104

101. 购房者拿到所购房产的钥匙是否就是取得了房产权？ / 105

102. 房子里曾经有人上吊自杀，买方是否有权退回购买的房屋？ / 106

103. 房屋漏水导致邻居房屋受损，可否获得赔偿？ / 107

104. 房屋已过户给受赠人，可否撤销呢？ / 107

105. 有贷款的房产能赠与吗？ / 109

106. 出租的房屋承租人拒付租金，房东可否与承租人解除房屋租赁合同？ / 109

107. 租住房屋装修后又拆走，需要向房主赔偿吗？ / 110

108. 租客在出租房出意外，谁应承担责任？ / 111

第五章　物业与业主纷争 / 113

109. 住宅小区的地下车库归谁所有？ / 113

110. 收了物业管理费，还收取电梯维修费，合理吗？ / 114

111. 原业主欠的物业管理费，新业主可否拒绝交纳？ / 115

112. 非业主在小区内摔伤，物业公司是否须承担责任？ / 116

113. 业主不交物业管理费，物业停用电梯属于对业主的侵权吗？ / 117

114. 业主不交物业管理费，物业公司有权断水断电吗？ / 118

115. 物业公司要收取装修留下的建筑垃圾清理费，合理吗？ / 119

116. 高楼遮挡私宅阳光，影响通风，业主有权要求赔偿吗？ / 119

117. 噪声扰民，物业公司应否赔偿？ / 120

118. 与开发商未达成购房协议，购房者能否要求返还支付的定金？ / 122

119. 小区流浪狗咬伤业主，物业是否应担责？ / 123

120. 新房未入住，物业管理费和取暖费也得交？ / 124

121. 家中被盗，物业公司是否应承担责任？ / 125

122. 高层住宅一楼的住户可以不交电梯费吗？ / 126

劳动保护篇

第六章　职场中未知的风险　/　129

123. 试用期到底有多长？ / 129

124. 试用期内如被公司调岗，还要重新设置试用期吗？ / 130

125. 试用期内公司能随意解除劳动合同吗？ / 130

126. 试用期辞职无须给用人单位打招呼？辞职后能拿到试用期的工资吗？ / 133

127. 民办非企业单位不适用《劳动合同法》？ / 133

128. 没有签订劳动合同，如何认定劳动关系？ / 134

129. 《劳动合同法》适用于事业单位吗？ / 135

130. 用人单位拖欠工资怎么办？ / 136

131. 劳动者提供虚假证件，用人单位与其签订的劳动合同无效？用人单位可否取回发放的工资？ / 137

132. 用人单位可否向劳动者收取押金、扣押证件？ / 138

133. 事业单位临时工退休有退休金？ / 139

134. 聘用超过法定退休年龄的临时工，还要办理养老保险吗？ / 140

135. 单位能不能任意定违约金？ / 140

136. 合同没到期，但劳动者因不能胜任工作提出辞职需要赔偿用人单位吗？ / 141

137. 试用期内用人单位能不能以工作能力不够为由辞退员工？ / 142

138. 用人单位不缴社保，劳动者可以随时走人吗？ / 143

139. 用人单位能否将社会保险费折合成现金方式发给劳动者？ / 144

140. 大学生实习期间签订合同，在合同期内要辞职，用人单位能否
     让其支付违约金？ / 145

141. 员工离职时单位私自扣押养老保险卡，员工应该怎么办？ / 146

142. 养老保险单位缴了6年，离职后中断了2年，重新就职后能否补缴？ / 146

143. 养老保险已缴14年，现从单位离职不想再缴养老保险，如果把个人支付的8%的
     养老保险要回来划算吗？ / 147

144. 用人单位和本人失业保险累计缴费满四年的，失业后可否领取失业保险金？ / 148

145. 已经缴满了15年的养老保险，在没有到退休年龄前停缴养老保险金，
     到退休年龄时能拿到养老保险金吗？ / 148

146. 企业为职工买了生育保险，职工产假期间企业可以不付工资吗？ / 149

147. 企业改制后原劳动合同是否有效？ / 150

148. 单位在法定节假日安排加班，不支付工资而是给员工调休，这种做法合法吗？ / 151

149. 没签劳动合同，受伤了怎么维权？ / 152

150. 单位没买社保，员工辞职有补偿？ / 153

151. 单位拒开离职证明，谁为损失埋单？ / 155

152. 劳动者不愿签合同，单位可以终止劳动关系吗？ / 155

153. 员工不能胜任工作，单位可以解雇员工吗？ / 156

154. 无意中损坏单位设备，劳动者是否需要赔偿？ / 157

第七章　工伤纠纷 / **159**

155. 试用期出了事故，可否认定为工伤？ / 159

156. 试用期内发生交通事故，能以工伤认定吗？ / 160

157. 用人单位内部协议规定"员工工作时间外出时发生事故不算工伤"有效吗？ / 161

158. 在未下班的情况下，员工私自离开工作岗位回家途中发生事故，
     可否认定为工伤？ / 162

159. 员工在下班聚餐途中被撞，算不算工伤？ / 163

160. 员工在公司宿舍自杀，用人单位需要承担什么责任？ / 164

161. 60多岁的农民工受伤，能否认定为工伤？ / 165

162. 退休人员返聘因工作受到事故伤害的能不能认定为工伤？ / 166

163. 学生在实习期间受伤，谁来赔偿？属于工伤吗？ / 167

164. 在单位食堂吃饭受伤算不算工伤？ / 168

165. 上班途中违反交通规则身体受伤算不算工伤？ / 169

166. 工作期间受到刺激导致精神失常是否认定为工伤？ / 169

167. 下班后还在单位加班受伤，可否算工伤？ / 171

168. 员工打架受伤算工伤吗？用人单位以员工打架为由，与劳动者解除劳动合同，
     合理吗？ / 172

169. 员工工伤期间,工资怎么发放? / 173

170. 临时雇佣的日工干活中受伤,属于工伤吗?怎么赔偿? / 174

171. 工伤私了后伤情加重可以反悔吗? / 175

172. 工伤认定超期了,劳动者还能获得赔偿吗? / 177

173. 职工"主动顶岗"受伤,是否属于工伤? / 178

174. 临时工的伤残能否享受工伤待遇? / 179

175. 使用假证件入职,出现事故可否申报工伤? / 180

176. 提前上班被撞伤属于工伤吗? / 181

177. 员工未乘"约定车辆"出事可否认定为工伤? / 182

178. 上下班途中无证驾车发生交通事故是否属于工伤? / 183

损害赔偿篇

第八章　交通事故损害赔偿　/　187

179. 公交车司机为了避免撞伤乱过马路的人紧急刹车,车上乘客摔伤,民事责任该
如何界定? / 187

180. 机动车辆转让后未办理过户手续发生交通事故,原车主是否须
承担赔偿责任? / 188

181. 无证驾驶撞倒行人逃逸,受伤者抢救无效身亡,该行为属于故意伤害罪还是
交通肇事罪? / 189

182. 无偿代驾发生交通事故,由车主还是司机负责? / 191

183. 发生交通事故双方责任无法认定时,该起事故的赔偿责任由谁承担? / 192

184. 不论机动车一方有没有责任,保险公司都应当承担赔偿责任吗? / 194

185. 车辆因交通事故受损导致停运,因此而减少的收入应该要求谁赔偿? / 195

186. 穿越无人看守的铁路道口被火车撞死,受害人家属能获得赔偿吗? / 197

187. 办理抵押登记的车辆在交通事故中受损,抵押效力可否消灭? / 198

188. 车辆借给别人开后出车祸撞伤人,车主要不要负连带责任? / 199

189. 将刹车失灵的车借给了别人,出了车祸怎么赔偿? / 200

190. 故意驾车撞人致伤,保险公司承担赔偿责任吗? / 201

191. 未成年人驾车伤人,监护人应担责任吗? / 201

192. 交通肇事罪中的受害人可否主张精神损害抚慰金? / 203

193. 行人乱穿马路造成交通事故,致人死亡的,对行人可判处交通肇事罪吗? / 204

194. 驾驶员撞死自己的亲人,保险公司需要赔偿吗? / 205

195. 乘客中途下车遭车祸,承运人是否承担责任? / 206

196. 车辆被盗发生交通事故,车主是否应承担赔偿责任? / 207

197. 在修理厂内倒车撞到人属于道路交通事故还是人身伤害事故? / 208

198. 妻子应否对丈夫造成的交通事故承担赔偿责任? / 209

199. 高速公路上乘客下车被撞伤由谁承担责任? / 210

200. 出租车乘客开门下车时撞伤骑车人,由谁承担赔偿责任? / 211

201. 乘客在公交车上财物被盗,承运人应否赔偿? / 212

202. 未年检车辆出险,保险公司是否理赔? / 213

203. 老年人免费坐公交意外受伤,公交车承担赔偿责任吗? / 214

第九章 未成年人的权益保护 / 216

204. 未成年人在校受伤责任由谁承担? / 216

205. 学校提前放学,小学生在放学途中发生意外伤害事故,学校
是否应承担责任? / 217

206. 学生上体育课摔伤由谁负责? / 218

207. 孩子在幼儿园受伤,谁来承担赔偿责任? / 219

208. 好心帮忙看孩子,孩子摔伤需要承担赔偿责任吗? / 220

209. 未成年人在学校组织的外出活动中受伤,学校需要承担责任吗? / 221

210. 小学生在学校内被烫伤,学校应否承担责任? / 222

211. 儿童在超市儿童游乐园内玩耍致伤,责任应由谁承担? / 223

212. 非婚生子女如何落户? / 224

213. 生父不认私生子,如何获得抚养费? / 224

214. 父母婚内分居不管子女的,子女可追索抚养费吗? / 225

215. 未成年人可以立遗嘱吗? / 226

216. 父母能擅自挪用孩子的压岁钱吗? / 227

第十章 人身损害的权益保护 / 228

217. 成年大学生在校期间因自身原因发生意外死亡,学校该承担责任吗? / 228

218. 无票乘客旅途中受到损害的能否要求赔偿? / 229

219. 行人不慎掉入窨井,责任由谁来承担? / 229

220. 使用居民小区的健身器械时出现伤害事故,谁来承担责任? / 230

221. 误入别人家被狗咬,双方均应承担责任吗? / 232

222. 客户在银行门口摔倒,银行有无赔偿责任? / 233

223. 居民小区内滑倒摔伤,物业究竟该不该进行赔偿? / 233

224. 楼上坠物砸伤行人,谁来承担责任? / 234

225. 医院以没有直系家属签字拒绝手术导致病人死亡,是否要承担责任? / 235

226. 病人自杀,医院是否有责任? / 236

227. 建筑物或者其他设施倒塌致人损害的,责任怎么承担? / 238

228. 乘客在公交车上被踩伤,公交公司应赔偿否? / 239

229. 乘客在公交车上因为自身疾病晕倒摔伤，公交公司是否应承担责任？ / 240

230. 劝酒致饮酒人伤亡，组织者、劝酒者、同饮者是否有责任？ / 240

231. 游人在公益性公园出了事故谁来赔偿？ / 241

232. 乘坐电梯发生事故该由谁来承担责任？ / 242

233. 大雪压断树枝伤人，谁来承担责任？ / 243

234. 两个人吵架一方猝死，另一方是否应承担民事赔偿责任？ / 244

235. 保姆在做家务时受伤，雇主是否承担赔偿责任？ / 245

236. 替人干活受伤，谁承担赔偿责任？ / 246

237. 雨后树倒砸坏了私家车由谁承担责任？ / 247

238. 当事人双方对造成的损害均无过错，如何承担赔偿责任？ / 247

239. 雇员致他人受伤的，谁来承担责任？ / 248

240. 老人在洗澡堂洗澡摔伤，如何获得赔偿？ / 249

241. 美容美发失败造成人身伤害的，可否要求精神损害赔偿？ / 250

242. 宾馆客人无故死亡，宾馆有没有法律责任？ / 251

243. 客人不慎从酒店客房中坠下，赔偿责任如何确认？ / 252

244. 顾客在商场摔伤，商场是否应当赔偿？ / 253

245. 撞上小店玻璃门受伤，受害者可否起诉店主索赔？ / 254

246. 职工家属在单位食堂摔伤，单位应负责吗？ / 255

第十一章 妇女权益保护 / 257

247. 妻子擅自堕胎，是否侵犯了丈夫的生育权？ / 257

248. 丈夫打伤妻子要赔偿吗？ / 258

249. 妻子生下女婴，丈夫抛弃妻女的行为法律应如何处理？ / 259

250. 男女未婚同居产生矛盾，解除同居关系法院会受理吗？ / 260

251. 妻子怀孕期间，丈夫有外遇向妻子提出离婚，妻子可以获得
精神损害赔偿吗？ / 261

252. 妻子被丈夫殴打，妻子想不开喝农药自杀，丈夫要负法律责任吗？ / 262

253. 不离婚，能要求丈夫支付扶养费吗？ / 262

254. 妻子不能生育，丈夫起诉离婚应予准予？ / 263

255. 签了堕胎协议男方就不用抚养孩子了吗？ / 264

256. 人工流产造成的损害由谁承担？ / 265

257. 遭遇家庭暴力、不忠，受害方能否要求精神损害赔偿？ / 266

258. 配偶一方婚后患精神病，婚姻是否有效？ / 267

259. 女工因怀孕被开除是违法行为吗？ / 268

260. 妇女在工作场所遭遇性骚扰，单位要赔偿吗？ / 269

261. 怀孕期间男方要求女方终止妊娠并离婚，女方可以要求赔偿吗？ / 270

第十二章　老年人权益保护 / 271

262. 不赡养父母违法吗？ / 271

263. 老年夫妻感情不和，一方能否对另一方拒绝履行扶助义务？ / 272

264. 儿媳对公婆有赡养义务吗？ / 273

265. 再婚老人一方的遗产如何继承？ / 274

266. 由于子女干涉老年人的婚姻，两位老人没有登记结婚住在一起，该关系受法律保护吗？ / 275

267. 父母都有退休金，子女还要给赡养费吗？ / 275

268. 继子女是否该为继父母的赡养负责？ / 276

269. 退休的老人死亡，怎么发放养老金？家属没工作怎么办？ / 277

270. 虐待老人是否构成犯罪？ / 279

271. 子女未尽赡养义务，是否丧失继承权？ / 280

第十三章　消费者权益保护 / 282

272. 在美发店寄存的物品丢失，美发店应否赔偿？ / 282

273. 在饭店用餐被打，饭店应否负责？ / 283

274. 顾客在淘宝网上购买了假货，要求店主退货遭卖家拒绝，顾客该怎么办？ / 284

275. 在饭店用餐车辆停在饭店门口，车辆被盗，饭店应负责任吗？ / 285

276. 顾客在试衣间丢了衣服，商场负责赔偿吗？ / 286

277. 某网店卖假货，买家告淘宝还是告网店？ / 287

278. 快递公司丢失顾客物品该如何赔偿？ / 288

279. 购物时摔坏物品，消费者该怎么赔偿？ / 289

280. 会员卡"一经售出，概不退还"？ / 290

281. 吃饭吃出虫子构成侵权还是违约？ / 291

282. 顾客提前支付预付款但未消费，可否要求退款？ / 292

283. 消费者个人信息被泄露该如何维权？ / 293

284. 消费者的人身权益受到侵害的，可否得到民事赔偿？ / 293

285. 消费者购买的商品六个月内发现瑕疵，可否要求退货？ / 294

286. 顾客就餐被烫伤，饭店需要承担责任吗？ / 295

附录　常用的法律法规 / 297

后记 / 300

参考文献 / 302

婚姻家庭·财产·继承篇 ◀ 让我们做自己
的法律顾问

第一章　婚姻家庭关系

婚姻是什么？古往今来，无数智者从各个角度给出各种答案，有人说婚姻是缘分，有人说婚姻是责任，也有人说婚姻是围城。婚姻之中，有多少爱可以让两个人相守一生？当爱情落实到柴米油盐上时，两个人又有多少耐心和信心坚守？有人抱怨没钱没车没房娶不到老婆，有人为要不要闪婚犯愁，还有人为要不要离婚而犹豫不决。婚姻中碰到的那些人和事以及婚姻中存在的矛盾和纠纷，折射出的不仅仅是幸福和不幸福，更多的是警示教训、自我判定。我们应该寻求更好的方式、方法去生活，更好地作人生的选择。我们也不要忘了在婚姻中遇到是是非非时，用法律的武器来维护自己的合法权益。

1. 彩礼打欠条，有法律效力吗？

【案情介绍】

吴红（化名）与男友刘东（化名）定下终身，在双方家长谈婚论嫁时，吴红的父母向刘东的父母要30万元的彩礼，但刘东的父母只能拿出8万元现金，剩下的22万元双方父母签订了彩礼欠款合同，约定每年刘东的父母向吴红的父母支付2万元至给足22万元。现吴红的父母担心在吴红结婚后，刘东的父母对剩余的彩礼钱不予支付。他们两家签订的彩礼欠款合同是否具有法律效力？

【评析】

欠条是否具有法律效力可以从三个方面确定：第一，双方之间是否存在真实的欠款事实；第二，欠条的书写是否规范；第三，欠条的内容是否违反法律规定，侵犯他人合法权益。欠条的书写需要有以下内容：第一，债务人和债权人的双方身份信息；第二，欠款的数额，用途；第三，是否给付利息；第四，是否约定还款日期；第五，债务人签字确认；第六，书写欠条的时间。

本案中，吴红的父母与刘东的父母之间不存在法律意义上的借款合同。男方向女方给付彩礼是民间婚俗，由习惯调整。当事人自愿给付彩礼的，法律一般不予干涉。但是，如果以合同形式追讨彩礼的，该合同因违反公序良俗原则而为无效合同。吴红父母的行为具有买卖婚姻的违法性，不是法律予以认可的行为，因此，两家签订的彩礼欠款合同无效。

【相关法条】

《民法总则》第八条 民事主体从事民事活动，不得违反法律，不得违背公序良俗。

《民法总则》第十条 处理民事纠纷，应当依照法律；法律没有规定的，可以适用习惯，但是不得违背公序良俗。

《合同法》第五十二条 有下列情形之一的，合同无效：

（一）一方以欺诈、胁迫的手段订立合同，损害国家利益；

（二）恶意串通，损害国家、集体或者第三人利益；

（三）以合法形式掩盖非法目的；

（四）损害社会公共利益；

（五）违反法律、行政法规的强制性规定。

《婚姻法》第三条 禁止包办、买卖婚姻和其他干涉婚姻自由的行为。禁止借婚姻索取财物。

2. 丈夫隐瞒妻子赠送给情人的贵重物品，妻子可以要回吗？

【案情介绍】

已婚的李先生看上了年轻漂亮的陶小姐，经过一段时间的相处，两个人开始在外同居。同居期间，李先生多次为陶小姐购买衣服、首饰，并且买了一辆大众牌小轿车，小轿车登记在陶小姐名下。不久，李先生的妻子毛女士得知丈夫与陶小姐之间的事。毛女士要求李先生和陶小姐终止同居关系，并要求陶小姐返还李先生赠送给她的车辆。但毛女士的该要求遭到陶小姐的拒绝，陶小姐认为李先生是心甘情愿赠送给她的，且车辆登记在自己名下，所有权属于自己，拒不返还。毛女士能否要求陶小姐返还丈夫李先生赠送的小轿车？

【评析】

本案涉及的是夫妻财产制法律制度。在夫妻关系存续期间，夫妻共同财产是一个不可分割的整体，夫妻双方对共同财产具有平等的处分权利，另有约定的除外。非因日常生活需要对夫妻共同财产作重要的处理决定时，夫妻双方应当协商取得一致意见。一方擅自处分共有财产的，一般认定无效。无偿赠与情人财产属于一方非因日常生活需要而处分夫妻共同财产，这种行为损害了另一方的财产权益，另一方有权要求重新处置。

本案中李先生送给陶小姐的小轿车，属于李先生和毛女士的夫妻共同财产。李先生非因日常生活需要，在未取得妻子毛女士同意的情况下，擅自处分夫妻共同财产，该行为无效。陶小姐违背社会公序良俗取得财物，严重侵害了财产共有人的合法财产权益，且非善意取得，小轿车虽已登记在其名下，仍属违法所得，应予返还。

【相关法条】

《婚姻法》第十七条　夫妻在婚姻关系存续期间所得的下列财产，归夫妻共同所有：

（一）工资、奖金；

（二）生产、经营的收益；

（三）知识产权的收益；

（四）继承或赠与所得的财产，但本法第十八条第三项规定的除外；

（五）其他应当归共同所有的财产。

夫妻对共同所有的财产，有平等的处理权。

《民通意见》第八十九条　共同共有人对共有财产享有共同的权利，承担共同的义务。在共同共有关系存续期间，部分共有人擅自处分共有财产的，一般认定无效。

《婚姻法司法解释（一）》第十七条　《婚姻法》第十七条关于"夫或妻对夫妻共同所有的财产，有平等的处理权"的规定，应当理解为：

（1）夫或妻在处理夫妻共同财产上的权利是平等的。因日常生活需要而处理夫妻共同财产的，任何一方均有权决定。

（2）夫或妻非因日常生活需要对夫妻共同财产作重要处理决定，夫妻双方应当平等协商，取得一致意见。他人有理由相信其为夫妻双方共同意思表示的，另一方不得以不同意或不知道为由对抗善意第三人。

3. 举行了订婚仪式但未办理结婚登记手续，结婚不成引发的财产争议，一方可以要求退还彩礼吗？

【案情介绍】

李强（化名）和张玉芬（化名）均属于大龄青年，两人一直没找到合适的人结婚。两人在媒人的介绍下相识，经过几次接触，两家父母便为两人举行了订婚仪式。按照习俗，李强给张玉芬家送了4万元彩礼。订婚后不久，李强和张玉芬因闹矛盾分手，李强立即向张玉芬家提出退婚，并要求张玉芬家返还彩礼。张玉芬的家人认为自己为了女儿的订婚仪式订了酒席，买了结婚用品，把远在外地的亲戚朋友也都请来了，男方突然说不结婚了，给女方家造成的损失远远高于他们给的彩礼，所以彩礼不能返还给男方。

【评析】

彩礼是男女双方为缔结婚姻，依照习俗，男方给女方本人或其家人一定数额的金钱或物品。彩礼赠送是一种民间风俗，是一种以结婚为目的的附条件的赠送行为。通常而言，一方赠送另一方订婚彩礼，是以受赠方答应和另一方结婚为前提条件的，如果该前提条件并没有实现，即收受彩礼的一方没有与赠与彩礼的一方结婚，从法律角度讲，就是附条件赠与的赠与条件没有实现（没有结婚），那么赠与行为就不能生效，收受方也就不存在取得彩礼所有权的基础了，无论哪一方悔婚，该前提条件即消失。根据《婚姻法司法解释（二）》第十条规定："当事人请求返还按照习俗给付的彩礼的，如果查明属于以下情形，人民法院应当予以支持：（一）双方未办理结婚登记手续的……。"

本案中，李强与张玉芬按习俗举行结婚仪式，未办理结婚登记手续，李强要求张玉芬返还彩礼的请求应该得到法院的支持。但该解释对返还的数额或者比例没有作出明确规定，考虑本案的实际情况，双方家人为两个人举办婚礼进行准备，故酌定返还彩礼。

【相关法条】

《民法通则》第六十二条　民事法律行为可以附条件，附条件的民事法律行为在符合所附条件时生效。

《合同法》第四十五条　当事人对合同的效力可以约定附条件。附生效条件的合同，自条件成就时生效。

《婚姻法司法解释（二）》第十条　当事人请求返还按照习俗给付的彩礼的，如果查明属于以下情形，人民法院应当予以支持：

（一）双方未办理结婚登记手续的；

（二）双方办理结婚登记手续但确未共同生活的；

（三）婚前给付并导致给付人生活困难的。

适用前款第（二）、（三）项的规定，应当以双方离婚为条件。

4. 男女双方登记结婚后未共同生活，离婚时，男方可以一并请求返还彩礼吗？

【案情介绍】

2016 年 7 月 28 日，胡先生与杨女士办理了结婚登记手续。胡先生给了杨女士 8 万元人民币作为彩礼，杨女士也购买了 3 万元的家电等物品以及 1 万元的首饰作为嫁妆送给胡先生。登记结婚后数日，杨女士离家外出打工，而且由于杨女士的原因，双方一直未共同生活。胡先生认为他跟杨女士虽然办理了结婚登记手续，但未在一起生活，胡先生想解除婚姻关系并要求杨女士返还 8 万元的彩礼。

【评析】

根据《婚姻法司法解释（二）》的相关规定，双方办理了结婚登记手续但确未共同生活的，当事人请求返还彩礼的应予支持。

本案中，杨女士在登记结婚后数日就外出打工，构成"未共同生活"的情形，因此，对胡先生要求返还彩礼的请求予以支持，但双方须办理离婚手续。杨女士应向胡先生返还 8 万元彩礼。但胡先生也应退还杨女士作为嫁妆交付的 3 万元以及 1 万元的首饰。其他财产按法律规定执行。

【相关法条】

《婚姻法司法解释（二）》第十条　当事人请求返还按照习俗给付的彩礼的，如果查明属于以下情形，人民法院应当予以支持：

（一）双方未办理结婚登记手续的；

（二）双方办理结婚登记手续但确未共同生活的；

（三）婚前给付并导致给付人生活困难的。

适用前款第（二）、（三）项的规定，应当以双方离婚为条件。

《关于审理离婚案件处理财产分割意见》　5. 已登记结婚，尚未共同生活，一方或双方受赠的礼金、礼物应认定为夫妻共同财产，具体处理时考虑财产来源、数量等情况合理分割。各自出资购置、各自使用的财物，原则上归各自所有。

《关于审理离婚案件处理财产分割意见》　8. 夫妻共同财产，原则上均等分割。根据生产、生活的实际需要和财产的来源等情况，具体处理时也可以有所差别。属于个人专用的物品，一般归个人所有。

5. 登记结婚时不是本人亲自到场的，婚姻的效力如何认定？

【案情介绍】

2015年7月，王女士与贾先生在办理结婚登记手续时，因工作的原因，王女士没有亲自到场，而是让自己的双胞胎妹妹替自己办理结婚登记手续。婚后三年两个人育有一子，但因夫妻长期分居，导致感情破裂。两个人在协商解除夫妻关系时，贾先生认为在办理结婚证时不是王女士本人亲自到民政部门登记结婚，而是王女士的妹妹代替其办理的，因此婚姻无效，不受法律保护。本案中应对王女士和贾先生的婚姻如何认定？

【评析】

一方当事人未亲自到场办理婚姻登记，婚姻的效力如何？2001年4月28日修正的《婚姻法》对此无明确规定。根据《婚姻法》第八条的规定："要求结婚的男女双方必须亲自到婚姻登记机关进行结婚登记。符合本法规定的，予以登记，发给结婚证。取得结婚证，即确立夫妻关系。未办理结婚登记的，应当补办登记。"结婚登记时一方未亲自到场虽然影响婚姻登记机关对双方结婚是否属于自愿的审查，但要求双方亲自到婚姻登记机关只是结婚登记的程序条件之一。如果双方当事人在结婚登记时不违反婚姻的实质要件，仅是一方未到场，随后双方还举行了结婚仪式，且共同生活生育子女，就不能认定为女方系非自愿结婚。

在结婚登记程序存在瑕疵时，如果同时欠缺了结婚的实质要件，在法律规定的情形内，可以被人民法院宣告无效，但对仅有程序瑕疵的结婚登记的法律效力缺乏明确的法律规定。当事人以婚姻登记中的瑕疵问题申请宣告婚姻无效的，只要不符合婚姻法第十条关于婚姻无效的四种规定情形之一，法院就只能判决驳回当事人的申请。如果将符合结婚实质要件但结婚登记程序上有瑕疵的婚姻宣告为无效，不仅扩大了无效婚姻的范围，也不符合设立无效婚姻制度的立法本意。本案中王女士虽未到场办理结婚登记，但该婚姻有效，应当通过离婚诉讼程序解除婚姻关系。因为该结婚登记双方符合结婚实质要件，且已完成了婚姻登记这个形式要件，贾先生和王女士双方可以亲自到婚姻登记机关补办结婚手续，其法律效力从双方均符合婚姻法所规定的结婚的实质要件时起算。

【相关法条】

《婚姻法》第八条　要求结婚的男女双方必须亲自到婚姻登记机关进行结婚登记。符合本法规定的，予以登记，发给结婚证。取得结婚证，即确立夫妻关系。未办理结婚登记的，应当补办登记。

《婚姻法》第十条　有下列情形之一的，婚姻无效：

（一）重婚的；

（二）有禁止结婚的亲属关系的；

（三）婚前患有医学上认为不应当结婚的疾病，婚后尚未治愈的；

（四）未到法定婚龄的。

《婚姻法司法解释（一）》第四条　男女双方根据婚姻法第八条规定补办结婚登记的，婚姻关系的效力从双方均符合婚姻法所规定的结婚的实质要件时起算。

《婚姻法司法解释（一）》第五条　未按婚姻法第八条规定办理结婚登记而以夫妻名义共同生活的男女，起诉到人民法院要求离婚的，应当区别对待：（一）1994年2月1日民政部《婚姻登记管理条例》公布实施以前，男女双方已经符合结婚实质要件的，按事实婚姻处理。（二）1994年2月1日民政部《婚姻登记管理条例》公布实施以后，男女双方符合结婚实质要件的，人民法院应当告知其在案件受理前补办结婚登记；未补办结婚登记的，按解除同居关系处理。

《婚姻法司法解释（一）》第十五条　被宣告无效或被撤销的婚姻，当事人同居期间所得的财产，按共同共有处理。但有证据证明为当事人一方所有的除外。

《民法通则》第七十八条　财产可以由两个以上的公民、法人共有。共有分为按份共有和共同共有……共同共有人对共有财产享有权利，承担义务。

6. 丈夫背着妻子借了巨额的债务意外死亡，妻子有无义务偿还债务？

【案情介绍】

李女士与刘先生结婚8年，婚后育有一儿一女。刘先生眼看周围的朋友都到南方打工，便对李女士说："我到外面闯一闯，在外面挣上钱，发展好了，带你和孩子出去看看外面的世界，到大城市生活。"刘先生外出3年没给李女士打过电话，也没有任何联系。3年后的一天，李女士接到一个陌生人的电话，说她的丈夫死了，欠别人90万元债务，让李女士偿还。李女士听后觉得天昏地暗，丈夫不仅没有挣到钱，还欠下别人的债务撒手而去。悲痛之后李女士把家里的房屋卖了，偿还了40万元的债务。剩下的债务李女士打算用6年的时间还清，这笔债务是否应该由李女士来偿还？

【评析】

如果是个人欠款且个人使用的，是夫妻一方的个人债务，另一方可不承担；如果债务用于共同生活，那么需要夫妻共同分担，协商不成可以诉讼解决。

夫妻双方婚姻关系存续期间所举债务问题有如下规定：

（1）以双方共同名义出具借据，或以双方共同名义借款，不管该借款怎么使用（除出借人明知借款是用于诸如赌博、贩毒等非法活动外），无论是一方个人使用，还是双方共同使用，均应认定为共同债务。

（2）借款时确系以夫妻中一方个人名义所借，但所借款项确系用于共同生活或共同经营，只要夫妻中另一方承认或债权人能够证明即应认定为共同债务。

（3）借款时系以双方共同名义所借，且声称用以共同生活或共同经营，但借后确系为一方个人使用，在没有向债权人声明并经债权人同意，或未经债权人追认的情况下，属擅自改变借款用途的情形，此擅自行为对债权人无效，该借款仍应认定为共同债务。

（4）借款时是一方个人所借，且言明此款系其个人使用，借后确系为借款的一方个人使用，该借款应认定为借款方的个人债务。对债权人来说，借款的一方负有绝对偿还的责任，不涉及夫妻的另一方。

夫妻关系存续期间所负的个人债务，不论在婚姻关系存续期间还是离婚后，或者是负债方失踪、死亡，均由其个人承担，另一方没有还债义务。当然，如果后来双方补充约定的，按其约定执行。按照此规定，妻子如果能够证明，丈夫的欠款其不知情，且独自从事经济活动，其收入也未用于共同生活，则没有义务代为偿还。本案中刘先生所欠的外债李女士一无所知，属于刘先生独自借款而形成的债务，且其确未用于共同的家庭生活，应属于刘先生个人的债务，不是夫妻共同的债务，李女士没有义务偿还丈夫所欠的债务。李女士所还债务应予以追回。

【相关法条】

《婚姻法司法解释（二）》第二十四条　债权人就婚姻关系存续期间夫妻一方以个人名义所负债务主张权利的，应当按夫妻共同债务处理，但夫妻一方能够证明债权人与债务人明确约定为个人债务，或者能够证明属于婚姻法第十九条第三款规定情形的除外。

《婚姻法》第十九条第三款　夫妻对婚姻关系存续期间所得的财产约定归各自所有的，夫或妻一方对外所负的债务，第三人知道该约定的，以夫或妻一方所有的财产清偿。

《关于审理离婚案件处理财产分割意见》第17条　……下列债务不能认定为夫妻共同债务，应由一方以个人财产清偿……（3）一方未经对方同意，独自筹资从事经营活动，其收入确未用于共同生活所负的债务。

7. 配偶一方赌博所欠的债务是夫妻共同债务，还是配偶一方的个人债务？

【案情介绍】

牛女士的丈夫贾先生好赌。贾先生因为赌博举外债，夫妻之间无财产归各自所有的约定。夫妻感情久已不和，并写有离婚协议，协议中贾先生承诺夫妻关系存续期间其个人对外所负的债务由其个人承担，与牛女士无关。牛女士想知道，丈夫贾先生的承诺有没有法律效力？如果债权人来找她要债，她要不要承担这笔债务？

【评析】

夫妻共同债务，是指夫妻双方因共同生活或者在夫妻关系存续期间为履行法定义务所负的债务。夫妻个人债务是指夫妻约定为个人负担的债务或者一方从事无关家庭共同生活的活动时所产生的债务。判断夫妻债务的性质，通常用两个标准来衡量，一个是夫妻有无共同负债的合意，另一个是夫妻是否分享了债务利益，这两个标准只要居其一，除夫妻双方有合法有效的其他约定外，便可判定为夫妻共同债务。夫妻共同债务，由夫妻共同财产保证承担。

一方赌博所借的债务，由于该债务未用于夫妻共同生活和家庭生活，属于一方个人不合理的开支，不属于夫妻共同债务的范围，因而应由举债人个人自行承担，配偶另一方不承担偿还责任。

本案中贾先生所欠的债务是其个人的债务，跟妻子牛女士没有关系。夫妻一方因个人不合理的开支，如赌博、吸毒、酗酒等所负债务属于个人债务。

【相关法条】

《婚姻法》第十九条第三款　夫妻对婚姻关系存续期间所得的财产约定归各自所有的，夫或妻一方对外所负的债务，第三人知道该约定的，以夫或妻一方所有的财产清偿。

《最高人民法院关于适用〈中华人民共和国婚姻法〉若干问题的解释（二）的补充规定》第二十三条　债权人就一方婚前所负个人债务向债务人的配偶主张权利的，人民法院不予支持。但债权人能够证明所负债务用于婚后家庭共同生活的除外。

第二十四条　债权人就婚姻关系存续期间夫妻一方以个人名义所负债务主张权利的，应当按夫妻共同债务处理。但夫妻一方能够证明债权人与债务人明确约定为个人债务，或者能够证明属于婚姻法第十九条第三款规定情形的除外。

夫妻一方在从事赌博、吸毒等违法犯罪活动中所负债务，第三人主张权利的，人民法院不予支持。

8. 成年的儿子出车祸，前夫能拒付抚养费吗？

【案情介绍】

周女士与王先生离婚时，法院判决双方婚生子王某随周女士一起生活。王某大学毕业后，在去应聘的路上因交通事故导致脑部受伤，精神状况时好时坏，周女士为王某治病花去了全部的积蓄。现周女士实在无力承担王某的后续治疗费用，周女士找到前夫王先生要求其支付王某的抚养费，但王先生认为王某已经成年，其已没有抚养义务而拒绝支付。请问王先生应该支付成年儿子王某抚养费吗？

【评析】

根据《婚姻法司法解释（一）》的相关规定，尚在校接受高中及其以下学历教育，或者丧失或未完全丧失劳动能力等非因主观原因而无法维持正常生活的成年子女，有要求父母付给抚养费的权利。王某车祸导致脑部受伤，无法正常工作和生活，没有经济来源，属于不能独立生活的成年子女，周女士的前夫王先生有义务支付抚养费。

【相关法条】

《婚姻法》第二十一条　父母对子女有抚养教育的义务；子女对父母有赡养扶助的义务。

父母不履行抚养义务时，未成年的或不能独立生活的子女，有要求父母付给抚养费的权利。

《婚姻法司法解释（一）》第二十条　婚姻法第二十一条规定的"不能独立生活的子女"，是指尚在校接受高中及其以下学历教育，或者丧失或未完全丧失劳动能力等非因主观原因而无法维持正常生活的成年子女。

《婚姻法司法解释（一）》第二十一条　婚姻法第二十条所称"抚养费"，包括子女生活费、教育费、医疗费等费用。

9. 单亲父母无力抚养孩子可否送人？

【案情介绍】

小艺的父亲在她两岁时因车祸去世，母亲没有固定的收入再加上身体差，无抚养小艺的能力。小艺的爷爷奶奶年事已高，身体多病且没有固定的经济来源。小艺的母亲决定将小艺送给没有子女且经济条件较好的表姐抚养，并办理了收养手续。小艺的爷爷奶奶知道此事后非常生气，认为他们也有监护权，小艺的母亲将小艺送给他人抚养的行为无效。请问小艺的爷爷奶奶可以收回对小艺的监护权吗？

【评析】

不可以。根据我国收养法的规定，配偶一方死亡，另一方送养未成年子女的，死亡一方的父母有优先抚养的权利。但同时，收养法也规定了收养应当有利于被收养的未成年人的抚养和成长的原则。

本案中，小艺的奶奶和爷爷尽管享有优先抚养的权利，但是由于两人"年事已高，身体多病且没有固定的经济来源"，不利于小艺的健康成长和发展。因此，小艺母亲将其送给经济条件较好的表姐收养是有效收养。

【相关法条】

《中华人民共和国收养法》第二条　收养应当有利于被收养的未成年人的抚养、成长，保障被收养人和收养人的合法权益，遵循平等自愿的原则，并不得违背社会公德。

《中华人民共和国收养法》第十八条　配偶一方死亡，另一方送养未成年子女的，死亡一方的父母有优先抚养的权利。

《民通意见》23. 夫妻一方死亡后，另一方将子女送给他人收养，如收养对子女的健康成长并无不利，又办了合法收养手续的，认定收养关系成立。其他有监护资格的人不得以收养未经其同意而主张收养关系无效。

10. 父母子女关系能否解除？

【案情介绍】

陈先生与其前妻离异多年，一直为前妻不支付双方所生儿子的抚养费而闷闷不乐，他想登报声明儿子与前妻终止母子关系。陈先生已拟了一份前妻与儿子《解除母子关系声明书》，母子关系能解除吗？

【评析】

根据我国《婚姻法》的规定，父母子女关系分为两大类：自然血亲的父母子女关系和拟制血亲的父母子女关系。自然血亲的父母子女关系是基于子女的出生事实而产生的，其中包括生父母和婚生子女的关系与生父母和非婚生子女的关系。自然血亲的父母子女关系，只能因父母子女一方死亡的原因而终止。拟制血亲的父母子女关系是基于收养或再婚的法律行为以及事实上的抚养关系的形成，由法律认可而人为设定的；包括养父母和养子女关系，继父母与受其抚养教育的继子女的关系。拟制血亲的父母子女关系，可因收养的解除或继父（母）与生母（父）离婚及相互抚养关系的变化而终止。本案中陈先生的儿子与其生母是自然血亲的母子关系，因此，母子关系是不能解除的。

【相关法条】

《婚姻法》第三十六条　父母与子女间的关系，不因父母离婚而消除。离婚后，子女无论由父或母直接抚养，仍是父母双方的子女。

离婚后，父母对于子女仍有抚养和教育的权利和义务。

11. 丈夫在婚姻关系存续期间又通过穆斯林的教义手续娶妻，是否构成重婚罪？

【案情介绍】

马女士与韩先生结婚 21 年，婚后育有两个女儿，现两个女儿均已成人。马女士始终不能释怀的是，丈夫韩先生和公婆一直因她没有生育儿子而对她冷嘲热讽，已过 50 岁的马女士一直忍气吞声；但令马女士万万没有想到的是，丈夫背着她在县城买了房子，并通过穆斯林的教义手续与 26 岁的张女士结婚，并且张女士已给韩先生生了一个儿子。马女士得知此事后，时常以泪洗面，马女士的母亲马老太太知道了女儿家发生的事情，安慰并鼓励马女士到县人民法院起诉，告丈夫犯了重婚罪。韩先生是否构成重婚罪？

【评析】

重婚是指有配偶者又与他人结婚的违法行为，即一个人在同一时间内存在两个或两个以上的婚姻关系。构成重婚须具备两个要件：①当事人一方或者双方已存在有效的婚姻关系。这是构成重婚的前提条件。如果双方之间没有婚姻关系的存在，是未婚、离婚或丧偶的人，不能构成重婚。②有配偶者与他人结婚，包括两种形式：一是有配偶者又与他人登记结婚，这为法律上的重婚；二是虽未经结婚登记，但与他人以夫妻关系同居生活，这为事实上的重婚。重婚罪是指有配偶又与他人结婚或者明知他人有配偶而与之结婚的行为。所谓有配偶，是指男人有妻、女人有夫，而且这种夫妻关系未经法律程序解除尚在存续的，即为有配偶的人；如果夫妻关系已经解除，或者因配偶一方死亡，夫妻关系自然消失，即不再是有配偶的人。

所谓明知他人有配偶而与之结婚的，是指本人虽无配偶，但明知对方有配偶，而故意与之结婚的（包括登记结婚或者事实结婚）。此种行为是有意破坏他人婚姻的行为。根据我国刑法的规定，有配偶而重婚的，或者明知他人有配偶而与之结婚的，处两年以下有期徒刑或者拘役。

只要在婚姻存续期间，韩先生在外与另一方以夫妻的名义同居的，就已构成重婚罪。

【相关法条】

《最高人民法院关于〈婚姻登记管理条例〉施行后发生的以夫妻名义非法同居的重婚案件是否以重婚罪定罪处罚的批复》（1994 年 12 月 14 日）已作出明确答复："新的《婚姻登记管理条例》（1994 年 1 月 12 日国务院批准，1994 年 2 月 1 日民政部发布）发布施行后，有配偶的人与他人以夫妻名义同居生活的，或者明知他人有配偶而与之以夫妻名义同居生活的，仍应按重婚罪定罪处罚。"

《刑法》第二百五十八条　有配偶而重婚的，或者明知他人有配偶而与之结婚的，处二年以下有期徒刑或者拘役。

《婚姻法》第三条　禁止包办、买卖婚姻和其他干涉婚姻自由的行为。禁止借婚姻索取财物。

禁止重婚。禁止有配偶者与他人同居。禁止家庭暴力。禁止家庭成员间的虐待和遗弃。

《婚姻法》第十条　有下列情形之一的，婚姻无效：（一）重婚的。

《婚姻法》第十二条　无效或被撤销的婚姻，自始无效。当事人不具有夫妻的权利和义务。同居期间所得的财产，由当事人协议处理；协议不成时，由人民法院根据照顾无过错方的原则判决。对重婚导致的婚姻无效的财产处理，不得侵害合法婚姻当事人的财产权益。当事人所生的子女，适用本法有关父母子女的规定。

《婚姻法》第四十五条　对重婚的，对实施家庭暴力或虐待、遗弃家庭成员构成犯罪的，依法追究刑事责任。受害人可以依照刑事诉讼法的有关规定，向人民法院自诉；公安机关应当依法侦查，人民检察院应当依法提起公诉。

《婚姻法》第四十六条　有下列情形之一，导致离婚的，无过错方有权请求损害赔偿：

（一）重婚的；

（二）有配偶者与他人同居的；

（三）实施家庭暴力的；

（四）虐待、遗弃家庭成员的。

12. 长大成人的孩子要起诉父母当初遗弃自己的行为，法律如何解决？

【案情介绍】

王小姐从小被母亲遗弃，在她漫长的岁月中是爷爷、奶奶和父亲把她抚养成人。王小姐现 26 岁，读成人大专，她家里经济条件很不好，能否向法院起诉她的亲生母亲，让遗弃她 20 多年的母亲承担并赔偿抚养义务？

【评析】

家庭成员间的遗弃，指家庭成员中负有赡养、扶养、抚养义务的成员对需要赡养、扶养和抚养的成员不履行其应尽义务的违法行为。

父母对子女的抚养义务不会因为遗弃行为（事实上放弃抚养义务的行为）而在法律上终止。子女长大成人后仍然有权利要求父母支付相应的抚养费，而且该抚养费请求权并不适用诉讼时效的规定。

因此，本案中王小姐可以向遗弃自己的母亲行使抚养费请求权。

【相关法条】

《民法总则》第一百九十六条　下列请求权不适用诉讼时效的规定：

（一）请求停止侵害、排除妨碍、消除危险；

（二）不动产物权和登记的动产物权的权利人请求返还财产；

（三）请求支付抚养费、赡养费或者扶养费；

（四）依法不适用诉讼时效的其他请求权。

《刑法》第二百六十一条　对于年老、年幼、患病或者其他没有独立生活能力的人，负有扶养义务而拒绝扶养，情节恶劣的，处五年以下有期徒刑、拘役或者管制。

13. 父母离异，一方没有尽到抚养义务，孩子成年后对其是否仍承担赡养的义务？

【案情介绍】

小刘 6 岁时父母离异，他的母亲一个人把他抚养成人，他的父亲从未给他任何抚养费用。现在他的父亲老了向他要赡养费，他可以拒绝吗？

【评析】

子女赡养父母是法定义务，父母未尽抚养责任，子女成年后不可以拒绝赡养父母，因为抚养义务和赡养义务不是对等的。不管父母离婚与否，不管子女和哪一方共同生活，子女永远是父母的子女，父母对未成年子女有抚养教育的义务，子女也有赡养父母的义务。本案中虽然小刘的父亲没有尽到抚养义务，但小刘仍然有义务赡养他的父亲。除非小刘确实经济上有困难，实在没有赡养的能力或者是已经被别人收养了，否则不能免除其赡养父亲的责任。

【相关法条】

《婚姻法》第二十一条　父母对子女有抚养教育的义务；子女对父母有赡养扶助的义务。

父母不履行抚养义务时，未成年的或不能独立生活的子女，有要求父母付给抚养费的权利。

子女不履行赡养义务时，无劳动能力的或生活困难的父母，有要求子女付给赡养费的权利。

《老年人权益保障法》第十四条　赡养人应当履行对老年人经济上供养、生活上照料和精神上慰藉的义务，照顾老年人的特殊需要。赡养人是指老年人的子女以及其他依法负有赡养义务的人。

《民法总则》第二十六条　父母对未成年子女负有抚养、教育和保护的义务。

成年子女对父母负有赡养、扶助和保护的义务。

14. 夫妻为了逃避债务假离婚，一方反悔了怎么办？

【案情介绍】

陈先生和黄女士于2012年结婚，婚后生有一女。夫妻两人共同在外打拼，日子过得颇红火。但后来，陈先生在外投资失败，债台高筑，无力偿还。为躲避债务，夫妻两人决定假离婚，转移财产。2014年1月，两个人签订"离婚协议"，并办理了离婚手续，约定女儿由黄女士抚养，房屋等财产全部归黄女士所有，所欠一切债务由陈先生负责偿还。离婚后，双方仍在一起共同生活，并以夫妻名义出入各种场所。后来，陈先生与黄女士感情逐渐淡化。2017年9月，陈先生要求，2014年1月订立的离婚协议作废，并重新分割财产。但黄女士拒绝履行财产分割。陈先生的要求能够得到法律支持吗？

【评析】

该案实质上是夫妻协议离婚后，对原财产分割协议反悔的纠纷。根据《婚姻法司法解释（二）》第九条的规定，男女双方协议离婚后一年内就财产分割问题反悔，请求变更或者撤销财产分割协议的，人民法院应当受理。

本案中陈先生三年后才提出，已经超过法定期间，依法不予支持。

【相关法条】

《民法总则》第一百八十八条　向人民法院请求保护民事权利的诉讼时效期间为三年。法律另有规定的，依照其规定。

《婚姻法司法解释（二）》第九条　男女双方协议离婚后一年内就财产分割问题反悔，请求变更或者撤销财产分割协议的，人民法院应当受理。

15. 丈夫得了重大疾病遭妻子遗弃，妻子是否要负法律责任？

【案情介绍】

王先生患上了尿毒症，狠心的妻子余女士对王先生不闻不问，最后竟抛下身患绝症的王先生离家出走。王先生的家人四处寻找，打听到余女士的下落，要求余女士照料患病的丈夫，并且要求她承担医疗费，但余女士以自己无钱加以拒绝。本案中余女士遗弃患绝症的丈夫，应否承担法律责任？

【评析】

根据婚姻法的规定，夫妻之间有扶养的义务。在这里，"夫妻有互相扶养的义务"是指夫妻关系存续期间，夫妻双方在生活上互相照应，在经济上互相供养，在日常生活上互相扶助，在精神上互为支柱。可见，夫妻之间的扶养义务是基于婚姻家庭关系的责任和夫妻特定的人身关系而产生的，始于婚姻缔结之日，终于夫妻离婚或一方死亡。具体来说，这种扶养义务以经济上相互供养、生活中相互扶助为内容，是婚姻内在属性和法律效力对主体的必然要求。

一方不履行义务并造成另一方困境，应该承担责任。家庭成员间的遗弃，指家庭成员中负有赡养、扶养、抚养义务的成员对需要赡养、扶养和抚养的成员不履行其应尽义务的违法行为。

本案中在婚姻关系存续期间，王先生患重病遭到妻子余女士的遗弃，余女士算遗弃罪。余女士应当承担丈夫王先生治病期间的各项费用，王先生可以向人民法院自诉；导致离婚的，王先生有权请求过错方余女士承担责任。

【相关法条】

《婚姻法》第二十条　夫妻有互相扶养的义务。一方不履行扶养义务时，需要扶养的一方，有要求对方付给扶养费的权利。

《婚姻法》第四十四条　对遗弃家庭成员，受害人有权提出请求，居民委员会、村民委员会以及所在单位应当予以劝阻、调解。

对遗弃家庭成员，受害人提出请求的，人民法院应当依法作出支付扶养费、抚养费、赡养费的判决。

《刑法》第二百六十一条　对于年老、年幼、患病或者其他没有独立生活能力的人，负有扶养义务而拒绝扶养，情节恶劣的，处五年以下有期徒刑、拘役或者管制。

16. 妻子离家出走发生意外，丈夫承担什么法律责任？

【案情介绍】

侯先生和牛女士系夫妻，两人因家庭琐事经常吵架。一次，牛女士跟侯先生吵完架后收拾东西摔门而出，侯先生对着楼下的牛女士大声喊道："有本事永远别回来！"结果牛女士深夜离家出走后不幸被车撞身亡，牛女士的娘家人要求侯先生承担法律责任。

【评析】

妻子离家出走发生意外，丈夫是否承担法律责任？这主要看妻子离家出走与发生意外有没有直接因果关系。如果丈夫明知妻子有离家出走的征兆，而不加阻止，造成损害后果的发生，则丈夫对妻子发生意外负有不可推卸的责任；反之，如果丈夫没有过错，对此不需要承担责任。

本案牛女士死亡的直接原因是交通事故，直接责任人是肇事司机。侯先生与妻子牛女士的死亡之间不存在直接的因果关系，每个成年人都应对自己的行为承担责任，妻子已经成年了，在具有完整的民事责任能力的情况下，丈夫不需要承担责任。根据法律规定，夫妻之间有相互扶助的义务，但是这并不代表一方出现问题另一方就一定有责任。本案中侯先生不应对牛女士的死亡承担法律责任。

【相关法条】

《侵权责任法》第六条　行为人因过错侵害他人民事权益，应当承担侵权责任。

《侵权责任法》第二十七条　损害是因受害人故意造成的，行为人不承担责任。

《侵权责任法》第二十八条　损害是因第三人造成的，第三人应当承担侵权责任。

17. 恋爱分手后，双方关于青春损失费的约定是否有效？

【案情介绍】

小谭和小梅原本是一对相恋多年的大学生恋人，毕业后小梅跟着小谭来到了小谭的家乡所在地。小谭在家人的安排下很快找到了工作，而小梅四处求职，一直没有找到合适的工作。小梅在待业期间，两个人经常因为一些琐事而吵得天翻地覆。小谭在家人的压力和反对下向小梅提出了分手。小梅不但不同意分手，还到小谭家以及单位找他，但小谭分手决心已定，小梅对小谭索要 10 万元的青春损失费，否则别想分手。小谭为了跟小梅分手，当着小梅的面写下一份欠条，内容为"今欠梅某人民币拾万元整，三年付清，从 2016 年 5 月 8 日起。"但写下欠条后小谭一直未向小梅支付一分钱。小梅能否通过法院要求小谭按照借条给付欠款？

【评析】

在小梅看来，其所依据的是手中的欠条以及《合同法》的规定，认为她与小谭之间是一种借款合同关系，小谭写了欠条就应该按照约定向小梅支付欠款。但从法律上分析，小梅的请求是不能得到法院认可的，原因是：

（1）合同是双方当事人协商一致的产物，并且必须是双方真实意图的表示。本案中，小梅与小谭之间的欠条不具有真实的对价关系，即双方之间根本不存在真实的借贷关系，欠条的实质是，当小谭提出与小梅结束恋爱关系后，小梅强行让小谭出具以期获得所谓的"青春损失费"来解除恋爱关系的协议。因此，根据合同法的原则，该协议是无效的。

（2）从法律上看，这种索要"青春损失费""精神损失费"的行为并没有任何法律依据。司法实践中，即使一方提起了诉讼，人民法院对其提出的"青春损失费""精神损失费"等赔偿请求，一般也不会予以支持。因为，恋爱并非法律行为，只是一种事实行为，并不受法律保护，因此，任何一方提出分手，无论其是否存在过错，都不产生法律上的赔偿请求权。此外，青春损失费有违公序良俗的原则，当事人的约定是无效的。

本案中签订青春损失费协议的行为有违公序良俗原则，是无效民事法律行为。同时，青春损失费的约定违反了我国《婚姻法》规定的恋爱自由、结婚自主的原则，不受法律的保护。

所以，本案中小梅与小谭签订的青春损失费协议是无效的，小梅不能以此为依据请求小谭赔偿她的青春损失。

【相关法条】

《婚姻法》第二条 实行婚姻自由、一夫一妻、男女平等的婚姻制度。

《民法总则》第一百三十三条 民事法律行为是民事主体通过意思表示设立、变更、终止民事法律关系的行为。

《民法总则》第一百五十三条 违反法律、行政法规的强制性规定的民事法律行为无效，但是该强制性规定不导致该民事法律行为无效的除外。

违背公序良俗的民事法律行为无效。

《民法总则》第一百五十五条 无效的或者被撤销的民事法律行为自始没有法律约束力。

18. 离婚协议能反悔吗?

【案情介绍】

赵先生与王女士是协议离婚的，按照离婚协议的约定，当时的财产全部归王女士，另外，赵先生还要向王女士分期支付相关补偿费共5万元。签订协议离婚两年后，赵先生的生意失败，尚欠王女士补偿费3万元无力支付。请问赵先生能否反悔，要求法院撤销该离婚协议?

【评析】

如果是通过协议离婚，且已办完了离婚手续，当事人任何一方不能反悔。但是，如果任何一方在一年内因履行协议发生争议而诉至法院的，法院应予受理，但经审理查明订立协议过程中不存在欺诈、胁迫等情形的，法院应当驳回原告的诉讼请求；如果一年后才诉至法院，法院不予受理。

本案中赵先生反悔两年前与王女士签下的离婚协议，要求法院撤销离婚协议，法院不予受理此案，也不能撤销赵先生与王女士签下的离婚协议。

【相关法条】

《婚姻法司法解释（二）》第八条 离婚协议中关于财产分割的条款或者当事人因离婚就财产分割达成的协议，对男女双方具有法律约束力。

当事人因履行上述财产分割协议发生纠纷提起诉讼的，人民法院应当受理。

《婚姻法司法解释（二）》第九条 男女双方协议离婚后一年内就财产分割问题反悔，请求变更或者撤销财产分割协议的，人民法院应当受理。

19. 离婚诉讼前，夫妻双方签署的离婚协议是否有效？

【案情介绍】

宁先生与杨女士在离婚前私下签订了离婚协议，约定到婚姻登记机关进行离婚登记，两人共有的房屋一人一半。但签订离婚协议后，杨女士反悔，并拒绝办理离婚登记。现宁先生打算诉到法院要求按照离婚协议的内容与杨女士离婚并分割房产。

【评析】

双方当事人在婚姻关系存续期间达成离婚协议，并对子女抚养和财产分割等问题作了约定，但该协议是以双方到民政部门办理离婚登记或到法院进行协议离婚为前提条件的。实践中，主张离婚的当事人一方在签署协议时可能会在财产分割、子女抚养、债务承担等方面作出一定的让步，目的是希望顺利离婚。由于种种原因，双方并未到婚姻登记机关办理离婚登记，或者到法院离婚时一方反悔不愿意按照原协议履行，要求法院依法进行裁判。在这种情况下，当事人双方事先达成的离婚协议的效力问题，往往成为离婚案件争议的焦点。离婚问题事关重大，应当允许当事人反复考虑、协商，只有在双方最终达成一致意见并到民政部门登记离婚或者到法院自愿办理协议离婚手续时，所附条件才可视为已经成立。如果双方协议离婚未成，当事人一方有反悔的权利，事先达成的离婚协议没有生效，对夫妻双方均不产生法律约束力，不能作为人民法院处理离婚案件的依据。

本案中，宁先生与杨女士双方在婚内达成了离婚协议，订立协议时当事人选择了协议离婚这一解除婚姻关系的方式，解析本案中两个人的意思表示，应包括两项内容：其一，双方解除婚姻关系；其二，通过登记的方式解除婚姻关系。到婚姻登记机关办理离婚登记是当事人共同选择的解除婚姻关系的方式，也是离婚协议发生效力的必经途径。

对双方有约束力的离婚协议仅限于在民政部门办理离婚登记时备案的协议。双方私下签订的离婚财产分割协议，如果没有到登记机关办理离婚登记，双方诉讼离婚时，一方以此主张分割财产，另一方反悔的，不能成为法院分割财产的依据。在离婚诉讼前，宁先生与杨女士双方签署的协议书是无效的。

【相关法条】

《婚姻法》第三十一条 男女双方自愿离婚的，准予离婚。双方必须到婚姻登记机关申请离婚。

《婚姻法》第三十二条 男女一方要求离婚的，可由有关部门进行调解或直接向人民法院提出离婚诉讼。

《婚姻法司法解释（三）》第十四条 当事人达成的以登记离婚或者到人民法院协议离婚为条件的财产分割协议，如果双方协议离婚未成，一方在离婚诉讼中反悔的，人民法院应当认定该财产分割协议没有生效，并根据实际情况依法对夫妻共同财产进行分割。

20. 不在户口所在地能起诉离婚吗？

【案情介绍】

秦先生在某市待了 6 年但没有办理暂住证，后秦先生与陈女士在居住地的民政局办理了结婚证并生育了一名男孩（婚后秦先生在某区居住没满一年）。孩子满月时秦先生提出离婚，没办离婚手续秦先生就回了老家（秦先生的户口所在地）。双方没有达成离婚协议，现秦先生与陈女士两个人的孩子已 11 个月，孩子从出生到现在秦先生拒付抚养费，也不来办理离婚手续。陈女士该怎么运用法律手段去解决？如果起诉，是不是只能去秦先生的户口所在地起诉？

【评析】

我国法律对于离婚诉讼的法院管辖地，采取"原告就被告"的原则，即在离婚诉讼中，如果女方是原告，那么男方就是被告，则要到被告男方所在地提起。男方所在地，是男方的住所地即户籍所在地或经常居住地。如果夫妻之间符合下列情形的，也是需要在男方的所在地提起离婚诉讼：

（1）夫妻都离开各自住所地超过 1 年的，女方作为原告提出离婚的，则由男方的经常居住地人民法院管辖；

（2）夫妻如果都是军人，则由男方的住所地或被告所在的团级以上单位驻地的人民法院管辖。

依照我国《民诉意见》，当事人提起的离婚诉讼，一般以被告住所地或经常居住地为准。向被告住所地（住所地是指户籍所在地，但是经常居住地与住所地不一样的，以经常居住地为住所地，经常居住地是指居住满一年以上的地方）的基层法院诉讼离婚。

根据《民诉意见》的规定，本案中陈女士可以直接向秦先生所在地的基层人民法院起诉离婚。秦先生所在地，是他的住所地即户籍所在地或经常居住地。秦先生的经常居住地，是他必须居住一年以上的，但要提供暂住证。如果秦先生没有经常居住地的，可以由陈女士起诉时居住地的人民法院管辖。陈女士也可以向秦先生户口所在地法院起诉离婚。

【相关法条】

《民事诉讼法》第二十一条　对公民提起的民事诉讼，由被告住所地人民法院管辖；被告住所地与经常居住地不一致的，由经常居住地人民法院管辖。对法人或者其他组织提起的民事诉讼，由被告住所地人民法院管辖。

《民诉意见》第十二条　夫妻一方离开住所地超过一年，另一方起诉离婚的案件，由原告住所地人民法院管辖。夫妻双方离开住所地超过一年，一方起诉离婚的案件，由被告经常居住地人民法院管辖；没有经常居住地的，由原告起诉时居住地的人民法院管辖。

《民诉意见》第十三条　在国内结婚并定居国外的华侨，如定居国法院以离婚诉讼须由婚姻缔结地法院管辖为由不予受理，当事人向人民法院提出离婚诉讼的，由婚姻缔结地或一方在国内的最后居住地人民法院管辖。

《民诉意见》第十四条　在国外结婚并定居国外的华侨，如定居国法院以离婚诉讼须由国籍所属国法院管辖为由不予受理，当事人向人民法院提出离婚诉讼的，由一方原住所地或在国内的最后居住地人民法院管辖。

《民诉意见》第十五条　中国公民一方居住在国外，一方居住在国内，不论哪一方向人民法院提起离婚诉讼，国内一方住所地的人民法院都有权管辖。如国外一方在居住国法院起诉，国内一方向人民法院起诉的，受诉人民法院有权管辖。

《民诉意见》第十六条　中国公民双方在国外但未定居，一方向人民法院起诉离婚的，应由原告或者被告原住所地的人民法院管辖。

《民事诉讼法司法解释》第十七条　已经离婚的中国公民，双方均定居国外，仅就国内财产分割提起诉讼的，由主要财产所在地人民法院管辖。

21. 婚礼筹备金属于夫妻共同债务吗?

【案情介绍】

王女士和郑先生于2014年登记结婚，婚后育有一子。婚后王女士与郑先生及其家人经常因琐事发生争执。王女士认为夫妻感情已破裂，故想起诉要求离婚并想得到孩子的抚养权，王女士除要求郑先生支付孩子抚养费外，还提出要郑先生偿还1万元债务。理由是郑先生婚前借的2万元婚礼筹备金，属于他个人婚前债务，但婚后以她的工资收入偿还，她的工资收入应为夫妻共同财产，故要求郑先生偿还1万元。郑先生则称，婚前所借的 2 万元婚礼筹备金系用于双方结婚时的花费，应视为夫妻共同的债务且已偿还完毕，故对王女士的要求加以拒绝。

【评析】

本案中的婚礼筹备金，是男方在婚前所借，用于婚宴等婚礼支出。因此是男方的个人债务，理应以男方的个人财产进行清偿。但是，本案中属于男方个人债务的婚礼筹备金是郑先生和王女士共同举行婚礼时的花费，应视为夫妻共同债务，且婚后以夫妻两人的共同财产予以偿还的。因此，在双方离婚时，女方可以要求男方返还以自己的财产支付的那一部分债务。

【相关法条】

《关于审理离婚案件处理财产分割意见》 7. 夫妻为共同生活或为履行抚养、赡养义务等所负债务，应认定为夫妻共同债务，离婚时应当以夫妻共同财产清偿。

《婚姻法》第四十一条 离婚时，原为夫妻共同生活所负的债务，应当共同偿还。共同财产不足清偿的，或财产归各自所有的，由双方协议清偿；协议不成时，由人民法院判决。

《婚姻法司法解释（二）》第二十三条 债权人就一方婚前所负个人债务向债务人的配偶主张权利的，人民法院不予支持。但债务人能够证明所负债务用于婚后家庭共同生活的除外。

22. 夫妻离婚后，祖父母是否有权探望孙子女？

【案情介绍】

吴先生和李女士离婚后，8 岁的女儿吴童（化名）由李女士抚养，离婚前吴童一直生活在爷爷奶奶身边。吴童的爷爷奶奶探望孙女时遭到李女士的拒绝，李女士觉得在婚姻关系存续期间，公婆经常干涉和参与他们的夫妻关系，才导致他们夫妻离婚。想孙女心切的爷爷奶奶认为孙女吴童是他们老两口一手带大的，打算把李女士告上法庭，要求获得探望自己孙女的权利。

【评析】

就离婚后子女的探望权问题，我国婚姻法只规定离婚后不直接抚养子女的父或母，有探望子女的权利，没有规定祖父母和外祖父母对（外）孙子女的探望权。考虑伦理亲情，孩子和祖父母不应该被隔离，祖父母对孩子的爱，也有利于孩子成长。但考虑目前法律规定的限制，吴先生可以采取迂回的方式实现自己父母的探望权，即吴先生可以与自己的父母一同去探望，满足老人的探望情感。或由吴先生代为出面向法院提起诉讼，由吴先生的父母代表自己行使探视权。

【相关法条】

《婚姻法》第三十八条　离婚后，不直接抚养子女的父或母，有探望子女的权利，另一方有协助的义务。

行使探望权利的方式、时间由当事人协议；协议不成时，由人民法院判决。

《婚姻法》第二十八条　有负担能力的祖父母、外祖父母，对于父母已经死亡或父母无力抚养的未成年的孙子女、外孙子女，有抚养的义务。

23. 夫妻之间所打借条是否具有法律约束力？

【案情介绍】

周先生和严女士系夫妻关系，在婚姻关系存续期间，周先生向严女士借款4万元，并写了借条，承诺2017年7月底归还，到期后未归还的，愿意承担法律责任。周先生将借款投资于股票而没有用于家庭的开支。现夫妻双方感情破裂，准备离婚，严女士想知道丈夫周先生向她所打的借条是否具有法律效力。

【评析】

判断夫妻之间所打借条是否有效，首先应当看借条是否夫妻间真实的意思表示。只要是各方真实意思的表示且内容合法的情况下签定的欠条具有法律效力。

如果借条确系夫妻之间真实的意思表示并确有债权债务往来，还应根据如下几种情况分别认定：

（1）夫妻间是否对夫妻共同财产进行了约定，即夫妻之前可以将共有财产约定为各自所有。在这样的约定下，夫妻两个人各为独立的经济实体，对各自所有的财产都有完全的支配权，如果一方为了个人事务向另一方借款，其本质与一般债权债务关系并无不同，对此种借条的有效性应予以确认。

（2）如果夫妻之间没有进行财产约定，而且也没有个人名下婚前财产的，这种夫妻关系存续期间的内部债务要视该笔款项的用途而定。

如果该款项是用于夫妻共同生活的，那么出借方本身也是借款的受益人，共同债务不必再清偿，共同投资及收益也已用于家庭共同生活或者已经分割，这时再要求借款一方归还借款就没有事实和法律依据了。

但是，如果借款一方不是将借款用于家庭共同生活，而是用于从事个人经营活动或者其他个人事务，则视为双方约定处分夫妻共同财产的行为，离婚时可按照借款协议的约定处理。因为对于家庭重大财产，夫妻双方的处置权是平等的，处置家庭重大财产须经双方一致同意。如果配偶一方同意将共同财产借与另一方用于个人事务，也是对家庭财产的一种处置，是法律允许的。离婚时，借款一方尚未归还借款的，该笔借款则应按共有财产进行分割，即借款一方应按照协议给予另一方实际借款数额的一半。

本案中周先生给严女士所打借条确系双方真实意思表示，并且严女士所借出的4万元没有用于家庭共同生活。但周先生和严女士并未约定夫妻分别财产，严女士也无个人婚前财产，其所出借4万元应当认定为夫妻共同财产，因此两个人离婚时严女士可以主张其中的一半，即2万元。

【相关法条】

《合同法》第四条　当事人依法享有自愿订立合同的权利，任何单位和个人不得非法干预。

《合同法》第八条　依法成立的合同，对当事人具有法律约束力。当事人应当按照约定履行自己的义务，不得擅自变更或者解除合同。依法成立的合同，受法律保护。

《婚姻法司法解释（三）》第十六条　夫妻之间订立借款协议，以夫妻共同财产出借给一方从事个人经营活动或用于其他个人事务的，应视为双方约定处分夫妻共同财产的行为，离婚时可按照借款协议的约定处理。

24. 表兄妹领证结婚无效吗？

【案情介绍】

张先生与刘女士是表兄妹，两个人在某县民政局登记结婚时隐瞒了表亲的身份，婚后双方因无感情基础，在共同生活中产生矛盾，无法继续共同生活。张先生认为他和刘女士是表兄妹，他们的婚姻是违法的，属于无效婚姻。

【评析】

根据《婚姻法》规定，直系血亲和三代以内的旁系血亲，以及患有医学上认为不应当结婚的疾病的双方，都不能结婚。而婚姻无效的情况包括：重婚的；有禁止结婚的亲属关系的；婚前患有医学上认为不应当结婚的疾病，婚后尚未治愈的；未到法定婚龄的。

本案中张先生、刘女士双方系三代以内旁系血亲，两个人登记结婚，违反了《婚姻法》关于禁止近亲结婚的规定，属于无效婚姻。他们之间的婚姻关系自始至终无效，所以他们即使办理了婚姻登记，关系亦为同居关系。

何谓直系血亲和三代以内的旁系血亲？

（1）直系血亲，即：父母和子女之间；祖父母、外祖父母和孙子女、外孙子女之间；曾祖父母、外曾祖父母和曾孙子女、外曾孙子女之间。

（2）三代以内旁系血亲，包括兄弟姐妹之间、堂兄弟姐妹之间、表兄弟姐妹之间，叔伯与侄女之间、姑妈与侄子之间、舅父与外甥女之间、姨妈与外甥之间。

【相关法条】

《婚姻法》第七条　有下列情形之一的，禁止结婚：

（一）直系血亲和三代以内的旁系血亲；

（二）患有医学上认为不应当结婚的疾病。

《婚姻登记管理条例》第十二条　申请结婚登记的当事人有下列情形之一的，婚姻登记管理机关不予登记：

（一）未到法定结婚年龄的；

（二）非自愿的；

（三）已有配偶的；

（四）属于直系血亲或者三代以内旁系血亲的；

（五）患有法律规定禁止结婚或者暂缓结婚的疾病的。

《婚姻法》第十条　有下列情形之一的，婚姻无效：

（一）重婚的；

（二）有禁止结婚的亲属关系的；

（三）婚前患有医学上认为不应当结婚的疾病，婚后尚未治愈的；

（四）未到法定婚龄的。

25. 子女能否向父母主张大学期间的教育生活费？

【案情介绍】

王女士与安先生因感情不和协议离婚，孩子安笑（化名）由王女士抚养，安先生每年支付安笑抚养费8 000元。离婚后，安先生按照离婚协议在每年年初支付安笑的抚养费直到其18岁成年。现安笑已满18岁，在读大学，王女士没有经济能力支付孩子上大学的费用，要求安先生支付孩子在大学期间的教育生活费时，安先生认为安笑现已成年，其已无抚养义务，拒绝再支付安笑的抚养费。

【评析】

父母为成年子女在大学期间主动支付抚养费虽然是一种常态，但这只是父母在道德上的义务，并不是法定义务，不具有法律强制性。在现实生活中，虽然让已成年大学生在大学学习期间以自己的劳动来支付自己的教育、生活费有很大困难，但将父母对子女的抚养义务依法限制在一定时间范围之内是社会发展的需要，更是社会进步的要求。父母是否支付有劳动能力的成年子女的抚养费是采取自愿原则的，法律不能将此责任强加于父母。

根据我国婚姻法的规定，父母对子女有抚养教育的义务，子女对父母有赡养扶助的义务。父母不履行抚养义务时，未成年的或不能独立生活的子女，有要求父母付给抚养费的权利。抚养费的范围包括子女生活费、教育费、医疗费等费用。

《婚姻法司法解释（一）》第二十条规定，婚姻法第二十一条规定的"不能独立生活的子女"，是指尚在校接受高中及以下学历教育，或者丧失或未完全丧失劳动能力等非主观原因而无法维持正常生活的成年子女。

因此，根据上述规定，子女要获取抚养费必须具备以下条件：第一，子女尚未成年，即未年满 18 周岁；第二，接受高中及其以下学历教育；第三，丧失或未完全丧失劳动能力等非主观原因而无法维持正常生活的成年子女。

本案中安笑已经成年，在大学就读，既不属于未成年子女，也不属于"不能独立生活的子女"，属于完全民事行为能力人，其与父母处于平等的民事主体地位，已具备了独立生活的能力和条件。非因主观原因而无法维持正常生活，所以不能再要求其父支付大学期间的教育生活费。

【相关法条】

《婚姻法》第二十一条第二款　父母对子女有抚养教育的义务；子女对父母有赡养扶助的义务。

父母不履行抚养义务时，未成年的或不能独立生活的子女，有要求父母付给抚养费的权利。

《婚姻法司法解释（一）》第二十条　婚姻法第二十一条规定的"不能独立生活的子女"，是指尚在校接受高中及其以下学历教育，或者丧失或未完全丧失劳动能力等非因主观原因而无法维持正常生活的成年子女。

《婚姻法司法解释（一）》第二十一条　婚姻法第二十一条所称"抚养费"，包括子女生活费、教育费、医疗费等费用。

26. 父母生前欠债，子女有义务偿还吗？

【案情介绍】

小刘的父亲在他很小时就去世了，他是由母亲含辛茹苦养大的。为了家庭生计，小刘的母亲做生意供其读书。小刘大学毕业不到一年，母亲积劳成疾去世。他需要偿还母亲做生意欠下的债务吗？

【评析】

根据《继承法》第三十三条，继承遗产应当清偿被继承人依法应当缴纳的税款和债务，缴纳税款和清偿债务以他的遗产实际价值为限。超出遗产实际价值部分，继承人自愿偿还的不在此限。继承人放弃继承的，对被继承人依法应当缴纳的税款和债务可以不负偿还责任。如果父母有遗产，那么他们生前的合法债务用遗产归还，并且以遗产为限，不够部分不能强制要求子女归还，子女自愿归还的法律不干涉。子女在继承遗产的范围内承担偿还义务，超出遗产部分，没有义务偿还；如果不继承遗产，则没有义务偿还相关债务。

本案中，小刘如果继承了他母亲的遗产，则仅需要在遗产实际价值范围内偿还债务；如果他放弃了继承，则不负偿还责任。

【相关法条】

《继承法》第三十三条　继承遗产应当清偿被继承人依法应当缴纳的税款和债务，缴纳税款和清偿债务以他的遗产实际价值为限。超过遗产实际价值部分，继承人自愿偿还的不在此限。

继承人放弃继承的，对被继承人依法应当缴纳的税款和债务可以不负偿还责任。

27. 前妻擅自更改孩子的姓，丈夫能否拒绝支付抚养费？

【案情介绍】

刘先生与李女士在 2012 年结婚，婚后生育一子，2015 年因感情不和协议离婚，孩子随李女士生活，由刘先生按离婚协议的约定支付抚养费用，行使探望权。2016 年 5 月份，刘先生去幼儿园探望孩子时听幼儿园老师说孩子的姓已经变为前妻李女士的姓，刘先生立即找到李女士要求把孩子的姓名改回来，但遭到李女士的拒绝。因此，刘先生就停止了抚养费用的支付。请问，李女士擅自更改孩子的姓名，刘先生能拒绝支付孩子的抚养费吗？

【评析】

根据《婚姻法》第二十二条，子女可以随父姓，也可以随母姓。也就是说，在夫妻婚姻关系存续期间，经协商一致，孩子既可以随父姓也可以随母姓，即子女的姓氏是夫妻双方合意的结果，因此孩子姓名的变更，同样应由双方协商一致。父母离异后，双方仍然是其子女的法定监护人。离婚后，随子女生活的父母一方也无权单方更改子女的姓氏，如欲更改，必须征得另一方的同意。并且父母任何一方都不得因子女变更姓氏而拒付子女抚育费。当然，作为子女，对自己姓名的命名享有自主权，但如欲更改父母已确定的姓名，应当在成年以后。未成年人尚不具有完全民事行为能力，对其姓名的命名，应当尊重父母双方的共同意见。

本案中，李女士未经前夫刘先生的同意擅自更改了子女的姓氏，是不合法的。但是刘先生据此拒付子女的抚养费也是违法的。无论孩子跟谁的姓，父母任何一方都要承担抚养未成年子女的义务，不能以离婚后孩子改姓为由不给孩子抚养费。

【相关法条】

《民法总则》第一百一十条　自然人享有生命权、身体权、健康权、姓名权、肖像权、名誉权、荣誉权、隐私权、婚姻自主权等权利。

《婚姻法》第二十二条　子女可以随父姓，可以随母姓。

《婚姻法》第三十六条　父母与子女间的关系，不因父母离婚而消除。离婚后，子女无论由父或母直接抚养，仍是父母双方的子女。

《最高人民法院关于法院审理离婚案件处理子女抚养问题的若干具体意见》第十九条　父母不得因子女变更姓氏而拒付子女抚育费。父或母一方擅自将子女姓氏改为继母或继父姓氏而引起纠纷的，应责令恢复原姓氏。

28. 夫妻离婚后丈夫发现孩子不是亲生的，丈夫能否向妻子追索孩子的抚养费？

【案情介绍】

2016年8月赵先生与张女士经人介绍相识，次年12月生一女取名赵怡（化名），随后结婚。过了一段时间后，赵先生发现张女士与他人有婚外情行为，于是双方协议离婚并达成如下协议：女儿赵怡由张女士抚养，夫妻共同财产全部归赵先生所有，赵先生每月支付女儿抚养费1 500元。后赵先生发现女儿非自己亲生，赵先生能否向妻子张女士要求返还在婚姻关系存续期间和离婚后他给付赵怡的抚养费？

【评析】

目前我国没有针对欺诈性抚养的立法，只有1992年《最高人民法院关于夫妻关系存续期间男方受欺骗抚养非亲生子女离婚后可否向女方追索抚养费的复函》（以下简称"复函"），该复函指出："在夫妻关系存续期间，一方同他人通奸生育子女隐瞒真情，另一方受欺骗而抚养了非亲生子女，其中离婚后给付的抚养费，受欺骗方要求返还的，可酌情返还；至于在夫妻关系存续期间受欺骗方支付的抚养费应否返还，因涉及的问题比较复杂，尚须进一步研究。"据此复函，最高法院对被欺诈方在离婚后支付的抚养费的返还进行了明确的规定，但对婚姻存续期间抚养费的返还并未作明确界定。

根据复函中的规定，本案中赵先生与赵怡的关系属于欺诈性抚养关系。所谓欺诈性抚养关系，是指在夫妻关系存续期间或离婚后，妻明知在婚姻关系存续期间所生子女与其（前）夫无关，还使其（前）夫承担对该子女的抚养义务。赵怡系张女士与其他男子所生，在法律关系上，既不是赵先生的婚生子女，也不是非婚生子女、养子女、继子女，赵先生对赵怡没有抚养义务。对于赵先生在离婚后给付的抚养费，张女士应当全部予以返还。至于在夫妻关系存续期间受骗支出的抚养费，由于赵先生与张女士离婚时，夫妻财产已由赵先生一人分得，且考虑到张女士还要抚养小孩，故对赵先生在夫妻关系存续期间支出的抚养费可判决不予返还。

【相关法条】

1992年4月2日《最高人民法院关于夫妻存续期间男方受欺骗抚养非亲生子女离婚后可否向女方追索抚养费的复函》中明确规定："在夫妻关系存续期间，一方与他人通奸生育子女，隐瞒真情，另一方受欺骗而抚养了非亲生子女，其中离婚后给付的抚养费，受欺骗方要求返还的，可酌情返还；至于在夫妻关系存续期间受欺骗方支出的抚养费用应否返还，因涉及的问题比较复杂，尚须进一步研究。"

《关于确定民事侵权精神损害赔偿责任若干问题的解释》第一条　自然人因下列人格权利遭受非法侵害，向人民法院起诉请求赔偿精神损害的，人民法院应当依法予以受理：

（一）生命权、健康权、身体权；

（二）姓名权、肖像权、名誉权、荣誉权；

（三）人格尊严权、人身自由权。

违反社会公共利益、社会公德侵害他人隐私或者其他人格利益，受害人以侵权为由向人民法院起诉请求赔偿精神损害的，人民法院应当依法予以受理。

29. 夫妻在离婚时，签下"孩子跟一方生活另一方不支付孩子抚养费"的协议，离婚后能否向对方要还孩子的抚养费？

【案情介绍】

丁先生与李女士系夫妻。从2009年开始丁先生常年在异地做水产生意，李女士在家照顾正在上小学的孩子。2015年随着丁先生生意的风生水起，丁先生开始对李女士不闻不问，甚至很少回家，也不接李女士打来的电话。受到冷落的李女士在多处打听后获知，丁先生已经跟郭女士过上了同居生活。为了给孩子一个完整的家庭，李女士找到丁先生，要求他跟郭女士断绝关系，但遭到丁先生的拒绝。同年9月丁先生提出离婚，李女士所居房屋归李女士所有，孩子由丁先生抚养。李女士为了得到孩子的抚养权，跟丁先生签下协议：如果孩子跟女方生活，男方不支付孩子的抚养费。到2017年元月，李女士感到自己没有固定的收入，独自抚养孩子难以维持生计，于是想到向丁先生要孩子的抚养费。李女士还能向丁先生要孩子的抚养费吗？

【评析】

抚养是指父母从物质上、生活上对子女的养育和照顾，如负担子女的生活费、教育费、医疗费等。我国《婚姻法》规定，父母与子女间的关系，不因父母离婚而消除。离婚只是改变父母的婚姻关系和父母对孩子的抚养权，但没有改变父母对孩子的法定义务。可见，给付抚养费是没有直接抚养孩子一方的法定义务，这一义务的承担既不附任何条件，也不被任何因素所免除，父母对孩子的抚养是法定的。

本案中丁先生与李女士签订的孩子由谁来抚养，不抚养的一方拒绝支付孩子抚养费的协议是无效的。离婚后李女士能向丁先生要求孩子的抚养费。

【相关法条】

《婚姻法》第三十六条　父母与子女间的关系，不因父母离婚而消除。离婚后，子女无论由父或母直接抚养，仍是父母双方的子女。

离婚后，父母对于子女仍有抚养和教育的权利和义务。

《婚姻法》第三十七条　离婚后，一方抚养的子女，另一方应负担必要的生活费和教育费的一部或全部，负担费用的多少和期限的长短，由双方协议；协议不成时，由人民法院判决。

关于子女生活费和教育费的协议或判决，不妨碍子女在必要时向父母任何一方提出超过协议或判决原定数额的合理要求。

30. 离婚后未与子女共同生活的另一方是否还享有监护权？

【案情介绍】

高女士在婚姻中经常遭受丈夫的暴力，忍无可忍的高女士决定与丈夫史先生结束痛苦不堪的婚姻。高女士因没有固定的收入，在协议离婚时，孩子的抚养费不让高女士支付，但孩子由史先生抚养。在随后的日子里高女士多次要求看望孩子时，史先生总是以孩子归他抚养，高女士不再对孩子具有监护权为由，拒绝高女士探望孩子。高女士是否对孩子还享有监护权？

【评析】

父母对未成年子女的监护是未成年人监护制度的核心部分。父母离婚后，父母对子女的监护义务并不因为婚姻关系的结束而消除。未成年子女随其中一方生活，另一方对子女的监护权并不丧失。这是因为父母对子女的监护是基于亲权关系而产生的，父母与子女的亲权关系不能因父母离婚而消灭，监护权也必然不因此而消灭。离婚后，父母双方对未成年子女的监护权不变，任何一方均要履行抚养教育子女的权利与义务。父母是未成年人的法定监护人，依法享有监护权。父母分居或离异，其监护人的资格不受影响。也就是说，与子女共同生活的一方无权取消对方对子女的监护权。父或母探望子女，不利于子女身心健康的，可以由人民法院取消其监护权。中止的事由消失后，应当恢复其探望的权利。当事人的行为是否构成威胁子女的身心健康，应由法院裁量决定。因此，夫妻离婚后与子女共同生活的一方，无权取消另一方对该子女的监护权。

本案中虽然高女士和史先生已离婚，但父母双方对未成年子女的监护权不变，高女士有行使探望孩子的权利，故史先生的做法不符合法律规定。

【相关法条】

《婚姻法》第三十六条　父母与子女间的关系，不因父母离婚而消除。离婚后，子女无论由父或母直接抚养，仍是父母双方的子女。

《婚姻法》第三十八条　离婚后，不直接抚养子女的父或母，有探望子女的权利，另一方有协助的义务。

行使探望权利的方式、时间由当事人协议；协议不成时，由人民法院判决。

父或母探望子女，不利于子女身心健康的，由人民法院依法中止探望的权利；中止的事由消失后，应当恢复探望的权利。

《民法总则》第二十七条　父母是未成年子女的监护人。

未成年人的父母已经死亡或者没有监护能力的，由下列有监护能力的人按顺序担任监护人：

（一）祖父母、外祖父母；

（二）兄、姐；

（三）其他愿意担任监护人的个人或者组织，但是须经未成年人住所地的居民委员会、村民委员会或者民政部门同意。

《民法总则》第三十七条　依法负担被监护人抚养费、赡养费、扶养费的父母、子女、配偶等，被人民法院撤销监护人资格后，应当继续履行负担的义务。

《民法总则》第三十九条　有下列情形之一的，监护关系终止：

（一）被监护人取得或者恢复完全民事行为能力；

（二）监护人丧失监护能力；

（三）被监护人或者监护人死亡；

（四）人民法院认定监护关系终止的其他情形。

监护关系终止后，被监护人仍然需要监护的，应当依法另行确定监护人。

《民通意见》第二十一条　夫妻离婚后，与子女共同生活的一方无权取消对方对该子女的监护权。但是未与该子女共同生活的一方，对该子女有犯罪行为、虐待行为或者对该子女明显不利的，人民法院认为可以取消的除外。

《民通意见》第一百五十八条　夫妻离婚后，未成年子女侵害他人权益的，同该子女共同生活的一方应当承担民事责任；如果独立承担民事责任确有困难的，可以责令未与该子女共同生活的一方共同承担民事责任。

31. 夫妻离婚后，未跟子女生活的一方是否应承担子女因病治疗的费用？

【案情介绍】

高女士在婚姻中经常被她的丈夫史某拳打脚踢，考虑自身安全，高女士从像噩梦一样的婚姻中逃离了出来。高女士在协议离婚时，不得不同意孩子由史某抚养。高女士的前夫史某不要求高女士支付孩子的抚养费，但拒绝高女士探视孩子。2016年4月高女士的孩子不幸患上肺癌，高女士多次苦苦哀求史某希望能去探望孩子，史某总是以怕孩子情绪激动影响治疗为由不让高女士看望一眼。后来病情突然恶化，孩子匆忙地离开了人世，也没留给高女士看孩子最后一眼的机会。2016年年底，史某以给孩子的治疗费用很高、承担债务过大已造成其生活困难为由，要求高女士承担孩子治疗费用的一半近十万元。高女士以打零工为生，收入拮据，面对巨额的数字实在是无力承受，高女士应不应该再替前夫分担孩子的治疗费？

【评析】

根据法律规定，子女在父母离婚后在必要时可以向父母任何一方提出增加抚养费的请求，抚养子女的夫妻一方可以作为法定代理人参与诉讼。

本案中高女士的前夫史某在孩子治疗期间是可以以孩子的名义提出增加抚养费的请求的，但他没有及时提出，他在孩子去世后以他个人的名义提出要求，由于高女士与其前夫的孩子现已死亡，故高女士不应该再替前夫分担孩子的治疗费。按法律相关条文规定，对提出变更要求的人均限定为子女，没有规定抚养子女的一方父或母享有可以以本人的名义提出变更抚养费的权利，这样规定的出发点是抚养费仅用于保障子女的生活、学习和健康成长。所以在原来已确定的抚养费数额必须予以变更的情况下，只有子女才有权提出要求。

【相关法条】

《婚姻法》第三十七条第二款　关于子女生活费和教育费的协议或判决，不妨碍子女在必要时向父母任何一方提出超过协议或判决原定数额的合理要求。

《最高人民法院关于人民法院审理离婚案件处理子女抚养问题的若干具体意见》第十八条　子女要求增加抚育费有下列情形之一，父或母有给付能力的，应予支持。

（1）原定抚育费数额不足以维持当地实际生活水平的；

（2）因子女患病、上学，实际需要已超过原定数额的；

（3）有其他正当理由应当增加的。

32. 父母对子女抚养权的判决标准是什么？

【案情介绍】

周先生与王女士婚后育有一女，名叫周阳（化名），2岁半。婚后两个人因小事经常吵架，最终导致感情破裂。王女士没有固定的职业，周先生和王女士结婚前跟张女士育有一子，现王女士想跟周先生离婚，获得女儿的抚养权，法院能否把女儿周阳的抚养权判决给她？

【评析】

离婚子女抚养权是法院根据离婚双方的条件是否符合法律规定来作出判决的。离婚后，哺乳期内的子女，以随哺乳的母亲抚养为原则。哺乳期后的子女，如双方因抚养问题发生争执不能达成协议时，由人民法院根据子女的权益和双方的具体情况判决。两周岁内的子女一般判给女方，十周岁以上的未成年子女征询子女的意见，两周岁以上的子女要根据双方的抚养能力来决定子女归哪一方。孩子抚养权归谁，关键看孩子跟谁生活更有利于孩子成长。

【相关法条】

《最高人民法院关于人民法院审理离婚案件处理子女抚养问题的若干具体意见》第三条第三款　对两周岁以上未成年的子女，父方和母方均要求随其生活，一方有下列情形之一的，可予优先考虑：

（1）已做绝育手术或因其他原因丧失生育能力的；

（2）子女随其生活时间较长，改变生活环境对子女健康成长明显不利的；

（3）无其他子女，而另一方有其他子女的；

（4）子女随其生活，对子女成长有利，而另一方患有久治不愈的传染性疾病或其他严重疾病，或者有其他不利于子女身心健康的情形，不宜与子女共同生活的。

《婚姻法》第三十六条　父母与子女间的关系，不因父母离婚而消除。离婚后，子女无论由父或母直接抚养，仍是父母双方的子女。

离婚后，父母对于子女仍有抚养和教育的权利和义务。

离婚后，哺乳期内的子女，以随哺乳的母亲抚养为原则。哺乳期后的子女，如双方因抚养问题发生争执不能达成协议时，由人民法院根据子女的权益和双方的具体情况判决。

《婚姻法》第三十七条　离婚后，一方抚养的子女，另一方应负担必要的生活费和教育费的一部或全部，负担费用的多少和期限的长短，由双方协议；协议不成时，由人民法院判决。

关于子女生活费和教育费的协议或判决，不妨碍子女在必要时向父母任何一方提出超过协议或判决原定数额的合理要求。

33. 离婚后一方可否中止不支付孩子抚养费另一方的探视权？

【案情介绍】

冶女士与林先生育有一女，婚后因家庭琐事经常争吵，感情逐渐不和，2013年感情彻底破裂，2015年3月双方协议离婚。双方约定女儿由冶女士抚养，林先生每月支付抚养费800元，并且每星期有1~2次探视权，周末女儿可在林先生家过一夜，每次探视由林先生自行负责接送回家。离婚后，双方都重新组建了家庭。冶女士再婚后过着富裕的生活。但林先生再婚后，生活水平下降，生活一团乱麻，因此，林先生不再支付女儿的抚养费。同时，冶女士以林先生不支付女儿的抚养费为由，拒绝林先生来探视女儿。

【评析】

抚养费与探望权系两个不同的法律关系。一方拒付抚养费不能成为另一方不配合对方行使探望权的合法理由。支付抚养费的义务与探视子女的权利是否对应的权利义务关系？也就是说，一方享有探视权是否以其支付抚养费为前提呢？答案是否定的。根据我国《婚姻法》等相关法律规定，抚养费的支付是为了满足子女生活和教育的需要，而探视权的行使是为了满足父母和子女在思想上沟通和交流的需要，二者设立意旨差别甚大。父母与子女的关系不因父母离婚而消除，离婚后，父母对子女仍有抚养和教育的权利和义务。不直接抚养子女的一方，有负担子女生活费、教育费的义务。承担抚养子女义务、支付抚养费与能否探视子女没有互为因果的关系。可见，抚养费的支付和探视权的行使是相互独立的，一方不能以未支付抚养费为由而拒绝另一方行使探视权，同时，另一方也不能以未行使探视权为由而拒绝支付抚养费。

本案中冶女士以林先生不支付孩子抚养费为由，而拒绝林先生行使探视权是不对的。

【相关法条】

《婚姻法司法解释（一）》第二十六条 未成年子女、直接抚养子女的父或母及其他对未成年子女负担抚养、教育义务的法定监护人，有权向人民法院提出中止探望权的请求。

《婚姻法》第三十六条 父母与子女间的关系，不因父母离婚而消除。离婚后，子女无论由父或母直接抚养，仍是父母双方的子女。

离婚后，父母对于子女仍有抚养和教育的权利和义务。

《婚姻法》第三十七条 离婚后，一方抚养的子女，另一方应负担必要的生活费和教育费的一部或全部，负担费用的多少和期限的长短，由双方协议；协议不成时，由人民法院判决。

关于子女生活费和教育费的协议或判决，不妨碍子女在必要时向父母任何一方提出超过协议或判决原定数额的合理要求。

《婚姻法》第三十八条 离婚后，不直接抚养子女的父或母，有探望子女的权利，另一方有协助的义务。

行使探望权利的方式、时间由当事人协议；协议不成时，由人民法院判决。

父或母探望子女，不利于子女身心健康的，由人民法院依法中止探望的权利；中止的事由消失后，应当恢复探望的权利。

34. 再婚配偶不育能否要求变更孩子抚养权?

【案情介绍】

王先生与宋女士结婚后育有一个女孩,2015 年两个人因感情不和协议离婚,孩子由女方宋女士抚养,王先生每月给付抚养费 1 000 元。2016 年王先生和刘女士再婚。王先生再婚后的妻子患有不孕症。2017 年 3 月的一天,王先生未经前妻宋女士的允许,将孩子接走,此后孩子一直跟王先生生活。2017 年 4 月 19 日,王先生将前妻宋女士起诉至法院,要求变更抚养关系。再婚配偶不育能否要求变更抚养权?

【评析】

王先生与宋女士离婚后,孩子由谁抚育,应从有利于孩子健康成长的角度考虑,在这个条件下,夫妻离婚时可以协商确定,协商不成,可由人民法院判决。再婚不育,不是要求变更孩子抚养权的理由,也不是有利于孩子健康成长的必要条件。按照《婚姻法》规定可以变更抚养权的法定理由的相关规定,法院应驳回王先生的诉讼请求。

【相关法条】

《最高人民法院关于人民法院审理离婚案件处理子女抚养问题的若干具体意见》:

15. 离婚后,一方要求变更子女抚养关系的,或者子女要求增加抚育费的,应另行起诉。

16. 一方要求变更子女抚养关系有下列情形之一的,应予支持。

(1)与子女共同生活的,一方因患严重疾病或因伤残无力继续抚养子女的;

(2)与子女共同生活的一方不尽抚养义务或有虐待子女行为,或其与子女共同生活对子女身心健康确有不利影响的;

(3)十周岁以上未成年子女,愿随另一方生活,该方又有抚养能力的;

(4)有其他正当理由需要变更的。

35. 离婚协议约定不付抚养费是否有效?

【案情介绍】

陈先生与宋女士在交友网站上相识,两人于 2010 年 1 月 6 日登记结婚,同年育有一子陈小某。婚后由于两个人性格不和,遂于 2012 年 12 月协议解除婚姻关系。由于当时宋女士的收入状况较好,为了取得儿子的抚养权,协议约定"儿子由宋女士独自抚养，陈先生不支付抚养费"。2017 年 5 月，宋女士所在单位因经营不善而破产，宋女士失业，生活出现困难，难以继续独自承担对儿子的抚养义务，遂请求陈先生分担儿子的生活费，但陈先生以离婚时已协商由宋女士独自承担为由予以拒绝。宋女士以儿子陈小某法定代理人的身份起诉到法院，请求陈先生履行支付抚养费的义务。

【评析】

父母在离婚的时候可以在离婚协议里约定不直接抚养子女的一方同时也不支付抚养费，这是法律允许的，也是具有法律效力的。但如果日后抚养子女一方的经济情况发生改变，则还是可以要求另一方支付子女抚养费。父母离婚后承担子女抚养费是法定的义务。

本案中宋女士在离婚时虽未要求陈先生承担儿子的抚养费，并不意味着陈先生对儿子的抚养义务就可以免除了，当宋女士不能独自承担儿子的抚养义务时，陈先生必须履行支付抚养费的义务。现因宋女士失业，生活出现困难，其所能承担的子女抚养费数额，已不足以维持孩子的基本生活，影响了陈小某的健康成长，因此宋女士作为陈小某的法定代理人有权以陈小某的名义请求法院判决陈先生支付儿子陈小某的抚养费。法院会支持宋女士的诉讼请求，陈先生应支付儿子陈小某的抚养费。

【相关法条】

《最高人民法院关于人民法院审理离婚案件处理子女抚养问题的若干具体意见》第十条　父母双方可以协议子女随一方生活并由抚养方负担子女全部抚育费。

《婚姻法》第三十七条第二款　子女生活费和教育费的协议或判决，不妨碍子女在必要时向父母任何一方提出超过协议或判决原定数额的合理要求。

36. 配偶一方婚后患精神病，婚姻是否无效？

【案情介绍】

郑先生与李女士于 2012 年 3 月 20 日在西宁登记结婚并举行了婚礼。婚后由于工作原因，郑先生经常是西宁和山东两地跑，在家的时间越来越少。2015 年年初，李女士生下孩子，因无人照顾，李女士患上产后抑郁症，其认为丈夫郑先生对自己越来越冷漠，肯定外面有女人，精神开始恍惚。每当郑先生出差回来，李女士就没完没了地跟郑先生吵架，砸东西，哭泣，病情日益恶化。李女士已无法清晰辨识自己的意识，经医院鉴定李女士患上了严重的精神疾病。郑先生认为他跟李女士的婚姻目前已经无效，是否确实如此？

【评析】

婚后夫妻在共同生活期间一方患精神病，另一方应做好对患者方的医疗、监护和生活照顾工作，发扬互敬互爱互助精神，使患者精神上得到慰藉和生活上得到关照。这也是夫妻间应尽的义务。依据我国新《婚姻法》第三十二条的规定：男女一方要求离婚的，可由有关部门进行调解或直接向人民法院提出离婚诉讼。人民法院审理离婚案件，应当进行调解；如感情确已破裂，调解无效，应准予离婚。所以，如果配偶一方为精神病人，另一方向法院起诉的，法院是否判决离婚，关键是看感情是否确已破裂。

本案中李女士在婚前身体及精神状况良好，具有结婚意识能力。李女士与郑先生登记结婚时，未患有医学上认为不应当结婚的疾病，其婚姻是合法有效的；在婚姻关系存续期间，李女士患上精神疾病，不属于我国《婚姻法》所规定的婚姻无效的情形，且夫妻之间存在相互扶养的义务，因此，郑先生与李女士之间的婚姻应属合法有效。对于李女士婚后患精神病，如郑先生确实尽到了夫妻间的义务，又确系久治不愈，郑先生坚决要求离婚的，可视为夫妻感情确已破裂的情形，经调解无效，法院可依法判决准予离婚。同时，郑先生必须解决好李女士在离婚后的监护和生活安排等项工作。

【相关法条】

《婚姻法》第十条 有下列情形之一的，婚姻无效：

（一）重婚的；

（二）有禁止结婚的亲属关系的；

（三）婚前患有医学上认为不应当结婚的疾病，婚后尚未治愈的；

（四）未到法定婚龄的。

37. 夫妻离婚，一方生活困难，可否要求对方给付抚养费？

【案情介绍】

沙女士是家庭主妇，每天忙于家务和照顾孩子，丈夫赵先生是某事业单位的处级干部，平时对沙女士的辛劳视而不见。随着孩子上大学，沙女士深感与丈夫赵先生越来越无话可说，觉得双方感情已经破裂，她想结束这段婚姻。但她担心离婚后自己没有经济来源，而且自己又在长期的家务劳动中落下了腰肌劳损、风湿性关节炎的毛病，没法独立生活。她想离婚后还要求丈夫定期支付生活费。法律能支持她的想法么？

【评析】

根据《婚姻法》第二十条规定：夫妻有互相扶养的义务。

一方不履行扶养义务时，需要扶养的一方，有要求对方付给扶养费的权利。

一方要求另一方给付扶养费的条件是：

（1）给付扶养费的时间为夫妻关系存续期间；

（2）一方存在疾病、生活困难等需要扶养的情况。

可见，夫妻互相扶养的义务，是基于身份关系及在婚内产生的。

离婚时，为家庭付出较多义务的一方可请求另一方给予补偿。本案中赵先生和沙女士离婚后就不存在夫妻关系了，也就没有了扶养的义务，沙女士要求生活费是没有法律依据的。当然，如果赵先生自愿在离婚后给沙女士生活费，则应另当别论。

【相关法条】

《婚姻法》第二十条　夫妻有互相扶养的义务。一方不履行扶养义务时，需要扶养的一方，有要求对方付给扶养费的权利。

《婚姻法》第四十条　夫妻书面约定婚姻关系存续期间所得的财产归各自所有，一方因抚育子女、照料老人、协助另一方工作等付出较多义务的，离婚时有权向另一方请求补偿，另一方应当予以补偿。

《婚姻法》第四十二条　离婚时，如一方生活困难，另一方应从其住房等个人财产中给予适当帮助。具体办法由双方协议；协议不成时，由人民法院判决。

第二章 夫妻财产关系

婚姻家庭关系是身份关系与财产关系的统一，财产关系是婚姻家庭得以延续发展的基础，也是夫妻关系的核心。夫妻双方对共同财产享有平等的处理权，这是我国婚姻法所确立的一项基本原则。随着社会的不断向前发展，夫妻的财产权益越来越受到人们的关注和重视，夫妻财产关系也日益呈现多元化、复杂化的趋势。在生活中由于夫妻对婚前财产和婚后所得财产的归属、管理、使用、收益、处置，以及家庭生活费用的承担，夫妻共同债务的清偿，婚姻关系解除时夫妻财产的清算和分割等问题模糊不清，理解不一，造成损害了一方或双方当事人的合法权益。下面我们对有关夫妻财产纠纷中的一些问题进行评述和解析。

38. 夫妻书面约定婚后所得财产归各自所有，但妻子因为要照顾孩子、打理家务等而辞去工作，离婚时可以提出经济补偿请求吗？

【案情介绍】

王女士原在某县一所小学任教，跟李先生结婚时书面约定婚后所得财产归各自所有。婚后两年王女士生下儿子，丈夫李先生跟王女士商量，让她辞职在家照顾孩子，打理家务。但令王女士没想到的是随着儿子逐渐长大，丈夫对她逐渐冷淡，最后提出离婚。痛苦万分的王女士因为照顾孩子、打理家务而失去工作，她离婚时可以向丈夫提出经济补偿请求吗？

【评析】

根据我国《婚姻法司法解释（三）》的相关规定，夫妻书面约定婚姻关系存续期间所得财产归各自所有，一方因抚育子女、照料老人、协助另一方工作等付出较多义务的，离婚时有权向另一方请求补偿，另一方应当予以补偿。该规定实质上是对家务劳动价值的认可，使经济地位较弱而承担较多家务劳动的一方（大多为女性）在离婚时享有经济上的补偿。

本案中王女士离婚时可以向丈夫提出经济补偿请求。王女士因照顾孩子、打理家务等原因失去工作，可以认定对家庭付出了较多的义务，在离婚时可以主张丈夫给予相应的经济补偿。

【相关法条】

《婚姻法》第四十条　夫妻书面约定婚姻关系存续期间所得的财产归各自所有，一方因抚育子女、照料老人、协助另一方工作等付出较多义务的，离婚时有权向另一方请求补偿，另一方应当予以补偿。

《婚姻法》第四十二条　离婚时，如一方生活困难，另一方应从其住房等个人财产中给予适当帮助。具体办法由双方协议；协议不成时，由人民法院判决。

《妇女权益保障法》第四十七条　妇女对依照法律规定的夫妻共同财产享有与其配偶平等的占有、使用、收益和处分的权利，不受双方收入状况的影响。

夫妻书面约定婚姻关系存续期间所得的财产归各自所有，女方因抚育子女、照料老人、协助男方工作等承担较多义务的，有权在离婚时要求男方予以补偿。

39. 婚前房屋在婚姻关系存续期间产生的增值部分，是否属于夫妻共同财产？

【案情介绍】

2006 年 12 月，未婚的刘女士购买了某小区的一套房子，价值 17 万元。2008 年 10 月，刘女士与汪先生结婚，婚后刘女士与汪先生另住，刘女士的这套房子未作任何经营、租售等。2017 年后随着周边房价上涨，该套房子若出售，市场价预计在 80 万元左右。刘女士想和汪先生解除婚姻关系，该套房子增值部分属于刘女士的个人财产还是夫妻共同财产？

【评析】

根据《物权法》规定，房屋的增值属于法定孳息的一种，应归属于物的所有人或其他合法权利人。一方婚前财产的孳息不应转化为夫妻共同财产。但是，对一方婚前房屋的增值应区分协助增值和自然增值的两种情况。协助增值是指一方的个人财产由于他方或双方付出的时间、金钱、智力、劳动（包括一方主要从事家务劳动、照料孩子或赡养老人等）而增值；自然增值是指因经济发展、物价上涨或其他非当事人的主观因素发生市场价值的变化而产生的增值。自然增值仍应作为一方财产而不能作为夫妻共同财产分割，协助增值应作为夫妻共同财产进行分割。

若在婚姻存续期间刘女士为了做生意而出售或出租该套房子等集资金，在做生意期间因经营良好而赚到收益，该投资经营增值的收益就属于夫妻共同财产。

本案中刘女士婚前所购的房屋在婚后只是单纯的持有，并未作任何经营或租售，故该房屋的增值部分不属于婚姻关系存续期间一方以个人财产投资的所得，应当属于不动产的自然增值。因此，现在房屋虽然增值了，但并非是婚后的投资收益，其增值部分不是夫妻共同财产。刘女士婚前所购的房屋婚后未进行任何经营、租售，刘女士和汪先生解除婚姻关系时，该套房子的增值部分全都归刘女士所有。

【相关法条】

《物权法》第九条　不动产物权的设立、变更、转让和消灭，经依法登记，发生效力；未经登记，不发生效力，但法律另有规定的除外。

《婚姻法司法解释（三）》第五条　夫妻一方个人财产在婚后产生的收益，除孳息和自然增值外，应认定为夫妻共同财产。

40. 婚前房屋在婚姻存续期间所得租金属于夫妻共同财产吗？

【案情介绍】

马先生早年做生意积累了一定的财富。考虑房地产的升值潜力，马先生将大部分资金购买了房产。2013 年 4 月，马先生与韩女士结婚。婚后，除了一套房子自住外，剩余的三套房子都在出租，一年的租金近 10 万元。2017 年 2 月，马先生的妻子韩女士向他提出离婚，并要求分割他们多年来的房租收入。马先生认为韩女士的要求不合理，他婚前购置的房产婚后出租的租金应该属于他。

【评析】

《婚姻法司法解释（三）》第五条，夫妻一方个人财产婚后产生的孳息和自然增值不是夫妻共同财产。但是《婚姻法》解释（三）中规定的孳息应作狭义性理解，专指非投资性、非经营性的收益，如存款利息、果树无须管理自然结果等。房屋租金不是孳息但是协助增值，是指一方的个人财产由于他方或双方付出的时间、金钱、智力、劳动（包括一方主要从事家务劳动、照料孩子或赡养老人等）而增值；房屋租金是由市场的供求规律决定的，并且与房屋本身的管理状况紧密相连，其获得往往需要投入较多的管理或劳务，是一种经营行为。当事人将个人所有的房屋出租，因对房屋这类重大生活资料，基本上是由夫妻双方共同经营管理，包括维修、修缮，所取得的租金事实上是夫妻双方共同经营后的收入。夫妻对共同所有的财产，有平等的处理权。

本案中虽然房产是马先生婚前购得，但是由于其出租房屋是一种经营性行为，且在婚姻关系存续期间，该套房屋的租金收入或经营所得就属于婚后的投资收益，即是夫妻共同财产。因此，此时取得的租金收入应当作为夫妻共同财产进行分割。

【相关法条】

《婚姻法司法解释（二）》第十九条　由一方婚前承租、婚后用共同财产购买的房屋，房屋权属证书登记在一方名下的，应当认定为夫妻共同财产。

《婚姻法司法解释（三）》第五条　夫妻一方个人财产在婚后产生的收益，除孳息和自然增值外，应认定为夫妻共同财产。

《婚姻法》第十七条　夫妻在婚姻关系存续期间所得的下列财产，归夫妻共同所有：

（一）工资、奖金；

（二）生产、经营的收益；

（三）知识产权的收益；

（四）继承或赠与所得的财产，但本法第十八条第三项规定的除外；

（五）其他应当归共同所有的财产。

41. 婚房登记在恋人名下后双方分手，出资方要求登记方返还的是房屋还是首付款？

【案情介绍】

林女士的儿子（孟涛）与女友（杨丽）准备结婚，林女士为儿子和其女友购买的婚房凑够了首付，在杨丽的要求下，房子登记在杨丽的名下。后在准备婚事的过程中，双方发生矛盾并导致分手。林女士要求杨丽返还房屋，杨丽称房子已登记在她名下就是她的房屋。林女士要求杨丽返还的是房屋还是首付款？

【评析】

林女士为儿子支付婚房首付款，并登记在准儿媳杨丽名下，形式上是一种赠与，但该赠与是以杨丽和她儿子结婚为条件，故该赠与行为是附条件的民事法律行为。附条件的民事法律行为在符合所附条件时生效。

本案中杨丽没有与林女士的儿子孟涛结婚，赠与合同不符合所附条件，不发生法律效力，林女士可以要求杨丽返还房屋或支付相应的对价款。

【相关法条】

《民法通则》第六十二条　民事法律行为可以附条件，附条件的民事法律行为在符合所附条件时生效。

《婚姻法司法解释（二）》第二十二条　当事人结婚前，父母为双方购置房屋出资的，该出资应当认定为对自己子女的个人赠与，但父母明确表示赠与双方的除外。

42. 恋爱一方婚前买房，产权属于谁？

【案情介绍】

刘先生与其女友快结婚了，结婚之前，他购得商品房一套，已取得产权证，款项均为他一人支付，结婚后女友变成妻子，妻子会成为该房的共有人吗？

【评析】

由于刘先生在婚前即取得了该房的产权证，并且款项均为他一人支付，根据《婚姻法》的有关规定，该房属于刘先生的婚前财产，属于个人所有，婚后不管多久妻子都无权分割该房产权。

【相关法条】

《婚姻法》第十八条　有下列情形之一的，为夫妻一方的财产：

（一）一方的婚前财产；

（二）一方因身体受到伤害获得的医疗费、残疾人生活补助费等费用；

（三）遗嘱或赠与合同中确定只归夫或妻一方的财产；

（四）一方专用的生活用品；

（五）其他应当归一方的财产。

43. 情侣未婚买房，分手后如何分房？

【案情介绍】

2015年6月，谢先生以自己和同居女友的名义购买了一套房子，首付款30万元全部由他支付，余下的按揭贷款由谢先生和女友共同偿还。房产证载明该房属两个人共有。2017年3月，两个人分手，随即就房产分割问题发生纠纷。

【评析】

本案涉及的是财产共有问题。婚前同居虽不受法律保护，但同居期间购买的房屋，一般来说登记在谁名下，就归谁所有。如果是两个人合买（登记在两个人名下，如果尚未取得产权证，则看《购房合同》上是否两个人的名字），则按照共有财产进行分割。我国现行法律规定的共有财产分为两种：一种是共同共有，即共有人享有均等的份额；另一种是按份共有，即共有人按出资比例或约定比例享有份额。共有人对共有的不动产或者动产没有约定为按份共有或者共同共有，或者约定不明确的，除共有人具有家庭关系等外，视为按份共有。

具体到本案中，谢先生和其女友对其共同购买的房屋为共有，双方对于该房屋的份额没有约定或者约定不明确的，按照出资额确定；不能确定出资额的，视为等额享有。房子如果增值，那么按照市场价估算出房子的现值，减去未还贷部分，得出的净值二人也要按照约定的比例进行划分。如果事先没有约定，则按照各自50%的比例进行划分。

本案中谢先生购买的房屋，登记在两个人名下，则按照共有财产进行分割。若谢先生因首付原因提出多分割该房产，并有证据证明首付全部为谢先生所出，法院应支持谢先生的要求。

【相关法条】

《物权法》第九十三条 不动产或者动产可以由两个以上单位、个人共有。共有包括按份共有和共同共有。

《物权法》第九十四条 按份共有人对共有的不动产或者动产按照其份额享有所有权。

《物权法》第九十五条 共同共有人对共有的不动产或者动产共同享有所有权。

《物权法》第九十九条 共有人约定不得分割共有的不动产或者动产，以维持共有关系的，应当按照约定，但共有人有重大理由需要分割的，可以请求分割；没有约定或者约定不明确的，按份共有人可以随时请求分割，共同共有人在共有的基础丧失或者有重大理由需要分割时可以请求分割。因分割对其他共有人造成损害的，应当给予赔偿。

《物权法》第一百条 共有人可以协商确定分割方式。达不成协议，共有的不动产或者动产可以分割并且不会因分割减损价值的，应当对实物予以分割；难以分割或者因分割会减损价值的，应当对折价或者拍卖、变卖取得的价款予以分割。

共有人分割所得的不动产或者动产有瑕疵的，其他共有人应当分担损失。

《物权法》第一百零一条　按份共有人可以转让其享有的共有的不动产或者动产份额。其他共有人在同等条件下享有优先购买的权利。

《物权法》第一百零三条　共有人对共有的不动产或者动产没有约定为按份共有或者共同共有，或者约定不明确的，除共有人具有家庭关系等外，视为按份共有。

《物权法》第一百零四条　按份共有人对共有的不动产或者动产享有的份额，没有约定或者约定不明确的，按照出资额确定；不能确定出资额的，视为等额享有。

44. 未婚同居后共同买房，并为之欠下债务，房子和债务该怎么处理？

【案情介绍】

小贺与女友小鲁未婚同居后，看中了一套总价为 60 万元的二手房，并决定买下共同居住，40% 的首付款（24 万元）小贺支付了 18 万元，小鲁支付了 6 万元，每月2 000 元的按揭款由双方各承担一半，购房合同上签了小贺、小鲁两个人的名字。两个人商量后，小鲁还向同学借了 5 万元用于装修这套房子，但双方没有说明今后由谁来还。合同履行 10 个月后，小贺与小鲁还未登记结婚，恋爱关系便告破裂。现两个人为房产的分割和债务的偿还闹矛盾，房子和债务该怎么处理？

【评析】

本案涉及的是同居关系解除时产生的财产和债务问题。根据最高人民法院《关于人民法院审理未办结婚登记而以夫妻名义同居生活案件的若干意见》的相关规定，解除同居关系时，同居生活期间双方共同所得的收入和购置的财产，按一般共有财产处理。同居期间为共同生产、生活而形成的债权、债务，可按共同债权、债务处理。

本案中小贺和小鲁同居期间购买的房屋以及因此产生的债务，应按照共有财产、共同债务处理。

【相关法条】

最高人民法院《关于人民法院审理未办结婚登记而以夫妻名义同居生活案件的若干意见》：

10. 解除非法同居关系时，同居生活期间双方共同所得的收入和购置的财产，按一般共有财产处理。同居生活前，一方自愿赠送给对方的财物可比照赠与关系处理；一方向另一方索取的财物，可参照最高人民法院〔84〕法办字第 112 号《关于贯彻执行民事政策法律若干问题的意见》第（18）条规定的精神处理。

11. 解除非法同居关系时，同居期间为共同生产、生活而形成的债权、债务，可按共同债权、债务处理。

45. 婚前一方出资买房，婚后没有共同还贷，离婚时房子可否作为夫妻共同财产来分割？

【案情介绍】

2012 年林先生结婚前在某新区购买了一套三室一厅的房子，妻子余女士未出资。房产证上写着林先生和父母的名字。婚后夫妻双方约定个人收入归个人，林先生负责还贷。三年后夫妻感情破裂，2017 年离婚时，余女士要求分割房产，她能分到吗？

【评析】

依据《婚姻法》的相关规定，婚前个人财产不属于夫妻共同财产。因此，本案中的这种情况属于林先生婚前的个人财产，不属于夫妻共同财产，余女士无权分割。

【相关法条】

《婚姻法》第十八条　有下列情形之一的，为夫妻一方的财产：
（一）一方的婚前财产；
（二）一方因身体受到伤害获得的医疗费、残疾人生活补助费等费用；
（三）遗嘱或赠与合同中确定只归夫或妻一方的财产；
（四）一方专用的生活用品；
（五）其他应当归一方的财产。
《婚姻法》第十九条　夫妻可以约定婚姻关系存续期间所得的财产以及婚前财产归各自所有、共同所有或部分各自所有、部分共同所有。约定应当采用书面形式。没有约定或约定不明确的，适用本法第十七条、第十八条的规定。
夫妻对婚姻关系存续期间所得的财产以及婚前财产的约定，对双方具有约束力。

46. 一方婚前按揭贷款购买的房屋，婚后共同还贷，房屋属于夫妻共同财产吗？

【案情介绍】

2010 年 5 月，余某在某县购置了一套商品房，时值 45 万元。余某支付首付款 15 万元之后，其余 30 万元通过银行按揭方式支付，按揭期限为 7 年（2010 年 9 月～

2017年8月）。2013年10月，余某和周某自愿登记结婚。婚后，双方对财产及房屋没有约定，每月以余某收入偿还银行贷款。2015年6月办理了房产证，房产证登记余某为所有权人。2017年9月，余某与周某双方因感情不和诉至法院要求离婚。此时，银行贷款已经还清，但随着房地产升温，该房屋现价值110万元。双方均同意离婚，但对该房屋的所有权争执较大，余某认为房屋是其婚前所购买，应属于婚前个人财产。但是周某认为房屋贷款是双方婚后共同偿还的，应属于夫妻共同财产。

【评析】

夫妻一方婚前通过按揭贷款购房，取得了房产证，婚后夫妻共同还贷的房屋，房屋产权属产权登记方所有，而还贷的部分属于产权登记方的婚前个人债务。双方离婚时，此房屋属于婚前个人财产，不能作为共有财产进行分割，当然对于另外一方共同清偿的债务要予以返还。根据《婚姻法》及其司法解释的相关规定，双方婚后共同还贷支付的款项及其相对应财产增值部分，离婚时由产权登记一方对另一方补偿。所以，离婚后，房子归登记方所有。但要向另一方支付两类补偿：一为双方婚后共同还贷支付的款项，二是相对应财产的增值部分。本案中该房屋为余某婚前所购买，应当认定为余某的婚前个人财产。但是在两个人的婚姻关系存续期间，双方所偿还的房屋贷款应属夫妻共同财产，应依法进行分割。对于房屋升值的部分，由余某对周某进行合理补偿。对于婚前购买的房屋，即使婚后共同还贷的，房子也属于夫妻一方的个人财产，离婚时财产不予分割。

【相关法条】

《婚姻法司法解释（三）》第十条　夫妻一方婚前签订不动产买卖合同，以个人财产支付首付款并在银行贷款，婚后用夫妻共同财产还贷，不动产登记于首付款支付方名下的，离婚时该不动产由双方协议处理。

依前款规定不能达成协议的，人民法院可以判决该不动产归产权登记一方，尚未归还的贷款为产权登记一方的个人债务。双方婚后共同还贷支付的款项及其相对应财产增值部分，离婚时应根据婚姻法第三十九条第一款规定的原则，由产权登记一方对另一方进行补偿。

47. 结婚后房款由男方出资，房产证上也只有男方名字，离婚时房屋怎么分割？

【案情介绍】

朱先生是一家私企的老板，妻子冯女士在家做全职太太料理家务，婚后购房款由朱先生出资，房产证上写的是朱先生的名字，随着朱先生生意的兴隆和业务的繁忙，他开始找借口很少回家，时间久了冯女士感到丈夫对自己很冷漠，彼此间已经无话可说了。冯女士担忧自己没有文化和收入，如果跟丈夫离婚，婚后丈夫买的房子是否有自己的一份？

【评析】

夫妻在婚姻关系存续期间所得的财产，归夫妻共同所有。婚后一方或双方以夫妻共同财产出资买房，不管房产证登记在哪方名下，该房产理应属于夫妻共同财产。

本案中朱先生婚后出资买房虽是其本人收入，但此种出资来源均属于夫妻共同财产。尽管房产证上只有朱先生的名字，但房子一样属于夫妻共同财产，冯女士享有同等分割的权利。

【相关法条】

《婚姻法》第十七条　夫妻在婚姻关系存续期间所得的下列财产，归夫妻共同所有：

（一）工资、奖金；
（二）生产、经营的收益；
（三）知识产权的收益；
（四）继承或赠与所得的财产，但本法第十八条第三项规定的除外；
（五）其他应当归共同所有的财产。
夫妻对共同所有的财产，有平等的处理权。

48. 婚前一方出资购房，产权登记在双方名下，离婚时房产应如何分配？

【案情介绍】

赵先生在结婚之前一人出资购买了一套房屋，恋爱期间赵先生将女友秦女士的名字登记在房产证上，两个人为房产共有人。2014 年两个人办理了结婚登记。婚后两个人经常因琐事吵架，随着时间的推移，两个人的矛盾越来越大，最终两个人决定离婚，但在房产的分割上两个人发生了分歧。赵先生认为自己所购房屋，应属于个人财产。而秦女士认为房产证是他们两个人的名字，应为夫妻共同财产。

【评析】

此问题涉及婚前一方出资购房，产权登记在双方名下房产应该如何认定的问题。这也是日常生活里通常讲的"房产证加名"的现象。婚前房产证加名，在法律上属于一方对加名的另一方的赠与，房屋由单独所有变为了共有。双方结婚后该房屋就成为了夫妻共同财产。离婚时，应按照夫妻共同财产进行分割。

本案中赵先生一方婚前出资购置房屋，产权登记在其与妻子秦女士的名下，为双方共有财产。如双方未特别约定为按份共有，可认定为共同共有，但在离婚分割该房产时，出资一方赵先生可适当多分。

【相关法条】

《婚姻法》第十九条　夫妻可以约定婚姻关系存续期间所得的财产以及婚前财产归各自所有、共同所有或部分各自所有、部分共同所有。约定应当采用书面形式。没有约定或约定不明确的，适用本法第十七条、第十八条的规定。

上海市高院《关于审理婚姻家庭纠纷若干问题的意见》第十三条　夫妻一方婚前出资购置房屋，权利登记在双方名下的，为夫妻双方共有财产。如未约定按份共有，可认定共同共有，但在离婚分割该房产时，出资一方可适当多分。

49. 夫妻共同共有的房屋，一方能否擅自出卖？

【案情介绍】

老蔡未经妻子张女士同意，擅自将夫妻共同共有的房屋出卖。张女士认为老蔡没经过她的同意私自卖房的行为无效，要求第三人返还房屋。夫妻一方擅自出卖共同共有的房屋，第三人应如何维权？

【评析】

本案涉及的是夫妻一方擅自处分夫妻共同财产的问题。根据《婚姻法》的规定，夫妻中一方未经另一方同意擅自出售夫妻共有房屋的行为应属于无权处分行为，无权处分是指行为人没有处分权，却以自己的名义实施的对他人财产的法律上的处分行为。夫妻一方不能单独出售其夫妻共有的房屋，若出售，则侵犯了另一方的共有财产权利，其行为属侵权行为。但夫妻一方擅自卖房不能绝对定论为无效或有效，须综合判断。如果房产登记在一人名下，购房人与卖房夫妻也不熟悉，判断该买卖行为是否有效一般不以经过夫妻双方同意为条件。如果房产登记在夫妻两个人名下，判断该买卖行为是否有效一般要以经过夫妻双方同意为条件，举证责任在购房人，即购房人要有证据证明夫妻双方同意为条件，即应以购房人善意、有偿作为买卖行为有效的条件。共同共有人对共有财产享有共同的权利，承担共同的义务。在共同共有关系存续期间，部分共有人擅自处分共有财产的，一般认定无效。但第三人善意、有偿取得该财产的，应当维护第三人的合法权益；对其他共有人的损失，由擅自处分共有财产的人赔偿。

本案中老蔡没经过妻子的同意，擅自出卖夫妻共有房屋，属无权处分，若第三人符合善意取得的条件，则张女士不能追回该房屋。

【相关法条】

《物权法》第一百零六条　无处分权人将不动产或者动产转让给受让人的，所有权人有权追回；除法律另有规定外，符合下列情形的，受让人取得该不动产或者动产的所有权：

（一）受让人受让该不动产或者动产时是善意的；

（二）以合理的价格转让；

（三）转让的不动产或者动产依照法律规定应当登记的已经登记，不需要登记的已经交付给受让人。

《婚姻法司法解释（一）》第十七条　婚姻法第十七条关于"夫或妻对夫妻共同所有的财产，有平等的处理权"的规定，应当理解为：

（一）夫或妻在处理夫妻共同财产上的权利是平等的。因日常生活需要而处理夫妻共同财产的，任何一方均有权决定。

（二）夫或妻非因日常生活需要对夫妻共同财产作重要处理决定，夫妻双方应当平等协商，取得一致意见。他人有理由相信其为夫妻双方共同意思表示的，另一方不得以不同意或不知道为由对抗善意第三人。

《婚姻法司法解释（三）》第十一条　一方未经另一方同意出售夫妻共同共有的房屋，第三人善意购买、支付合理对价并办理产权登记手续，另一方主张追回该房屋的，人民法院不予支持。夫妻一方擅自处分共同共有的房屋造成另一方损失，离婚时另一方请求赔偿损失的，人民法院应予支持。

《民通意见》第八十九条　共同财产……在共同共有关系存续期间，部分共有人擅自处分共有财产的，一般认定无效。

《合同法》第五十一条　无处分权的人处分他人财产，经权利人追认或者无处分权的人订立合同后取得处分权的，该合同有效。

50. 夫妻共有房屋出卖，一方虽未签订合同，但知道买卖的事实并未表示异议，应当认为其默示同意？

【案情介绍】

李某将自家100平方米的房子卖给了薛某，在签订房屋买卖合同时李某的妻子姚某外出学习。一个月后姚某外出归来，得知李某跟薛某在办理房屋过户手续，姚某没作出任何反应。当李某和薛某办完房屋过户手续之后，薛某要求李某夫妇腾出房屋，姚某拒绝搬出，姚某认为夫妻共有房屋出卖时她没有签合同，房屋买卖合同无效。薛某觉得姚某对房屋买卖的事实并未表示异议，应当认为其默示同意。

【评析】

出卖夫妻共有的房屋，一般应由夫妻双方在合同上签字或盖章，但民间习惯上往往是由夫妻中一人出面签订合同。这时另一方虽未签订合同，但得知卖房的事实后并未表示异议，应当认为其默示同意，事后不得以自己未亲自参加处分为由而否认房屋出卖的法律后果。本案中姚某对卖房一事未表示异议，应当认为其表示同意。

【相关法条】

《婚姻法司法解释（一）》第十七条　婚姻法第十七条关于"夫或妻对夫妻共同所有的财产，有平等的处理权"的规定，应当理解为：

（一）夫或妻在处理夫妻共同财产上的权利是平等的。因日常生活需要而处理夫妻共同财产的，任何一方均有权决定。

（二）夫或妻非因日常生活需要对夫妻共同财产作重要处理决定，夫妻双方应当平等协商，取得一致意见。他人有理由相信其为夫妻双方共同意思表示的，另一方不得以不同意或不知道为由对抗善意第三人。

51. 夫妻共有房屋出卖，一人签字效力如何？

【案情介绍】

胡先生与郭女士是夫妻，两人婚后购买了一处房产并登记为胡先生的名字。后来，胡先生和林某签订房屋买卖合同，出售该房产。但在房价上涨后郭女士就对林某说，出售夫妻共有的房产时，其丈夫并未征得自己的同意，所以买卖合同是无效的。

【评析】

《物权法》规定了不动产经登记生效，不动产的公示具有公信力。虽然房屋是胡先生和郭女士的夫妻共同财产，但由于只登记在胡先生的名下，所以林某有理由相信只有胡先生是产权人，买卖合同应当有效。

【相关法条】

《物权法》第十七条　不动产权属证书是权利人享有该不动产物权的证明。不动产权属证书记载的事项，应当与不动产登记簿一致；记载不一致的，除有证据证明不动产登记簿确有错误外，以不动产登记簿为准。

《物权法》第三十九条 所有权人对自己的不动产或者动产，依法享有占有、使用、收益和处分的权利。

《婚姻法司法解释（一）》第十七条 婚姻法第十七条关于"夫或妻对夫妻共同所有的财产，有平等的处理权"的规定，应当理解为：

（一）夫或妻在处理夫妻共同财产上的权利是平等的。因日常生活需要而处理夫妻共同财产的，任何一方均有权决定。

（二）夫或妻非因日常生活需要对夫妻共同财产作重要处理决定，夫妻双方应当平等协商，取得一致意见。他人有理由相信其为夫妻双方共同意思表示的，另一方不得以不同意或不知道为由对抗善意第三人。

52. 婚后购买、登记在一方名下的房屋是否属于夫妻共同财产？

【案情介绍】

小赵和丈夫小王结婚5年了，近期两个人用共同积蓄购买了一套住房。可是，这几天小赵有点闷闷不乐。原来，当时是以小王的名义和开发商签订的购房合同。小赵对此很担心：万一将来两个人的关系有什么变化，这房子是否属于夫妻共同财产？

【评析】

根据我国《婚姻法司法解释（三）》的规定，婚姻关系存续期间取得的财产，归夫妻共同所有。所以，认定房屋是否属于夫妻共同财产，并不是以房产证上记载的是双方姓名还是一方姓名为标准。婚后只要是用共同财产购买的房产，不论是登记在双方的名下还是丈夫或者妻子一方的名下，都属于夫妻双方的共同财产。本案中，小王婚后以夫妻共同财产购买并登记在自己名下的房屋属于他和妻子小赵的夫妻共同财产。

【相关法条】

《婚姻法》第十七条 夫妻在婚姻关系存续期间所得的下列财产，归夫妻共同所有：

（一）工资、奖金；

（二）生产、经营的收益；

（三）知识产权的收益；

（四）继承或赠与所得的财产，但本法第十八条第三项规定的除外；

（五）其他应当归共同所有的财产。

53. 父母出资以子女的名义买的房，谁拥有产权？

【案情介绍】

老张夫妇为儿子的婚房拿出了全部的积蓄，以儿子张海（化名）的名义在某市城区购买婚房，支付了 25 万元的首付，并表示每月支付按揭贷款 3 400 元，直到儿子结婚为止，共计付款 37 万元。由于张海不喜欢房屋户型和楼层，在领取房产证后想转让房屋。这一举动遭到了老张夫妇的强烈反对，老张夫妇认为自己是这套房屋的出资人，儿子是不能随便卖掉这套房子的。

【评析】

老张夫妇虽出资，但房产登记在儿子张海的名下，应确定张海为房屋所有权人。这种行为在法律上视为赠与。由于房子是以张海的名字购买的，房屋属于张海个人的财产，他有权对该房屋进行处置。

【相关法条】

《物权法》第十七条 不动产权属证书是权利人享有该不动产物权的证明。不动产权属证书记载的事项，应当与不动产登记簿一致；记载不一致的，除有证据证明不动产登记簿确有错误外，以不动产登记簿为准。

《物权法》第三十九条 所有权人对自己的不动产或者动产，依法享有占有、使用、收益和处分的权利。

54. 婚后由一方父母出资为子女购买的房产，离婚时房屋怎么分割？

【案情介绍】

刘某和李某曾是一对恋人，2014 年两个人结婚后育有一女。在婚姻存续期间，李某获得父母赠与的一套住房。房产证上是李某的名字。2017 年年初，刘某认为自己和李某感情破裂，无法共同生活，想离婚并分割夫妻共有财产，包含李某父母赠与李某的房产。李某则认为，该房屋是自己父母出钱购买，登记在自己名下，是父母赠与自己的，跟刘某无任何关系。

【评析】

此案中双方产生争议的房屋属于李某父母购买并登记在李某的名下。根据《婚姻法司法解释（三）》第七条第一款"婚后由一方父母出资为子女购买的不动产，产权登记在出资人子女名下的，可按照婚姻法第十八条第（三）项的规定，视为只对自己子女一方的赠与，该不动产应认定为夫妻一方的个人财产"之规定，该房产属于李某个人的财产，刘某无权要求将该房屋作为夫妻共同财产来分割。

【相关法条】

《婚姻法司法解释（二）》第二十二条第二款　当事人结婚后，父母为双方购置房屋出资的，该出资应当认定为对夫妻双方的赠与，但父母明确表示赠与一方的除外。

《婚姻法司法解释（三）》第七条　婚后由一方父母出资为子女购买的不动产，产权登记在出资人子女名下的，可按照婚姻法第十八条第（三）项的规定，视为只对自己子女一方的赠与，该不动产应认定为夫妻一方的个人财产。

由双方父母出资购买的不动产，产权登记在一方子女名下的，该不动产可认定为双方按照各自父母的出资份额按份共有，但当事人另有约定的除外。

55. 婚后由一方父母出资为其购买的房产，产权证上写了夫妻两个人的名字，此房屋算夫妻共同财产吗？

【案情介绍】

田女士和吴先生结婚后，吴先生的父母出钱给他购买了房子，但房产证上写的是他们夫妻的名字，此房屋是否属于夫妻共同财产？

【评析】

根据《婚姻法》的规定，一方或一方的父母出资，但登记在未出资的另一方名下，房产属于一方父母对夫妻双方的赠与。该房产为夫妻共同财产。

本案中的房产虽然是吴先生的父母出钱给他购买的房子，但房产证上写了夫妻两个人的名字，相当于赠与未出钱的另一方一半产权，房产属于田女士和吴先生夫妻共同财产。

【相关法条】

《婚姻法司法解释（二）》第二十二条　当事人结婚前，父母为双方购置房屋出资的，该出资应当认定为对自己子女的个人赠与，但父母明确表示赠与双方的除外。

当事人结婚后，父母为双方购置房屋出资的，该出资应当认定为对夫妻双方的赠与，但父母明确表示赠与一方的除外。

56. 婚前以一方名义购买，婚后共同还贷并取得房屋产权证的按揭房屋，在离婚诉讼中协商不成的情况下应如何分割？

【案情介绍】

单身的毛先生以本人名义交首付款 15 万元，以按揭方式在某市市中心附近购买了一套房屋。2014 年 12 月，毛先生与乔女士登记结婚，婚后两个人分别以其工资每月 3 000 元和 2 000 元共同偿还贷款，直至 2017 年 12 月两个人共偿还了 18 万元，仍有 22 万元房款未还。以毛先生为名的房产证是在 2015 年 6 月份取得，该房现值 80 万元。该案中，毛先生婚前以其个人名义按揭购房，婚后毛先生和乔女士共同还贷，并以毛先生之名办理了房产证。如果夫妻离婚，该房到底是毛先生一方的婚前个人财产还是夫妻共同财产？

【评析】

本案如何确定此房屋的归属？应如何分割？本案涉及：①按揭房产的归属问题；②按揭还款中个人财产和夫妻共同财产的识别问题；③按揭房屋未还债务的处理问题；④房产增值部分的分配问题。

根据《婚姻法》第十八条规定：夫妻一方的婚前财产为夫妻一方的财产。本案中的房屋系毛先生婚前签订购房合同且支付房款后购得，产权证是否婚后得到对房屋的产权归属没有影响。婚后存在共同还款行为的，属于只是用夫妻共同财产偿还个人债务的情况，是一种债权债务关系，不能认定房屋为夫妻共同财产，毛先生承担该财产的债权债务。该房屋属于毛先生个人婚前财产，但在离婚时取得房产证的毛先生有义务对乔女士进行适当合理的补偿。

【相关法条】

《婚姻法司法解释（三）》第十条 夫妻一方婚前签订不动产买卖合同，以个人财产支付首付款并在银行贷款，婚后用夫妻共同财产还贷，不动产登记于首付款支付方名下的，离婚时该不动产由双方协议处理。

依前款规定不能达成协议的，人民法院可以判决该不动产归产权登记一方，尚未归还的贷款为产权登记一方的个人债务。双方婚后共同还贷支付的款项及其相对应财产增值部分，离婚时应根据婚姻法第三十九条第一款规定的原则，由产权登记一方对另一方进行补偿。

《婚姻法》第三十九条　离婚时，夫妻的共同财产由双方协议处理；协议不成时，由人民法院根据财产的具体情况，照顾子女和女方权益的原则判决。

57. 以对方名义偿还部分房款，能不能拥有部分产权？

【案情介绍】

杨小姐与魏先生认识前，魏先生正在按揭购买一套商品房，已付首付 15 万元，月供 2 400 元。两个人确立恋爱关系后，杨小姐承担了每月 1 200 元的按揭还款，但由于购房合同上是魏先生一人的名字，杨小姐将按揭款打入为购房者魏先生设立的银行账号时，用的都是魏先生的存折和银行卡号，没有任何证据表明是她支付了那笔钱。现杨小姐担心，如果跟魏先生分手，这套房子能否有自己的部分产权？

【评析】

双方共同出资买房时，最好在购房合同上写明出资双方的名字；如果只能写一个人名字的，要立下有法律效力的书面说明，写清楚该房的出资关系。杨小姐最好与魏先生作一份公证，或在律师见证下签一份协议，明确注明双方为该房已支付和将支付的款项，每人应享有的该房的份额等。

本案中，由于杨小姐没有任何证据能够证明自己给该房支付了资金，同时由于购房合同与房屋产权证上的名字不能变更，即使产权证领出后，杨小姐也不能在上面添上自己的名字。因此，如果在婚前领出产权证，这套房从法律上来说属于魏先生的婚前财产；如果产权证在婚后领出，婚前所支付的购房款仍为魏先生个人所有，杨小姐无权分享。

【相关法条】

《婚姻法》第十八条　有下列情形之一的，为夫妻一方的财产：

（一）一方的婚前财产；

（二）一方因身体受到伤害获得的医疗费、残疾人生活补助费等费用；

（三）遗嘱或赠与合同中确定只归夫或妻一方的财产；

（四）一方专用的生活用品；

（五）其他应当归一方的财产。

58. 登记结婚后一方用婚前的积蓄购买的房子，双方未在一起共同生活，离婚时房产应如何分割？

【案情介绍】

2014年6月王先生和李女士通过QQ聊天认识，并成为无话不谈的恋人。见面不久后两个人便领取了结婚证，并打算在当年国庆节举行婚礼。登记结婚后，王先生拿出自己多年的积蓄在某市某小区购买了婚房，王先生让李女士也拿出自己的积蓄装修房子，李女士拒绝，认为买房装修房子是男人的事，不应该让自己承担。双方争执不休，决定离婚。王先生认为虽然房子是婚后买的，但是用自己婚前的积蓄购买的，领取结婚证只有一个月时间，双方也没有在一起生活，此房屋跟李女士没有任何关系，李女士认为婚后购买的房子是夫妻共同财产，应该进行分割。

【评析】

婚后各自取得的财产为夫妻共同财产，双方另有协议的除外。王先生和李女士两个人已领取了结婚证，在法律意义上就是合法夫妻。双方在婚后所得的各自收入，不管以什么形式获得，均应归为夫妻共同财产，离婚时应当均等分割。如果男方或女方在婚后用其婚后的个人收入所得购置房产，那么依据前述《婚姻法》的法定财产之规定，此房产应属夫妻共同财产，参与离婚时财产的分割。

但在本案中此房产的购买资金是男方用其婚前的个人积蓄购买，根据《婚姻法》及相关司法解释的规定，一方的婚前财产为夫妻一方的财产，夫妻一方所有的财产不因婚姻关系的产生而转变为夫妻共同财产。在婚后用个人婚前财产购置的房屋，实质只是改变了财产的形式，并没有改变财产的性质，王先生这套房产是自己婚前的个人存款转化而来，此房屋不应当作为夫妻共同财产分割。

本案中，李女士不应该分割王先生购买的房屋。如果王先生用领取结婚证后的收入购买的房产就属于共同财产，离婚时应当依法分割，与是否实际在一起生活没有关系。

【相关法条】

《婚姻法》第十七条 夫妻在婚姻关系存续期间所得的下列财产，归夫妻共同所有：

（一）工资、奖金；

（二）生产、经营的收益；

（三）知识产权的收益；

（四）继承或赠与所得的财产，但本法第十八条第三项规定的除外；

（五）其他应当归夫妻共同所有的财产。

《婚姻法司法解释（一）》第十九条　婚姻法第十八条规定为夫妻一方所有的财产，不因婚姻关系的延续而转化为夫妻共同财产。但当事人另有约定的除外。

59. 夫妻共同财产，未经一方的同意，可否随意赠人？

【案情介绍】

田先生和李女士在某市共同经营一个小吃店，多年来两个人存有 30 多万元存款。2017 年 10 月，李女士想购买某小区旧房改造的学区房以解决儿子的上学问题。当李女士向丈夫田先生提出购房一事，田先生吞吞吐吐说有 10 万元给了自己的父母，李女士得知情况后，要求田先生的父母还钱。因为那是夫妻俩辛苦挣来的血汗钱，没经过她的同意，丈夫田先生是无权处分的。但田先生认为自己挣的钱给父母花是天经地义的，田先生的父母认为他们用的是自己儿子的钱，李女士管不着。李女士不知道该怎么办。请问田先生没经过妻子李女士的同意能否把夫妻共同的财产随意送给他的父母？

【评析】

依照我国法律规定，在婚姻关系存续期间所取得的财产，如无特别约定，为夫妻共同所有。我国《婚姻法》第十七条第二款规定："夫妻对共同所有的财产，有平等的处理权。"即夫妻对共同财产，都享有平等的管理权和支配权，夫妻间不存在一方凌驾于他方的特权，任何一方违背他方意志擅自处理共有财产，都构成对他方合法权益的侵害。根据《民通意见》第八十九条规定："共同共有人对共有财产享有共同的权利，承担共同的义务。在共同共有关系存续期间，部分共有人擅自处分共有财产的，一般认定无效。但第三人善意、有偿取得该项财产的，应当维护第三人的合法权益，对其他共有人的损失，由擅自处分共有财产的人赔偿。"

本案中田先生将夫妻共有的 10 万元赠与其父母时，未取得妻子李女士的同意，系擅自处分夫妻共有财产，因此，该赠与行为无效，田先生的父母应当返还这 10 万元。

【相关法条】

《民通意见》第八十九条　共同共有人对共有财产享有共同的权利，承担共同的义务。在共同共有关系存续期间，部分共有人擅自处分共有财产的，一般认定无效。但第三人善意、有偿取得该项财产的，应当维护第三人的合法权益；对其他共有人的损失，由擅自处分共有财产的人赔偿。

《婚姻法》第十七条第二款 夫妻对共同所有的财产，有平等的处理权。

《婚姻法》第十九条 夫妻可以约定婚姻关系存续期间所得的财产以及婚前财产归各自所有、共同所有或部分各自所有、部分共同所有。约定应当采用书面形式。没有约定或约定不明确的，适用本法第十七条、第十八条的规定。

《婚姻法司法解释（一）》第十七条 婚姻法第十七条关于"夫或妻对夫妻共同所有的财产，有平等的处理权"的规定，应当理解为：

（一）夫或妻在处理夫妻共同财产上的权利是平等的。因日常生活需要而处理夫妻共同财产的，任何一方均有权决定。

（二）夫或妻非因日常生活需要对夫妻共同财产作重要处理决定，夫妻双方应当平等协商，取得一致意见。他人有理由相信其为夫妻双方共同意思表示的，另一方不得以不同意或不知道为由对抗善意第三人。

60. 一方因身体受伤害获得的医疗费，离婚时可否当作共同财产来分割？

【案情介绍】

马先生是省城至州县的长途汽车司机，在一次交通事故中，马先生的身体造成残疾并获得肇事方27万元的医疗费、残疾人生活补助费等赔偿，马先生的妻子照顾了他2年半后提出离婚，但要求分割27万元的车祸赔偿费。马先生不明白到底要不要把自己身体伤害获得的27万元的赔偿费分给妻子。

【评析】

根据《婚姻法》第十八条的规定，有下列情形之一的，为夫妻一方的财产：一方因身体受到伤害获得的医疗费、残疾人生活补助费等费用。车祸赔偿不是夫妻共同财产。肇事人支付的生活补助费属于一方因身体受到伤害获得的医疗费、残疾人生活补助费等费用，即个人财产。法律之所以规定加害人必须赔偿受害人生活补助费，就是为了保障受害人今后基本生活的需要。既然是个人财产和"养命钱"，另一方在离婚时无权主张分割。

本案中马先生因身体受伤害获得的医疗费、残疾人生活补助费等个人财产，离婚时不能当作共同财产来分割。

【相关法条】

《婚姻法》第十八条 有下列情形之一的，为夫妻一方的财产：

（一）一方的婚前财产；

（二）一方因身体受到伤害获得的医疗费、残疾人生活补助费等费用；

（三）遗嘱或赠与合同中确定只归夫或妻一方的财产；

（四）一方专用的生活用品；

（五）其他应当归一方的财产。

《婚姻法》第十九条　夫妻可以约定婚姻关系存续期间所得的财产以及婚前财产归各自所有、共同所有或部分各自所有、部分共同所有。约定应当采用书面形式。没有约定或约定不明确的，适用本法第十七条、第十八条的规定。

夫妻对婚姻关系存续期间所得的财产以及婚前财产的约定，对双方具有约束力。

61. 婚后因他人赠与或遗赠获得的财产，是夫妻共同财产吗？

【案情介绍】

已婚的刘女士父亲名下有一处房产，2015 年 5 月刘女士父亲突然去世，未留下任何遗嘱。如今刘女士继承了她父亲的这套房产，这套房产能否算她们夫妻的共同财产？她不想把这套房产当作夫妻共同财产，要怎么才能证明该房产只是她一个人的？

【评析】

根据《婚姻法》及相关司法解释，婚内取得的财产，如果没有特别约定，应属于夫妻共同财产，所以，在没有遗嘱的情况下，如果刘女士不能跟她丈夫达成相关的财产协议，刘女士的父亲也没有立遗嘱或者订立赠与合同指明该房产只归属她个人所有，则不能证明该房产是她个人的财产。那么该房产只能是夫妻共同财产。

【相关法条】

《婚姻法》第十八条　有下列情形之一的，为夫妻一方的财产：

（一）一方的婚前财产；

（二）一方因身体受到伤害获得的医疗费、残疾人生活补助费等费用；

（三）遗嘱或赠与合同中确定只归夫或妻一方的财产；

（四）一方专用的生活用品；

（五）其他应当归一方的财产。

62. 嫁妆是否夫妻共同财产?

【案情介绍】

陈先生与邓女士经婚姻介绍所介绍相识,于 2013 年 10 月 6 日登记结婚,并于 2013 年 12 月 28 日办理结婚仪式。在办理结婚仪式时,邓女士家送了一辆奥迪轿车作为嫁妆,登记在邓女士的名下。因婚前缺乏了解,双方婚后常因家庭琐事发生争吵,并自 2015 年 6 月开始分居。邓女士认为嫁妆轿车是自己个人的财产,陈先生应还给她,而陈先生认为邓女士的嫁妆是结婚登记后邓女士的父母赠送的,属于夫妻共同财产。请问嫁妆是否夫妻共同财产?

【评析】

嫁妆是指女方娘家陪送给新娘的钱财和物品的总和,女方亲属陪送"嫁妆"的行为性质在法律上应认定为赠与行为,嫁妆作为娘家的礼物赠与新娘,既是恭贺也是备日后生活之用。依据我国《婚姻法》第十七条、第十八条的规定,在结婚登记前陪送的嫁妆应当认定为是女方的婚前个人财产,在离婚时应当认定为归女方所有。结婚登记后陪送的嫁妆一般应认定为是夫妻共同财产,但双方若有财产的特别约定,则应依约定处理。

本案中该轿车是在陈先生与邓女士登记结婚后,邓女士父母作为女儿的嫁妆,虽登记在邓女士名下,但因未明确表示是对邓女士的个人赠与,所以应当认定为是对夫妻双方的共同赠与,所以该车应属于夫妻共同财产,依法应予以分割。

【相关法条】

《婚姻法》第十七条 夫妻在婚姻关系存续期间所得的下列财产,归夫妻共同所有:

(一)工资、奖金;

(二)生产、经营的收益;

(三)知识产权的收益;

(四)继承或赠与所得的财产,但本法第十八条第三项规定的除外;

(五)其他应当归共同所有的财产。

夫妻对共同所有的财产,有平等的处理权。

《婚姻法》第十八条 有下列情形之一的,为夫妻一方的财产:

（一）一方的婚前财产；

（二）一方因身体受到伤害获得的医疗费、残疾人生活补助费等费用；

（三）遗嘱或赠与合同中确定只归夫或妻一方的财产；

（四）一方专用的生活用品；

（五）其他应当归一方的财产。

《婚姻法》第十九条　夫妻可以约定婚姻关系存续期间所得的财产以及婚前财产归各自所有、共同所有或部分各自所有、部分共同所有。约定应当采用书面形式……

63. 离婚时一方转移隐匿银行存款该如何处理？

【案情介绍】

吕先生和牛女士婚后因性格不合，双方感情彻底破裂，并于 2013 年 6 月打起了离婚官司。夫妻两个人的共同存款一直由吕先生保管，因此具体存款数额牛女士不清楚。分割财产时，吕先生很主动地向法院交代了两个人几年来存下的存款数额。在牛女士也认可的情况下，法院依法对夫妻共同财产进行了分割，双方都无异议。2015 年年底，牛女士从朋友口中得知，吕先生还有个"小金库"，他在单位存有年终奖金、单位集资等存款共计 14 万余元，而这些款项吕先生在离婚时只字未提。牛女士感到自己受到了欺骗，丈夫吕先生隐瞒、非法转移了夫妻共同财产。她与吕先生离婚已经两年多，她还能否向法院请求对财产重新作出处理？

【评析】

离婚以后另一方发现一方有隐匿和转移财产行为的，可以向人民法院提起诉讼，请求再次分割夫妻共同财产，诉讼时效为两年，从一方当事人发现对方隐藏、转移共同财产等行为之次日起计算。

本案中吕先生和牛女士虽然已经离婚两年半，但诉讼时效是从妻子牛女士发现吕先生隐藏、转移共同财产等行为之次日起计算，因此没有超过诉讼时效。

根据《婚姻法》第四十七条、《婚姻法司法解释（二）》第十一条第二项、第三项的规定，法院依法判决吕先生返还牛女士 7 万余元夫妻共同财产。

【相关法条】

《婚姻法》第四十七条第一款 离婚时，一方隐藏、转移、变卖、毁损夫妻共同财产，或伪造债务企图侵占另一方财产的，分割夫妻共同财产时，对隐藏、转移、变卖、毁损夫妻共同财产或伪造债务的一方，可以少分或不分。离婚后，另一方发现有上述行为的，可以向人民法院提起诉讼，请求再次分割夫妻共同财产。

《民事诉讼法》第一百零二条 诉讼参与人或者其他人有下列行为之一的，人民法院可以根据情节轻重予以罚款、拘留；构成犯罪的，依法追究刑事责任：

……

（三）隐藏、转移、变卖、毁损已被查封、扣押的财产，或者已被清点并责令其保管的财产，转移已被冻结的财产的；

《婚姻法司法解释（一）》第三十一条 当事人依据婚姻法第四十七条的规定向人民法院提起诉讼，请求再次分割夫妻共同财产的诉讼时效为两年，从当事人发现之次日起计算。

64. 对于无效婚姻，财产应如何分割？

【案情介绍】

冯先生与孙女士在2014年11月通过某交友网站相识，并于2015年2月15日结婚，办理了结婚登记。结婚时，冯先生向孙女士赠送彩礼4万元，并向孙女士的父母赠送了价值2万余元的珠宝，还把自己名下的一套房子过户到孙女士母亲的名下。结婚半年后，冯先生发现孙女士三天两头不是哭闹就是砸东西，冯先生经过了解，才知道孙女士在结婚前就患有躁狂抑郁型精神疾病，自己一直被隐瞒。冯先生以孙女士婚前患有精神疾病为由，主张婚姻无效。冯先生要求孙女士返还他赠送给孙女士的4万元彩礼、赠送给孙女士父母价值2万余元的珠宝和过户给孙女士母亲的房产。这起离婚案例中的财产应该如何分割？

【评析】

婚前患有医学上认为不应当结婚的疾病，婚后尚未治愈的，属于婚姻无效的法定情形。根据《母婴保健法》的规定，本案中孙女士患有的躁狂抑郁型精神疾病属于"患有医学上认为不应当结婚的疾病"，冯先生可以主张婚姻无效。根据《婚姻法司法解释（一）》的规定，被宣告无效或被撤销的婚姻，当事人同居期间所得的财产，按共同共有处理。

本案中，孙女士患有的疾病是否为医学上认为的不应当结婚的疾病，对此案的定性和离婚后财产的分割至关重要。我国《婚姻法》并没有对医学上认为不宜结婚的疾病进行具体规定，参考《母婴保健法》的规定，医学上认为不能结婚的疾病主要包括：①严重遗传性疾病，重症智力低下者，即痴呆症等；②指定传染病，包括未经治愈的梅毒、淋病、艾滋病、甲型肝炎、开放性肺结核、麻风病等；③有关精神病即精神分裂症和躁狂抑郁症等。孙女士患有的疾病是否为医学上认为的不宜结婚的疾病应由医院进行医学鉴定，如果符合，则双方婚姻无效，认定婚姻无效的主体为婚姻登记部门和人民法院。

根据《婚姻法》第十二条规定，"无效或被撤销的婚姻，自始无效。当事人不具有夫妻的权利和义务。"当事人同居期间所得的财产，属于双方共同所有的财产，但有证据证明为当事人一方所有的除外。对同居生活期间的所得财产，由无效婚姻当事人双方协议处理；协议不成时，由法院根据照顾无过错方的原则判决。同居生活前，一方自愿赠送给对方的财物，可比照赠与关系处理；一方向另一方索取的财物，如果同居时间不长，或者因索要财物造成对方生活困难的，可酌情返还。一方在共同生活期间患有严重疾病未治愈的，分割财产时，应予以适当照顾，或者由另一方给予一次性的经济帮助。

本案中冯先生婚前赠送给孙女士的彩礼因是无效婚姻，彩礼要返回，冯先生赠与孙女士母亲2万元的珠宝是自愿赠送的，与彩礼这种有条件赠与不同，属于孙女士的母亲所有。冯先生婚后将自己婚前的房子赠与给孙女士母亲并完成了过户登记。该房产属于孙女士的母亲。但考虑双方婚姻无效，同居时间短暂，法院应当照顾冯先生一方。

【相关法条】

《婚姻法》第七条　有下列情形之一的，禁止结婚：……患有医学上认为不应当结婚的疾病。

《婚姻法》第十二条　无效或被撤销的婚姻，自始无效。当事人不具有夫妻的权利和义务。同居期间所得的财产，由当事人协议处理；协议不成时，由人民法院根据照顾无过错方的原则判决。

《母婴保健法》第九条　经婚前医学检查，对患指定传染病在传染期内或者有关精神病在发病期内的，医师应当提出医学意见；准备结婚的男女双方应当暂缓结婚。

《母婴保健法》第十条　经婚前医学检查，对诊断患医学上认为不宜生育的严重遗传性疾病的，医师应当向男女双方说明情况，提出医学意见；经男女双方同意，采取长效避孕措施或者施行结扎手术后不生育的，可以结婚。但《中华人民共和国婚姻法》规定禁止结婚的除外。

《母婴保健法》第三十八条　本法下列用语的含义：

指定传染病，是指《中华人民共和国传染病防治法》中规定的艾滋病、淋病、梅毒、麻风病以及医学上认为影响结婚和生育的其他传染病。

严重遗传性疾病，是指由于遗传因素先天形成，患者全部或者部分丧失自主生活能力，后代再现风险高，医学上认为不宜生育的遗传性疾病。

有关精神病，是指精神分裂症、躁狂抑郁型精神病以及其他重型精神病。

《婚姻法》第十条　有下列情形之一的，婚姻无效：

（一）重婚的；

（二）有禁止结婚的亲属关系的；

（三）婚前患有医学上认为不应当结婚的疾病，婚后尚未治愈的；

（四）未到法定婚龄的。

《婚姻法司法解释（一）》第十五条　被宣告无效或被撤销的婚姻，当事人同居期间所得的财产，按共同共有处理。但有证据证明为当事人一方所有的除外。

65. 离婚时复员军人的转业费可否当作夫妻共同财产？

【案情介绍】

祁女士和刚从部队转业的丈夫邓先生闹离婚，两人对军人转业费如何分割产生了争议。祁女士认为十多万元的军人转业费是夫妻共同财产，应当均分；但丈夫邓先生认为，转业费是部队给退役军人的，是他的个人财产，应该由他个人所有。请问，军人转业费属于夫妻共同财产吗？

【评析】

复员、转业费系国家为了维护军人复员、转业后的正常生产、生活而发给他们本人的费用。关于复员、转业军人的复员费、转业费的性质问题，《婚姻法司法解释（二）》第十四条规定："人民法院审理离婚案件，涉及分割发放到军人名下的复员费、自主择业费等一次性费用的，以夫妻婚姻关系存续年限乘以年平均值，所得数额为夫妻共同财产。"另外，根据我国《婚姻法》的相关规定，在没有特别约定情况下，婚姻关系存续期间夫妻共有财产在离婚时应平均分割。

综上所述，祁女士可以分得一部分丈夫的转业费用，具体数额应该依据婚姻关系存续时间、祁女士丈夫入伍时的年龄等条件计算。

【相关法条】

《婚姻法司法解释（二）》第十四条　人民法院审理离婚案件，涉及分割发放到军人名下的复员费、自主择业费等一次性费用的，以夫妻婚姻关系存续年限乘以年平均值，所得数额为夫妻共同财产。

前款所谓年平均值，是指将发放到军人名下的上述费用总额按具体年限均分得出的数额。其具体年限为人均寿命七十岁与军人入伍时实际年龄的差额。

第三章　遗产继承问题

一直以来，在国人眼里，父母子女之间相互继承遗产是天经地义的事，夫妻之间互相继承遗产都显得理所应当。但殊不知，如果父母立了遗嘱将遗产给了儿女之外的他人，即使是独生子女也无权继承父母的遗产。即使生活多年的夫妻如果没有办理结婚登记手续，夫妻共同的财产也不能作为遗产来继承。同样，即使没有共同生活一天的夫妻，如果办理了结婚登记手续，配偶一方死亡的，活着的一方照样可以继承死亡一方的遗产。没有血缘关系的人也能继承他人的遗产。我们经常在电视里或在报刊上看到兄弟姐妹之间争夺遗产的事，可能有一天，你也会碰到与遗产相关的事情，因此我们有必要一起来了解遗产和继承的相关法律问题。

66. 夫妻离婚后妻子照顾瘫痪在床的前夫 5 年，前夫死后，妻子还能继承前夫的遗产吗？

【案情介绍】

苏女士与祁先生婚后过着平淡的生活，祁先生跑出租车，苏女士在家辛苦地照顾丈夫和孩子的衣食起居。后来祁先生感情出轨，苏女士苦劝丈夫给年幼的孩子一个完整的家，但祁先生最终还是执意要离婚。两个人在 2009 年协议离婚，离婚后苏女士独自带着儿子靠四处打零工维持生计。2013 年 4 月苏女士从儿子口中听说前夫突发脑出血瘫痪在床，跟前夫相好的情人撇下前夫，前夫无人照顾，生活不能自理。看在儿子和曾经夫妻的份上，苏女士最终不计前嫌重新回到前夫身边，照顾瘫痪在床的前夫 5 年，前夫死后，在继承前夫的遗产方面苏女士与前夫的父母发生了冲突。苏女士有权继承祁先生的遗产吗？

【评析】

根据我国《继承法》第十条规定，被继承人的配偶、子女、父母是第一顺序继承人。本案中苏女士与祁先生已离婚，虽然苏女士离婚后照顾瘫痪在床的前夫，但苏女士与祁先生没有办理复婚登记的情况下共同生活在一起属于同居关系，没有法律上的夫妻关系，相互间没有继承遗产的权利，即苏女士对祁先生的遗产不享有继承权。因此祁先生的遗产应由其父母和儿子来继承。

【相关法条】

《婚姻登记管理条例》第十九条　离婚的当事人恢复夫妻关系的，必须双方亲自到一方户口所在地的婚姻登记管理机关申请复婚登记。

《婚姻法》第三十五条　离婚后，男女双方自愿恢复夫妻关系的，必须到婚姻登记机关进行复婚登记。

《婚姻法》第二十四条　夫妻有相互继承遗产的权利。父母和子女有相互继承遗产的权利。

67. 遗腹子能否继承被继承人的遗产？

【案情介绍】

刘某是私营企业的董事长，其家庭经济状况较好，刘某与前妻生育两个儿子。2016年5月，刘某突发心脏病死亡，此时，与刘某未婚同居的姚女士已怀孕6个月。处理完刘某的后事之后，刘某的长子与次子将刘某遗留的800万元的现金和一栋价值1 600万元的楼房进行了遗产分割。姚女士得知后，向刘某的两位儿子提出异议，认为其腹中的胎儿应分得一份遗产。但刘某的两位儿子反对，他们认为父亲已去世，姚女士腹中的胎儿不具有继承权。

【评析】

依据《继承法》第二十八条的规定："遗产分割时，应当保留胎儿的继承份额。胎儿出生时是死体的，保留的份额按照法定继承办理。"在被继承人死亡后，应当为姚女士腹中的胎儿保留继承份额，本案中刘某的两个儿子私自分割遗产是没有法律根据的，应为胎儿保留遗产份额。

【相关法条】

《民法总则》第十六条　涉及遗产继承、接受赠与等胎儿利益保护的，胎儿视为具有民事权利能力。但是胎儿娩出时为死体的，其民事权利能力自始不存在。

《继承法》第二十八条　遗产分割时，应当保留胎儿的继承份额。胎儿出生时是死体的，保留的份额按照法定继承办理。

《婚姻法》第二十四条　夫妻有相互继承遗产的权利。父母和子女有相互继承遗产的权利。

《继承法意见》第四十五条　应当为胎儿保留的遗产份额没有保留的应从继承人所继承的遗产中扣回。

为胎儿保留的遗产份额，如胎儿出生后死亡的，由其继承人继承；如胎儿出生时就是死体的，由被继承人的继承人继承。

68. 养子女能继承生父母的遗产吗？

【案情介绍】

王先生从小被姑姑、姑父收养。不久前，王先生的亲生父母因遇车祸双亡，后王先生主动回去料理了亲生父母的后事，并要求继承生父母的遗产。但王先生的同父同母的兄弟认为他已被送养他人，无权继承生父母的遗产。他们的说法有道理吗？

【评析】

收养行为使得权利义务关系发生了转移，养子女与养父母有法律上的权利义务关系，而与生父母间解除了法律上的权利义务关系。因此，养子女只能继承养父母的遗产，而不能继承生父母的遗产，除非解除收养关系，恢复与生父母的权利和义务关系。

收养关系一经成立，即产生两个法律后果：一是确立了养子女与养父母之间的权利义务关系；二是消除了养子女与生父母之间的权利义务关系。据此，由于王先生已被姑姑、姑父收养，与生父母间的权利义务关系自收养关系成立之日起已经消除，因此，王先生已无权继承生父母的遗产。

继承生父母的遗产有两种例外：第一种情况是如果生父母生前立有遗嘱，将个人财产的一部分或全部赠与已是别人养子的王先生，那么王先生就有权取得赠与的遗产。第二种情况是依据《继承法意见》第十九条的规定：被收养人（王先生）对养父母尽了赡养义务，同时又对生父母扶养较多的，除可依《继承法》第十条的规定王先生继承养父母的遗产外，还可依《继承法》第十四条的规定分得生父母的适当遗产。

【相关法条】

《婚姻法》第二十条第二款　养子女和生父母间的权利和义务，因收养关系的成立而消除。

《继承法》第十条　遗产按照下列顺序继承：

第一顺序：配偶、子女、父母。

第二顺序：兄弟姐妹、祖父母、外祖父母。

继承开始后，由第一顺序继承人继承，第二顺序继承人不继承。没有第一顺序继承人继承的，由第二顺序继承人继承。

本法所说的子女，包括婚生子女、非婚生子女、养子女和有扶养关系的继子女。

本法所说的父母，包括生父母、养父母和有扶养关系的继父母。

本法所说的兄弟姐妹，包括同父母的兄弟姐妹、同父异母或者同母异父的兄弟姐妹、养兄弟姐妹、有扶养关系的继兄弟姐妹。

69. 继子女继承了生父母的遗产后能否继承继父或继母的遗产？

【案情介绍】

周某的生父早年去世，周某8岁时随母亲（杨女士）改嫁到继父（李先生）家生活，生活费由继父和母亲供给。周某的姐姐已婚，单独生活。周某继承了生父的房屋，但在经济上仍与继父来往。继父建房时周某姐弟俩都出资，继父、母亲的生活均由他们照料。继父临终时把房产证给周某并嘱其料理后事。李先生去世后，对李先生从未尽过义务的儿子李小川要求继承其父全部房屋。周某和其母亲、姐姐均不同意。李小川认为周某已继承了他生父的遗产，不能再继承其父李先生的遗产。周某的母亲改嫁时周某的姐姐已结婚，所以周某的姐姐也不能继承。

周某的母亲杨女士认为她是李先生的妻子，她理应有权利继承。周某认为他虽然继承了自己亲生父亲的遗产，但他和继父有抚养关系，而且他也赡养了继父，李小川没有尽赡养义务，不能要求分遗产。

周某的姐姐认为虽然自己和继父没有抚养关系，但继父盖房子时，她出过钱，而且也赡养继父了，所以她有权利继承继父的遗产。

【评析】

本案中杨女士作为被继承人李先生的妻子，作为第一顺序继承人有权利继承被继承人李先生的财产。周某虽然继承了其生父的遗产，但其与继父已经形成有抚养关系的继子女关系，依据《继承法》第十条的规定，享有对继父遗产的继承权。李小川作为李先生的亲生儿子，虽然在其父亲生前未尽过赡养义务，但并未构成其丧失继承权的法定事由，因此，李小川对其生父的遗产也享有继承权。但因为李小川未尽赡养义务，周某和李女士应多分一些遗产，李小川应少分或不分遗产。周某的姐姐因杨女士改嫁时已经结婚，独立生活，与周某的继父未形成抚养关系，因此即使周某的姐姐对继父尽了赡养义务，继父盖房子时出资了，也不能作为继承人继承遗产。

【相关法条】

《继承法》第十条 遗产按照下列顺序继承：

第一顺序：配偶、子女、父母。

第二顺序：兄弟姐妹、祖父母、外祖父母。

继承开始后，由第一顺序继承人继承，第二顺序继承人不继承。没有第一顺序继承人继承的，由第二顺序继承人继承。

本法所说的子女，包括婚生子女、非婚生子女、养子女和有扶养关系的继子女。

本法所说的父母，包括生父母、养父母和有扶养关系的继父母。

本法所说的兄弟姐妹，包括同父母的兄弟姐妹、同父异母或者同母异父的兄弟姐妹、养兄弟姐妹、有扶养关系的继兄弟姐妹。

《继承法意见》第二十一条 继子女继承了继父母遗产的，不影响其继承生父母的遗产。

继父母继承了继子女遗产的，不影响其继承生子女的遗产。

70. 死亡赔偿金可否当作遗产来处理？

【案情介绍】

韩某与张某驾驶的重型厢式货车发生交通事故致韩某和张某当场死亡，后经交警队认定张某负全部责任，韩某不负责任。事故发生后，韩某的儿子韩超（化名）认为车辆投保的保险公司和张某的财产继承人双方应赔偿自己的损失。请问是否可以将张某的死亡赔偿金作为遗产来赔偿韩超？

【评析】

《继承法》对遗产的定义是指自然人死亡时遗留的个人合法财产。死亡赔偿金是受害人死亡后赔偿义务人支付给受害人近亲属的补偿金，而遗产是在公民死亡前就已经存在的属于公民的合法财产，死亡赔偿金在公民死亡前并不存在，其并不属于公民的个人财产。死亡赔偿金是基于对死者生命权的侵害而应承担的对其亲属的未来可得利益损失的赔偿责任。正是由于其不属于死者的遗产，所以债权人不能对死亡赔偿金主张权利。从《继承法》及其司法解释规定的遗产范围可知，公民在交通事故中死亡时，赔偿义务人向其支付的死亡赔偿金并未包含其中，所以死亡赔偿金不宜认定为遗产进行分割。死亡赔偿金如果需要分配，一般应由亲属之间协商解决。

综上所述，从《继承法》中可以明显看出，死亡赔偿金并没有包含在所列举的遗产范围内。张某的死亡赔偿金是属于张某亲属的财产，不是张某的遗产，所以韩超不能主张将张某的死亡赔偿金作为其遗产来赔偿自己的损失。

【相关法条】

《继承法》第三条　遗产是公民死亡时遗留的个人合法财产，包括：

（一）公民的收入；

（二）公民的房屋、储蓄和生活用品；

（三）公民的林木、牲畜和家禽；

（四）公民的文物、图书资料；

（五）法律允许公民所有的生产资料；

（六）公民的著作权、专利权中的财产权；

（七）公民的其他合法财产。

71. 未领结婚证以夫妻名义共同生活，一方死亡后另一方是否享有财产的继承权利？

【案情介绍】

2014 年 3 月赵先生与刘女士在他人撮合之下，按照农村风俗举行了结婚仪式，但未领取结婚证。2017 年赵先生因车祸死亡，获取死亡赔偿金 20 万元，另外赵先生还有存款 10 万元。赵先生只有一个亲弟弟赵军（化名），此外再没有其他亲人。现赵先生的弟弟赵军认为自己的哥哥与刘女士没领结婚证，不存在夫妻关系，刘女士不能继承赵先生的遗产，只有他才有权继承赵先生 10 万元的存款和 20 万元死亡赔偿金，而刘女士认为自己与赵先生按照当地的习俗举行了婚礼，早就是夫妻了，10 万元存款就是自己的，20 万元死亡赔偿金自己可以和弟弟赵军分割。

【评析】

赵先生与刘女士婚姻关系不成立，刘女士不是赵先生的法定继承人。赵先生与刘女士虽然举行了结婚仪式，但未领取结婚证，不能构成合法有效的婚姻关系，因为两个人在 1994 年 2 月 1 日后结婚，不能构成《婚姻法司法解释（一）》第五条规定的事实婚姻关系，所以当一方死亡时另一方是不可以继承其遗产的，刘女士不能作为法定继承人继承遗产。

最高人民法院在《关于确定民事侵权精神损害赔偿责任若干问题的解释》第九条中将死亡赔偿金的性质定性为精神损害抚慰金，并且在第七条中规定自然人因侵权行为致死，或者自然人死亡后其人格或者遗体遭受侵害，死者的配偶、父母和子女向人民法院起诉请求赔偿精神损害的，列其配偶、父母和子女为原告；没有配偶、父母和子女的，可以由其他近亲属提起诉讼，列其他近亲属为原告。从该条规定可以看出只有死者的配偶、父母、子女和近亲属才能提起赔偿，其他人不能要求死亡赔偿金。

本案中刘女士只是赵先生的同居者，不是赵先生的配偶，故不能要求死亡赔偿金。赵军是赵先生的亲弟弟，赵先生也只有一个弟弟，此外再没有其他亲人。赵军是第二顺序的法定继承人，有权继承赵先生的遗产，并向侵权人主张死亡赔偿金。

【相关法条】

《婚姻法司法解释（一）》第五条　未按婚姻法第八条规定办理结婚登记而以夫妻名义共同生活的男女，起诉到人民法院要求离婚的，应当区别对待：

（一）1994 年 2 月 1 日民政部《婚姻登记管理条例》公布实施以前，男女双方已经符合结婚实质要件的，按事实婚姻处理；

（二）1994 年 2 月 1 日民政部《婚姻登记管理条例》公布实施以后，男女双方符合结婚实质要件的，人民法院应当告知其在案件受理前补办结婚登记；未补办结婚登记的，按解除同居关系处理。

《关于审理人身损害赔偿案件司法解释》第一条　因生命、健康、身体遭受侵害，赔偿权利人起诉请求赔偿义务人赔偿财产损失和精神损害的，人民法院应予受理。

本条所称"赔偿权利人"，是指因侵权行为或者其他致害原因直接遭受人身损害的受害人、依法由受害人承担扶养义务的被扶养人以及死亡受害人的近亲属。

72. 领取结婚证但未在一起生活，一方死亡后，另一方可否继承死亡一方的遗产？

【案情介绍】

韩某（男）和李某（女）刚领了结婚证但从未在一起生活，新郎韩某在前去迎娶李某的路上不幸出车祸去世了，韩某的家人无法接受儿子死亡的事实，认为儿媳妇李某克夫，坚决不让儿媳妇李某进家门，而且韩某的财产应该是韩某的家人的。新娘李某能继承新郎韩某的遗产吗？

【评析】

只有具备合法婚姻关系的夫妻双方，才能以配偶的身份继承对方的遗产。所谓合法婚姻关系，是指男女双方具备了法定的结婚条件，并按照《婚姻法》的规定履行了结婚登记手续而结成的夫妻。男女双方具有合法的夫妻身份是取得继承权的前提条件。此案中新娘李某与新郎韩某已经领取了结婚证，即具有夫妻之间的权利义务关系。夫妻登记结婚后尚未同居或同居时间很短，配偶一方死亡的情况，应承认另一方享有继承权。对遗产份额的划分，应根据时间的长短、尽义务的多少，酌情处理。本案中新娘李某可以继承新郎韩某的遗产。

【相关法条】

《婚姻法》第二十四条   夫妻有相互继承遗产的权利。

父母和子女有相互继承遗产的权利。

《继承法》第十条   遗产按照下列顺序继承：

第一顺序：配偶、子女、父母。

第二顺序：兄弟姐妹、祖父母、外祖父母。

继承开始后，由第一顺序继承人继承，第二顺序继承人不继承。没有第一顺序继承人继承的，由第二顺序继承人继承。

本法所说的子女，包括婚生子女、非婚生子女、养子女和有扶养关系的继子女。

本法所说的父母，包括生父母、养父母和有扶养关系的继父母。

本法所说的兄弟姐妹，包括同父母的兄弟姐妹、同父异母或者同母异父的兄弟姐妹、养兄弟姐妹、有扶养关系的继兄弟姐妹。

73. 夫妻长期分居，一方意外死亡，另一方可否继承死亡一方的遗产？

【案情介绍】

祁女士跟王先生结婚18年，育有3个女儿，王先生因祁女士没给他生儿子，对祁女士冷眼有加，平时稍有不满就对祁女士拳打脚踢，祁女士忍受不了丈夫的暴力，独自带着3个女儿在县城做裁缝生意，虽然辛苦，但日子还是过得不错。在长达10多年的分居中祁女士与王先生"老死不相往来"，最近王先生因病去世了，祁女士能否继承丈夫的遗产？

【评析】

祁女士和王先生虽然长期分居但没办离婚手续，婚姻关系仍受法律保护，仍是合法夫妻。婚姻关系的合法存在，亦即夫妻身份的现实存续，是夫妻间相互享有继承权的先决条件。只有在婚姻关系依法有效缔结之后，合法有效终止之前，配偶一方死亡，另一方才享有继承权。配偶一方要继承另一方的遗产，必须具备以下两个条件：①夫妻关系要合法；②这种合法的夫妻关系，一方死亡时依然存在。夫妻间的继承权因结婚而发生，因离婚而消灭。当配偶一方死亡时，哪怕双方正处于长期分居状态或者处于离婚诉讼过程中，生存配偶方仍对死者遗产享有继承权。因此，祁女士有权继承丈夫王先生的遗产。

【相关法条】

《婚姻法》第二十四条　夫妻有相互继承遗产的权利，即夫妻享有相互继承权。

《继承法》第十条　遗产按照下列顺序继承：

第一顺序：配偶、子女、父母。

第二顺序：兄弟姐妹、祖父母、外祖父母。

继承开始后，由第一顺序继承人继承，第二顺序继承人不继承。没有第一顺序继承人继承的，由第二顺序继承人继承。

74. 再婚的夫妻，丈夫意外死亡，妻子可否继承丈夫的遗产？

【案情介绍】

郑女士和张先生是 2016 年 5 月登记结婚的再婚夫妻。张先生在与郑女士结婚前有子女，且有两处房产。结婚不到一年，张先生于 2017 年 2 月突发心脏病去世了，张先生的儿女们把郑女士赶出了家门，认为房子是张先生婚前的财产，跟郑女士没有任何关系。再婚的郑女士到底有没有权利继承张先生的遗产？

【评析】

一方的婚前财产属于个人财产，若去世，他的个人财产即遗产。夫妻继承权不受婚姻存续时间长短的影响，也不受生存一方是否再婚的妨碍。如果没有遗嘱，按照法定继承，郑女士是第一顺序继承人，可以继承张先生的遗产。此案中张先生的所有遗产（包含两处房屋）由妻子郑女士、儿女按法定继承方式去继承。

【相关法条】

《继承法》第十条　遗产按照下列顺序继承：

第一顺序：配偶、子女、父母。

《婚姻法》第二十四条　夫妻有相互继承遗产的权利。

75. 离异的妇女带孩子改嫁能否继承再婚丈夫婚前的房屋？

【案情介绍】

陈先生离婚，有一个 10 岁的儿子和他共同生活，后居住的房子拆迁，新房的房产证写的是陈先生和他儿子的名字。后陈先生与杜女士再婚，杜女士带了她 11 岁的女儿，四人居住在陈先生的房子里，一起生活十几年了。现陈先生去世，杜女士和她的女儿对陈先生与其儿子的房屋有继承权吗？

【评析】

本案中的房屋属于陈先生及其儿子的共有房产，现陈先生死亡，在没有遗嘱的情况下，配偶杜女士有继承权。陈先生与杜女士的女儿（继女）一起生活了十多年，已经形成了抚养关系，杜女士的女儿有权继承继父的遗产。本案中陈先生遗留的房屋是遗产，此房屋的继承人有陈先生的儿子、再婚配偶杜女士及继女。

【相关法条】

《继承法》第十条　遗产按照下列顺序继承：
第一顺序：配偶、子女、父母。
……
本法所说的子女，包括婚生子女、非婚生子女、养子女和有扶养关系的继子女。
本法所说的父母，包括生父母、养父母和有扶养关系的继父母。
《婚姻法》第二十四条　夫妻有相互继承遗产的权利。
《婚姻法》第二十七条　继父母与继子女间，不得虐待或歧视。
继父或继母和受其抚养教育的继子女间的权利和义务，适用本法对父母子女关系的有关规定。

76. 丈夫死后，妻子再婚，能带走分得的遗产吗？

【案情介绍】

童女士的丈夫文先生五年前死于心脏病。丈夫死后，童女士一直与公婆一起生活。现她又遇见了一个情投意合的男友，想再婚，并且想带走从亡夫处分得的遗产。但是婆家认为，如果童女士不再婚的话可以分得丈夫文先生的遗产，如果再婚就不能分得丈夫的遗产。请问童女士能带走她应分得的遗产吗？

【评析】

根据我国相关法律的规定，夫妻一方死亡后，生存的一方依照法律的规定或合法有效的遗嘱所继承的遗产，就成为自己的财产，对其享有所有权，可在法律许可的范围内占有、使用、处分。本案中童女士可以带走属于自己的财产，婆家不能因为其再婚而阻止她带走自己的财产。

【相关法条】

《婚姻法》第二十四条 夫妻有相互继承遗产的权利。

《继承法》第十条第一款 遗产按照下列顺序继承：第一顺序：配偶、子女、父母。

《继承法》第三十条 夫妻一方死亡后另一方再婚的，有权处分所继承的财产，任何人不得干涉。

77. 立遗嘱分家产的问题

【案情介绍】

2016年，60岁的王女士因重病住院。病床前的王女士对自家房子的事情始终放心不下。原来，王女士家有一套房产，登记在王女士、老伴李先生以及小儿媳的名下。王女士有四个子女，2015年来，四个子女之间因为生活琐事产生了纠纷，王女士担心在她离世后，因为房屋再起纷争，便跟老伴李先生商量立一个遗嘱。王女士口述，让小儿媳代写遗嘱，在邻居小刘的见证下，小儿媳按照李先生和王女士的意思写了遗嘱，李先生和王女士签上了各自的名字。2017年年初，王女士和李先生相继离世。谁知，小儿子拿出了遗嘱，但他的三个兄妹怀疑这份遗嘱的可信性。到底谁有权继承此房？

【评析】

本案中的代书人小儿媳与"遗嘱继承人"是夫妻关系，其作为代书人明显与继承法的相关规定不符，不符合代书遗嘱的形式要件，这份代书遗嘱最终被法院判决无效。"代书遗嘱应当有两个以上见证人在场见证，由其中一人代书，注明年、月、日，并由代书人、其他见证人和立遗嘱人签名。但继承人、受遗赠人，或者与继承人、受遗赠人有利害关系的人不能作为见证人。"

本案涉及的房产应当按照法定继承的原则处理，鉴于除四个子女外，王女士与李先生均无其他继承人，故每个子女可继承老两口的该房产份额的四分之一。

【相关法条】

《继承法》第十三条　同一顺序继承人继承遗产的份额，一般应当均等。

对生活有特殊困难的缺乏劳动能力的继承人，分配遗产时，应当予以照顾。

对被继承人尽了主要扶养义务或者与被继承人共同生活的继承人，分配遗产时，可以多分。

有扶养能力和有扶养条件的继承人，不尽扶养义务的，分配遗产时，应当不分或者少分。

继承人协商同意的，也可以不均等。

《继承法》第十六条　公民可以依照本法规定立遗嘱处分个人财产，并可以指定遗嘱执行人。

公民可以立遗嘱将个人财产指定由法定继承人的一人或者数人继承。

公民可以立遗嘱将个人财产赠给国家、集体或者法定继承人以外的人。

《继承法》第十七条　公证遗嘱由遗嘱人经公证机关办理。

自书遗嘱由遗嘱人亲笔书写，签名，注明年、月、日。

代书遗嘱应当有两个以上见证人在场见证，由其中一人代书，注明年、月、日，并由代书人、其他见证人和遗嘱人签名。

以录音形式立的遗嘱，应当有两个以上见证人在场见证。

遗嘱人在危急情况下，可以立口头遗嘱。口头遗嘱应当有两个以上见证人在场见证。危急情况解除后，遗嘱人能够用书面或者录音形式立遗嘱的，所立的口头遗嘱无效。

《继承法》第十八条　下列人员不能作为遗嘱见证人：

（一）无行为能力人、限制行为能力人；

（二）继承人、受遗赠人；

（三）与继承人、受遗赠人有利害关系的人。

78. 未成年人可以代替过世的父母继承遗产吗？

【案情介绍】

金斐（化名）原本拥有一个幸福的家庭，父亲是一名公务员，母亲是一名护士。但令人惋惜的是金斐的父母在一次外出旅游时遭遇了车祸，这一年金斐才 7 岁。事故发生后年幼的金斐便和外祖父母共同生活。由于外祖父母年迈多病加上失去女儿的痛苦，两年后，外祖父母也相继不幸离世。金斐悲痛万分，她有权继承外祖父母的遗产吗？

【评析】

本案主要涉及代位继承的法律问题。金斐有权继承外祖父母的遗产。代位继承是和本位继承相对应的一种继承制度，是法定继承的一种特殊情况。它是指被继承人的子女先于被继承人死亡时，由被继承人子女的晚辈直系血亲代替先死亡的长辈直系血亲继承被继承人遗产的一项法定继承制度。按照我国法律的规定，在通常情况下，孙子女、外孙子女是祖父母、外祖父母遗产的第二顺序继承人，也就是说，在祖父母、外祖父母的子女都还存在的情况下，孙子女、外孙子女是没有资格继承他们的遗产的。如果祖父母、外祖父母的子女先于祖父母、外祖父母死亡的，则该份遗产可以由该子女的晚辈直系血亲，即祖父母、外祖父母的孙子女、外孙子女来继承，代位继承人一般只能继承父或母有权继承遗产的份额。

本案中，金斐的父母先于金斐的外祖父母去世，金斐有权代位继承外祖父母的遗产。

【相关法条】

《继承法》第十一条　被继承人的子女先于被继承人死亡的，由被继承人的子女的晚辈直系血亲代位继承。代位继承人一般只能继承他的父亲或者母亲有权继承的遗产份额。

《继承法意见》第二十五条　被继承人的孙子女、外孙子女、曾孙子女、外曾孙子女都可以代位继承，代位继承人不受辈数的限制。

79. 父母双亡的未成年人如何继承遗产？

【案情介绍】

12岁的何冰父母意外死亡没立下遗嘱，而何冰的爷爷、奶奶、外公、外婆均已去世。何冰也没有兄弟姐妹，但他有叔叔，叔叔表示愿意担任何冰的监护人。何冰住所地的居民委员会考虑叔叔是国家公务员，身体状况和经济条件良好，便同意叔叔担任何冰的监护人。何冰的叔叔帮他保管遗产直至18周岁。何冰担忧的是，他有无权利直接继承父母的遗产？他父亲的股票能否直接传给他？

【评析】

未成年人因其是无行为能力或限制行为能力的人，所以，他们只能行使与其年龄、智力相适应的行为，否则，该行为无效。未成年人的父母或其他监护人可以为未成年人保管财产及制止未成年人不适当地处分财产。

本案中何冰父母的遗产和父亲的股票，何冰是唯一的第一顺序法定继承人，但由于他尚未成年即未满18周岁，所以何冰的财产由他的监护人叔叔代为保管，但法律规定：监护人叔叔只有对财产的管理权，不能支配财产使其减少，可以管理财产让其增加。

【相关法条】

《民法总则》第二十七条　父母是未成年子女的监护人。

未成年人的父母已经死亡或者没有监护能力的，由下列有监护能力的人按顺序担任监护人：

（一）祖父母、外祖父母；

（二）兄、姐；

（三）其他愿意担任监护人的个人或者组织，但是须经未成年人住所地的居民委员会、村民委员会或者民政部门同意。

《继承法》第十条第一款　遗产按照下列顺序继承：

第一顺序：配偶、子女、父母。

80. 父母可以代替未成年子女放弃继承权或者拒绝接受遗赠吗？

【案情介绍】

小明7岁时，母亲因突发脑出血去世，小明和父亲董先生相依为命。董先生是医院的外科主任，由于平时工作忙，根本没有时间照顾小明。为了小明的健康成长，董先生在小明9岁时为他找了继母白女士。白女士在董先生回家时对待小明特别温柔，经常为小明做可口的饭菜并为其买衣服。但董先生有手术回不了家时，白女士就像变了一个人，对小明恶言恶语相加，也不给饭吃。董先生在一次事故中不幸去世，留下了2套房产和120万元的遗产。白女士为了能独吞董先生的遗产，便以小明监护人的身份代替小明写下了书面声明，声明小明放弃继承权。白女士这样做正确吗？白女士可以代未成年的小明放弃继承权吗？

【评析】

本案涉及的是父母是否可以代未成年子女放弃继承权或者拒绝接受遗赠的问题。继承权是指继承人依法取得被继承人遗产的权利。未成年子女是无民事行为能力人，一般情况下，父母是未成年子女的法定代理人。继承遗产或接受遗赠一般是纯粹对未成年人有利的行为，父母一般不可以代未成年子女放弃继承权或拒绝接受遗赠。不具备完全行为能力的未成年人自己也不可以放弃继承权。法定代理人代理被代理人行使继承权、受遗赠权时，不得损害被代理人的利益。法定代理人一般不能代理被代理人放弃继承权、受遗赠权。所以，父母不能代未成年子女拒绝他人遗赠。如果父母代子女作出的决定明显损害子女利益的，也应认定无效。

结合本案，虽然白女士以继母的身份成为小明的法定代理人，但其代替小明书写的放弃继承权的声明，损害了小明的合法权益，应当被认定无效。

【相关法条】

《继承法》第六条　无行为能力人的继承权、受遗赠权，由他的法定代理人代为行使。

《继承法意见》第八条　法定代理人代理被代理人行使继承权、受遗赠权，不得损害被代理人的利益。法定代理人一般不能代理被代理人放弃继承权、受遗赠权。明显损害被代理人利益的，应认定其代理行为无效。

81. 放弃继承权可以不赡养父母吗？不赡养父母就丧失继承权吗？

【案情介绍】

李大姐的母亲早年过世，她的父亲几年前和李大姐的妹妹李梅（化名）一家产生矛盾，李大姐的父亲登报声明跟女儿李梅断绝父女关系。李梅也明确表示不再赡养老人，同时放弃继承权。李大姐的父亲去世后，李梅又表示房产应当平分，并说她当时说的是气话，继承是她的权利，她不愿意放弃。李梅现在还有继承权吗？如果有的话，这么多年李梅没有尽到赡养父亲的义务，是否应当少分财产给她？

【评析】

子女赡养父母不仅是道德要求，也是法定义务。子女不履行赡养父母的义务的，不仅应受到道德谴责，还可追究其法律责任。依据我国《继承法》的有关规定，被继承人死后，继承人可以按照法定继承或遗嘱继承的方式继承被继承人的遗产，遗产继承权作为一种权利可以放弃，但赡养父母是法定的义务，不能够因放弃将来的继承权而予以免除。

作为被继承人的子女，不赡养被继承人的，并不属于法律所规定的丧失继承权的情形。

本案中李梅提前放弃继承权的行为不成立，因为只有在被继承人死亡之后作出放弃继承的表示才发生效力。因此，子女不赡养父母并不丧失继承权。李梅多年来并没有尽到赡养父亲的法定义务，显然应当少分遗产。

【相关法条】

《婚姻法》第二十一条　子女对父母有赡养扶助的义务。……子女不履行赡养义务时，无劳动能力的或生活困难的父母，有要求子女付给赡养费的权利。

《老年人权益保障法》第十五条　赡养人不得以放弃继承权或者其他理由，拒绝履行赡养义务。

《继承法》第七条　继承人有下列行为之一的，丧失继承权：

（一）故意杀害被继承人的；

（二）为争夺遗产而杀害其他继承人的；

（三）遗弃被继承人的，或者虐待被继承人情节严重的；

（四）伪造、篡改或者销毁遗嘱，情节严重的。

《继承法》第十三条　对被继承人尽了主要扶养义务或者与被继承人共同生活的继承人，分配遗产时，可以多分。

有扶养能力和有扶养条件的继承人，不尽扶养义务的，分配遗产时，应当不分或者少分。

《继承法意见》第四十九条　继承人放弃继承的意思表示，应当在继承开始后、遗产分割前作出。遗产分割后表示放弃的不再是继承权，而是所有权。

82. 外嫁女儿能否继承遗产？

【案情介绍】

刘某的父亲去世3年，他的母亲健在。刘某有一个妹妹嫁到外地，刘某的父亲在本市有一套住房出租，每月可得租金1 500元。刘某说嫁出去的妹妹没有份，刘某母亲说他的父亲生前最疼的就是女儿，这样做对不起他的爸爸，但刘某就是不同意外嫁的妹妹继承遗产。那么，外嫁的女儿能否继承遗产？

【评析】

妇女享有与男子平等的继承权。所有的继承人不分男女，一律平等地享有继承权。女儿可以和儿子享有同等的继承权，不能因为女儿出嫁就剥夺其继承权。在没有遗嘱或遗嘱无效的情况下，外嫁女享有和儿子同等的继承权。在继承父母遗产的时候，女儿是作为第一顺序继承人来继承的。

本案中，刘某的做法是错误的，刘某的妹妹享有与刘某同等的继承权，可以继承父母的遗产。

【相关法条】

《宪法》第四十八条　中华人民共和国妇女在政治的、经济的、文化的、社会的和家庭的生活等各方面享有同男子平等的权利。

《继承法》第九条　继承权男女平等。

《继承法》第十条　遗产按照下列顺序继承：第一顺序：配偶、子女、父母。

83. 尽赡养义务的孙子是否享有继承权？

【案情介绍】

徐先生与曹女士育有两个子女——徐涛和徐雨，均已成家，曹女士很早就去世了。2009年，徐先生与顾女士登记结婚，婚后两个人与徐涛的儿子徐小阳一起共同生活，徐小阳在日常生活中对爷爷徐先生特别好。2010年徐先生与顾女士建造了一栋约400平方米的别墅。2015年12月8日，徐先生因病去世。徐先生生前主要由徐小阳赡养。2017年1月徐涛、徐雨、徐小阳与顾女士将别墅作为遗产进行分割。在这个过程中，徐涛、徐雨与顾女士认为徐小阳是孙子没有继承权。

【评析】

徐小阳从小就同徐先生和顾女士一起共同生活，在徐先生去世之前，徐小阳对徐先生尽了赡养的义务，应认定徐小阳对徐先生尽了较多的赡养义务。根据《继承法意见》第二十七条规定："代位继承人缺乏劳动能力又没有生活来源，或者对被继承人尽过主要赡养义务的，分配遗产时，可以多分。"徐小阳对徐先生的遗产可以适当分得一部分。理由是徐小阳与徐先生、顾女士长期共同生活，徐小阳对徐先生尽了主要赡养义务，是可分得遗产的人。

【相关法条】

《继承法》第十条　遗产按照下列顺序继承：

第一顺序：配偶、子女、父母。

第二顺序：兄弟姐妹、祖父母、外祖父母。

《继承法》第十一条　被继承人的子女先于被继承人死亡的，由被继承人的子女的晚辈直系血亲代位继承。代位继承人一般只能继承他的父亲或者母亲有权继承的遗产份额。

《继承法意见》第二十七条　代位继承人缺乏劳动能力又没有生活来源，或者对被继承人尽过主要赡养义务的，分配遗产时，可以多分。

《继承法意见》第三十条　对被继承人生活提供了主要经济来源，或在劳务等方面给予了主要扶助的，应当认定其尽了主要赡养义务或主要扶养义务。

84. 夫妻吵架后妻子自杀，对方是否有继承权?

【案情介绍】

杨先生和妻子鲁女士于2010年结婚，两个人婚后共同打拼做生意，积攒了不少钱。但是两个人性格不和，矛盾不断，总是为小事发生争吵。2017年11月，两个人因装修房屋发生争吵，鲁女士自杀身亡。处理完鲁女士的后事之后，鲁女士的父母要求继承鲁女士的全部遗产（鲁女士无子女）。鲁女士的父母认为，鲁女士自杀与杨先生有直接关系，杨先生丧失了继承权，杨先生没有继承鲁女士遗产的资格。

【评析】

本案中的鲁女士因夫妻之间发生矛盾自杀身亡，其死亡与杨先生虽有一定的因果关系，但夫妻矛盾导致一方自杀不属于丧失继承权的法定情形，因此根据法律规定，杨先生并未丧失继承权，其仍有资格继承鲁女士的遗产。

【相关法条】

《继承法》第七条　继承人有下列行为之一的，丧失继承权:
（一）故意杀害被继承人的;
（二）为争夺遗产而杀害其他继承人的;
（三）遗弃被继承人的，或者虐待被继承人情节严重的;
（四）伪造、篡改或者销毁遗嘱，情节严重的。

85. 丈夫死亡后，妻子能否继承丈夫婚前的财产?

【案情介绍】

秦女士与张先生于2017年3月登记结婚，婚后秦女士料理家务，张先生跑运输负责赚钱养家，两个人过着平静的生活。这样幸福平静的生活只延续了半年，2017年11月张先生因疲劳驾驶发生交通事故死亡。悲痛万分的秦女士在处理完丈夫的后事之后，张先生的父母和姐姐把秦女士赶出了家门，理由是房子属张先生婚前购买，跟秦女士没有任何关系。张先生的姐姐换了房门门锁，秦女士无法进门。可怜的秦女士收拾了自己的衣物回到娘家，秦女士的父母认为张先生父母和姐姐的做法不妥当。张先生死亡后，妻子秦女士能否继承他婚前的财产？

【评析】

婚前财产作为遗产由合法的继承人进行继承，如果没有遗嘱，按照法定继承，妻子属于第一顺序继承人，是可以继承丈夫的婚前财产的。本案中张先生的房屋属于他婚前的个人财产，死后属于遗产，在没有遗嘱的前提下，配偶及父母均为第一顺序法定继承人。有了第一顺序法定继承人，第二顺序法定继承人张先生的姐姐不能继承被继承人的遗产。

【相关法条】

《继承法》第十条　遗产按照下列顺序继承：
第一顺序：配偶、子女、父母。
第二顺序：兄弟姐妹、祖父母、外祖父母。

86. 丈夫死亡后妻子有权继承公婆遗产吗？

【案情介绍】

邓女士与刘先生2000年结婚，婚后一直与公婆共同生活，丈夫刘先生在2014年因病去世，丈夫去世后她没有与公婆分家，公婆的生活起居一直由她照料。2017年，邓女士的公公和婆婆相继去世，留下房屋和存款。在处分这部分财产时，刘先生的妹妹认为，邓女士的丈夫已去世，邓女士就没有权利继承公婆留下的遗产。请问，刘先生妹妹的说法是否符合法律规定？

【评析】

本案主要涉及的是丧偶儿媳对公婆的遗产是否享有继承权的问题。根据继承法的规定，丧偶儿媳对公、婆，丧偶女婿对岳父、岳母，尽了主要赡养义务的，作为第一顺序继承人。

本案中，邓女士作为丧偶儿媳，一直与公婆住在一起，并照顾他们的生活起居，可以认为是尽了主要的赡养义务，可以作为公婆遗产的第一顺位继承人，因此，刘先生妹妹的说法是不符合法律规定的。

【相关法条】

《继承法》第十二条　丧偶儿媳对公、婆，丧偶女婿对岳父、岳母，尽了主要赡养义务的，作为第一顺序继承人。

《继承法意见》第二十九条　丧偶儿媳对公婆、丧偶女婿对岳父、岳母，无论其是否再婚，依继承法第十二条规定作为第一顺序继承人时，不影响其子女代位继承。

87. 房屋抵押后能否继承？

【案情介绍】

杨先生一直和母亲生活，杨先生的母亲于 2016 年去世，留下一套房子，是杨先生以他母亲的名义在本市贷款购买的，该房产目前仍然有数十万的贷款尚未还清，并已办理了抵押登记，抵押权人为某银行。现在杨先生因经营业务发展，需要将该房产继承过户到杨先生自己名下，但他听人说抵押的房子不能办理继承公证，杨先生不知道该怎么办？

【评析】

继承是法定取得物权的方式，与通过法律行为设置的抵押权不矛盾。继承人杨先生可提交经银行核验的遗产房屋产权证复印件，公证处工作人员会到当地房产管理、土地管理等部门，通过核实不动产登记等档案确认遗产房屋的权属及权利受限情况，在公证员确认房产产权归属无其他异常后，即可为杨先生办理相关不动产继承公证。

【相关法条】

《继承法》第三十三条　继承遗产应当清偿被继承人依法应当缴纳的税款和债务，缴纳税款和清偿债务以他的遗产实际价值为限。超过遗产实际价值部分，继承人自愿偿还的不在此限。

继承人放弃继承的，对被继承人依法应当缴纳的税款和债务可以不负偿还责任。

《担保法司法解释》第六十八条　抵押物依法被继承或者赠与的，抵押权不受影响。

88. 配偶在房产作抵押后意外死亡，继承者必须还清贷款才能继承房产吗？

【案情介绍】

毛女士的丈夫屈先生意外死亡，遗留的一套商品房属夫妻共同财产，现家里三个人有权继承屈先生的遗产，即其父亲、妻子、儿子，但屈先生生前用该商品房作了抵押贷款。屈先生生前立有遗嘱，由妻子和儿子继承房屋。请问继承者必须还清贷款才能继承房产吗？

【评析】

毛女士在继承丈夫屈先生遗产前应先偿还被继承人的贷款，偿还贷款后的剩余部分，可以在继承人之间平均分割。如果房子是屈先生和毛女士的夫妻共同财产，一半属于毛女士，屈先生的那部分由配偶和儿子继承。如果贷款是夫妻共同债务，应当以抵押房屋先偿还银行贷款，再分出一半归毛女士，剩余部分的财产，再按遗嘱继承办理。如果贷款是屈先生的个人债务，那么，应当先分出房子的一半归毛女士，另一半先偿还贷款，剩余的按遗嘱继承办理。

【相关法条】

《继承法》第五条　继承开始后，按照法定继承办理；有遗嘱的，按照遗嘱继承或者遗赠办理；有遗赠扶养协议的，按照协议办理。

《继承法》第十条第一款　遗产按照下列顺序继承：

第一顺序：配偶、子女、父母。

《婚姻法司法解释（二）》第二十三条　债权人就一方婚前所负个人债务向债务人的配偶主张权利的，人民法院不予支持。但债权人能够证明所负债务用于婚后家庭共同生活的除外。

《婚姻法司法解释（二）》第二十六条　夫或妻一方死亡的，生存一方应当对婚姻关系存续期间的共同债务承担连带清偿责任。

《继承法意见》第六十二条　遗产已被分割而未清偿债务时，如有法定继承又有遗嘱继承和遗赠的，首先由法定继承人用其所得遗产清偿债务；不足清偿时，剩余的债务由遗嘱继承人和受遗赠人按比例用所得遗产偿还；如果只有遗嘱继承和遗赠的，由遗嘱继承人和受遗赠人按比例用所得遗产偿还。

89. 房屋已被某继承人占有，其他继承人应如何主张权利？

【案情介绍】

宋女士很郁闷，母亲生病的六年时间里都是由她一个人照顾母亲的衣食起居直到去世，宋女士的弟弟以家庭经济不宽裕为由很少尽到赡养义务。更让宋女士难过的是她母亲在世时将房屋私下交给了弟弟居住，现在弟弟更换了门锁不让宋女士进门。现宋女士母亲房子由宋女士的弟弟独占，理由为他是儿子，宋女士是嫁出去的姑娘，没有资格继承母亲的遗产。宋女士应如何主张权利？

【评析】

按照法律的规定，在被继承人没有立遗嘱的情况下，其遗产应当按照法定继承来处理。子女对父母的财产具有法定的继承权，一般情况下，子女的继承权是平等的。

本案中宋女士的母亲生前把房子交由儿子居住不构成法定意义上的"遗嘱"，同时也没有留下任何遗嘱，房子的产权也没有转移，宋女士的弟弟没有所有权，应按照法定继承来分割遗产。宋女士姐弟两人同为第一顺位的法定继承人，应当享有平等的继承权。继承法中对于几种可以多分和少分遗产的情况作了详细的规定，即对生活有特殊困难的缺乏劳动能力的继承人，应当照顾；对尽主要扶养义务或与被继承人共同生活的继承人，可以多分；对有能力扶养却不尽扶养义务的，应当不分或少分。宋女士生病的母亲一直由她来赡养，宋女士的弟弟以家庭困难为由很少尽到赡养义务。所以宋女士应该多分，宋女士的弟弟应该少分；但是，这几种情况应当有明确的证据证明，或者继承人之间协商同意不均等分配，否则，还是应当均等分配遗产。

【相关法条】

《宪法》第四十八条　中华人民共和国妇女在政治的、经济的、文化的、社会的和家庭的生活等各方面享有同男子平等的权利。

《继承法》第九条　继承权男女平等。

《继承法》第十三条　同一顺序继承人继承遗产的份额，一般应当均等。

对生活有特殊困难的缺乏劳动能力的继承人，分配遗产时，应当予以照顾。

对被继承人尽了主要扶养义务或者与被继承人共同生活的继承人，分配遗产时，可以多分。

有扶养能力和有扶养条件的继承人，不尽扶养义务的，分配遗产时，应当不分或者少分。

继承人协商同意的，也可以不均等。

90. 子女在父亲再婚前出具的放弃遗产继承的声明是否有效？

【案情介绍】

史先生中年丧偶，独自一人将四个孩子抚养大。2014 年，史先生再婚。史先生的子女考虑父亲的晚年需要有人陪伴，于是主动向继母写了放弃继承父亲遗产的声明。2015 年 4 月，史先生被查出有肺癌。更令史先生寒心的是，他发现现任妻子并不愿意悉心照顾他。于是，史先生留下一份遗嘱，要求自己的遗产由自己的子女继承。2017 年年底史先生死亡，在继承史先生的遗产时妻子和子女们发生争执，史先生的妻子认为，在其与史先生结婚时，史先生的子女已经明确表示放弃继承，因此，史先生的子女不能继承她丈夫的遗产。史先生的子女认为父亲死前写了遗嘱，遗产应该按照遗嘱来办理继承。

【评析】

首先，史先生有权决定谁享有继承自己财产的权利。根据《物权法》第三十九条，所有权人对自己的不动产或者动产，依法享有占有、使用、收益和处分的权利。发现自己的再婚妻子不悉心照顾自己后，有权决定如何处理自己的财产。其次，根据我国继承法的相关规定，继承从史先生死亡时开始。《继承法》第二十五条规定，继承开始以后，继承人放弃继承的，应当在遗产处理前作出放弃继承的表示，没有表示的，视为接受继承。

本案中，如果史先生去世以后，其子女并没有以书面形式的表示放弃继承，则视为接受继承。其子女有权继承史先生的财产，遗产应该按照遗嘱来办理继承。

【相关法条】

《物权法》第三十九条　所有权人对自己的不动产或者动产，依法享有占有、使用、收益和处分的权利。

《继承法》第二条　继承从被继承人死亡时开始。

《继承法》第二十五条　继承开始后，继承人放弃继承的，应当在遗产处理前，作出放弃继承的表示。没有表示的，视为接受继承。

《继承法意见》第四十九条　继承人放弃继承的意思表示，应当在继承开始后、遗产分割前作出。遗产分割后表示放弃的不再是继承权，而是所有权。

91. 先继承遗产还是先偿还债务？

【案情介绍】

70多岁的冯大爷一直依靠儿子生活。最近，儿子因病去世。儿子做生意亏本欠下不少债务，冯大爷把儿子的遗产全部拿去还债也不够。而冯大爷年老体弱，没有其他生活来源，如果把儿子的遗产全部用于还债，冯大爷今后的生活就没有着落。请问，冯大爷是先继承遗产还是先清偿债务？

【评析】

根据我国《继承法》第三十三条规定，继承遗产应当清偿被继承人所欠的债务，而超过遗产实际价值的那部分债务，是否偿还由继承人决定。冯大爷年老体弱，没有劳动能力，没有生活来源，如把他儿子的遗产全部用于还债，今后其生活无法解决。《继承法意见》第六十一条针对此种情况作了特殊规定，继承人中有缺乏劳动能力又没有生活来源的人，即使遗产不足清偿债务，也应为其保留适当遗产，然后再清偿债务。

因此，冯大爷儿子的遗产虽然不够清偿债务，但仍应当为冯大爷保留适当遗产，以解决好他今后的生活所需，其余的再依照法律规定清偿债务。

【相关法条】

《继承法》第三十三条 继承遗产应当清偿被继承人依法应当缴纳的税款和债务，缴纳税款和清偿债务以他的遗产实际价值为限。超过遗产实际价值部分，继承人自愿偿还的不在此限。

继承人放弃继承的，对被继承人依法应当缴纳的税款和债务可以不负偿还责任。

《继承法意见》第三十七条 遗嘱人未保留缺乏劳动能力又没有生活来源的继承人的遗产份额，遗产处理时，应当为该继承人留下必要的遗产，所剩余的部分，才可参照遗嘱确定的分配原则处理。

《继承法意见》第六十一条 继承人中有缺乏劳动能力又没有生活来源的人，即使遗产不足清偿债务，也应为其保留适当遗产，然后再按继承法第三十三条和民事诉讼法第一百八十条的规定清偿债务。

92. 服刑罪犯有没有继承权？

【案情介绍】

孙某因和他人打架而触犯了法律，被法院以故意伤害罪判处有期徒刑3年。服刑期间孙某的父亲去世，留下两套房产，被他的两个哥哥私自独占了。孙某刑满释放后想讨个说法，孙某的两个哥哥说孙某是罪犯，没有继承权。孙某两个哥哥的说法有法律依据吗？罪犯有没有继承权？

【评析】

法律并没有规定罪犯不享有继承权。孙某虽然因罪入狱，但在服刑期间仍然可以继承遗产。在遗产未分割前，孙某和他的两个哥哥均对父亲遗留的房屋享有所有权，属于共同共有关系，即该房屋为孙某和他两个哥哥的共同财产，在未分割前未经孙某同意不能私自独占。

本案中孙某作为其父亲的一个子女，有法定的继承权，而且也无丧失继承权的情形，故孙某仍然享有继承父亲遗产的权利。

【相关法条】

《继承法》第七条　继承人有下列行为之一的，丧失继承权：

（一）故意杀害被继承人的；

（二）为争夺遗产而杀害其他继承人的；

（三）遗弃被继承人的，或者虐待被继承人情节严重的；

（四）伪造、篡改或者销毁遗嘱，情节严重的。

《继承法》第十条第一款　遗产按照下列顺序继承：第一顺序：配偶、子女、父母。

93. 夫妻间不尽扶养义务能否继承遗产？

【案情介绍】

2010年6月，68岁的陈大爷在发高烧咳嗽时被医院查出患有肺结核。在陈大爷住院三年最需要人照顾的时候，陈大爷的后妻孙女士拒绝到医院探望和伺候，一直由女儿照顾。2013年6月陈大爷出院住到了离女儿住址较近的一套女儿的房产里由女儿照顾，至2015年3月去世。其间孙女士一直没有露面。孙女士独占陈大爷的单位福利房。对此，陈大爷的女儿认为，父亲生病期间，孙女士弃生病的丈夫不管不顾，没有尽到妻子的责任和义务，所以孙女士没有权利继承陈大爷的遗产。

【评析】

遗产是公民死亡时遗留的个人合法财产，继承应该从被继承人死亡时开始。继承开始后，按照法定继承办理；有遗嘱的，按照遗嘱继承或者遗赠办理；有遗赠扶养协议的，按照协议办理。虽然孙某是陈大爷的配偶，属于第一顺序继承人，但是孙某弃病中丈夫于不顾的行为已经构成了遗弃，也就是对于年老、年幼、患病或者其他没有独立生活能力的人，负有扶养义务而拒绝扶养。根据《继承法》的有关规定，孙女士遗弃被继承人陈大爷，所以她丧失了继承陈大爷遗产的权利。

【相关法条】

《继承法》第七条　继承人有下列行为之一的，丧失继承权：

（一）故意杀害被继承人的；

（二）为争夺遗产而杀害其他继承人的；

（三）遗弃被继承人的，或者虐待被继承人情节严重的；

（四）伪造、篡改或者销毁遗嘱，情节严重的。

94. 在婚姻关系存续期间女方放弃继承父亲财产，男方认为侵害了自己的合法权益？

【案情介绍】

2014 年 3 月 10 日刘女士跟邓先生登记结婚。2016 年 4 月 21 日刘女士父亲去世，留有住房一套，该住房未继承分割，一直由刘女士母亲居住。2017 年 1 月邓先生起诉离婚，刘女士即以公证的方式放弃继承该房产，1 个月后邓先生和刘女士协议离婚。离婚后，邓先生主张刘女士放弃继承的房产应于婚姻关系存续期间已由刘女士继承取得，属夫妻共同财产，刘女士放弃其父亲遗产的行为无效。刘女士认为放弃继承父亲的遗产无须征得邓先生同意，且继承遗产与否，并不影响其对母亲应尽的义务，其放弃继承的行为应是合法有效的。

【评析】

根据《关于审理离婚案件处理财产分割意见》第二条规定，夫妻共同财产是指夫妻双方在婚姻关系存续期间所得的财产。而此案中刘女士放弃遗产继承权，并不是夫妻关系存续期间实际取得的共同财产，虽然放弃行为可能会使得邓先生离婚时少分财产，但不能以此为由抗辩刘女士的放弃遗产的权利；本案中在遗产分割前，刘女士表示放弃遗产继承权，是依法处分个人权利，是有效的法律行为，无须征得他人许可。

在此案中，刘女士和邓先生已离婚，刘女士父亲的遗产尚未分割，这样即使刘女士没有放弃继承权，争议房产也不能成为两个人的共有财产，邓先生也无权要求进行房产分割。

【相关法条】

《婚姻法》第十七条　夫妻在婚姻关系存续期间所得的下列财产，归夫妻共同所有：

（一）工资、奖金；

（二）生产、经营的收益；

（三）知识产权的收益；

（四）继承或赠与所得的财产，但本法第十八条第三项规定的除外；

（五）其他应当归共同所有的财产。

夫妻对共同所有的财产，有平等的处理权。

《继承法》第二十五条　继承开始后，继承人放弃继承的，应当在遗产处理前，作出放弃继承的表示。没有表示的，视为接受继承。

《婚姻法司法解释（三）》第十五条　婚姻关系存续期间，夫妻一方作为继承人依法可以继承的遗产，在继承人之间尚未实际分割，起诉离婚时另一方请求分割的，人民法院应当告知当事人在继承人之间实际分割遗产后另行起诉。

95. 没有血缘关系的人能"继承"遗产吗？

【案情介绍】

赵某的母亲去世过早，父亲赵大爷退休在家年事已高，生活起居需要有人照顾，在外地上班的赵某便给父亲请了一位年龄相仿的王阿姨来照顾父亲的日常生活。王阿姨无微不至地照顾赵大爷达10年之久。2014年年底，出于对王阿姨的感激，赵大爷写了遗嘱，他将个人所有的一套三室一厅的住房赠与王阿姨。2017年3月2日，赵某的父亲病逝。王阿姨多次向赵某索要房产证件，赵某多次撵走王阿姨并声称外人无权继承他父亲的遗产。王阿姨有权继承赵大爷的遗产吗？

【评析】

我国继承法规定，公民可以立遗嘱指定法定继承人中的一人或数人作为其遗产的继承人，也可立遗嘱将个人所有的财产赠送给国家、集体或者法定继承人以外的人。遗嘱继承优先于法定继承，如果有遗嘱，就适用遗嘱继承，按照其遗嘱来处分遗产。

本案中赵某的父亲所立的将其个人财产赠与王阿姨的自书遗嘱属于遗赠，并且是在其神志清醒、有行为能力的情况下自行书写的，因此属于有效遗赠。根据法律规定，受遗赠人应当在知道受赠后两个月内，作出接受或放弃所受遗赠的表示，到期未表示的视为放弃遗赠。王阿姨一直向赵某索要房产证，说明王阿姨并未放弃，因此王阿姨可以继承赵大爷的房产。

【相关法条】

《继承法》第五条　继承开始后，按照法定继承办理；有遗嘱的，按照遗嘱继承或者遗赠办理；有遗赠扶养协议的，按照协议办理。

《继承法》第十六条　公民可以依照本法规定立遗嘱处分个人财产，并可以指定遗嘱执行人。

公民可以立遗嘱将个人财产指定由法定继承人的一人或者数人继承。

公民可以立遗嘱将个人财产赠给国家、集体或者法定继承人以外的人。

《继承法》第二十五条　继承开始后，继承人放弃继承的，应当在遗产处理前，作出放弃继承的表示。没有表示的，视为接受继承。

受遗赠人应当在知道受遗赠后两个月内，作出接受或者放弃受遗赠的表示，到期没有表示的，视为放弃受遗赠。

房产权益篇 ◀ 让我们做自己的法律顾问

第四章 房屋纠纷

"住有所居"，有一套属于自己的房屋是每个老百姓实实在在的愿望。住房在一定程度上成了衡量人们生活质量的标准，有没有房子，房子够不够大，意味着人们的生活够不够好。房子那些事成了中国人最热门的话题，房子成了不少人生活的主旋律：为了买套房子老百姓节衣缩食，为了安居乐业老百姓与开发商、装修公司、物业公司有数不尽的矛盾和争议。为了维护自己的利益，还是学点法律知识，为自己维权吧！

96. 承租的房屋被房东卖了，新房东能否要求承租人搬出房屋？

【案情介绍】

在某省会城市做生意的小刘，租的房屋被房东马先生卖了，新房东周女士要求小刘搬家。小刘不想搬家，因为小刘跟原房东马先生的租赁合同还没有到期。原房东马先生表示，愿意将剩余的租金退给小刘。至于房子的租赁期限问题，原房东马先生称自己的房子，自己愿意租就租，不愿意租就不租，不违法。小刘认为，在合同没有到期之前，他作为承租人有权知道所租房子的情况，房东私自将房子卖了，是不符合法律规定的，因此他拒绝搬出。

【评析】

根据《合同法》第二百二十九条的相关规定，承租人与原房东签订的租赁合同是有效的，不受影响，租赁期未满时承租人是可以继续承租的。本案中虽然原房东马先生有权卖房，但根据民法中买卖不破租赁的原则，小刘应当依法继续接受房屋租赁，马先生继续履行原租赁合同至合同期满。新房东周女士不让承租人继续承租是不合法的，小刘是合法使用房屋，拒绝搬出是执行原合法的租赁合同。在租赁没有到期的情况下，周女士无权要求承租人小刘提前返还租赁的房屋。马先生将自己的房产产权转移给周女士，但在租赁合同没到期时就将房屋出售是违约行为，马先生应承担违约责任，由此给承租人小刘造成的损失应承担赔偿责任。

【相关法条】

《合同法》第二百二十九条 租赁物在租赁期间发生所有权变动的，不影响租赁合同的效力。

《民通意见》第一百一十九条　私有房屋在租赁期内，因买卖、赠与或者继承发生房屋产权转移的，原租赁合同对承租人和新房主继续有效。

97. 租住房屋漏水导致楼下损失应该由承租人还是房东赔偿？

【案情介绍】

陈女士承租了王先生的毛坯房后，对毛坯房作了简单的装修。一天陈女士外出时忘记关掉厨房净水器的开关，净水器漏水导致楼下的住户地板和墙面受损。楼下住户的损失由房东王先生承担，还是由承租人陈女士承担？

【评析】

依照《合同法》的相关规定，出租人有维修房屋的义务，但是如果是承租人故意造成的应当由承租人承担责任。如果承租人陈女士是合理使用，且非人为破坏，如漏水是因水管破裂造成的，那么赔偿责任由出租人王先生承担。

本案中承租人陈女士因忘记关净水器开关，漏水造成的楼下的损失应由陈女士承担全部责任。

【相关法条】

《民法总则》第一百二十条　民事权益受到侵害的，被侵权人有权请求侵权人承担侵权责任。

《物权法》第三十七条　侵害物权，造成权利人损害的，权利人可以请求损害赔偿，也可以请求承担其他民事责任。

《合同法》第二百二十二条　出租人应当履行租赁物的维修义务，但当事人另有约定的除外。

《合同法》第二百一十八条　承租人按照约定的方法或者租赁物的性质使用租赁物，致使租赁物受到损耗的，不承担损害赔偿责任。

98. 承租人在租赁期内死亡，与其共同生活的亲属是否可以继续租住该房屋？

【案情介绍】

冶女士几年前随丈夫索先生一起来城里打工。2015 年索先生在市郊租了一间房子，并与房东袁先生签订了房屋租赁合同。合同规定："袁先生将其所拥有的一套房子租给索××，租期3年，每月租金1 300元，按季交付。"2016年年底，索先生不幸在一次事故中丧生，冶女士和女儿两人的生活从此失去了依靠。可偏偏就在这时，房东袁先生提出让冶女士和女儿两人搬出该租住的房屋，理由为合同是他和索先生签订的，现在既然索先生不在了，合同也就没有必要再继续履行下去。冶女士越想越不明白，虽然她丈夫去世了，但租期明明是3年，现在合同没有到期她们就得搬走吗？冶女士母女是否还可以继续租住该房屋？

【评析】

依据我国《合同法》第二百三十四条规定："承租人在房屋租赁期间死亡的，与其生前共同居住的人可以按照原租赁合同租赁该房屋。"《城市房屋租赁管理方法》第十一条明确规定，住宅用房的承租人在租赁期限内死亡的，与其共同居住两年以上的家庭成员可以继续承租该住宅房屋。索先生与房东袁先生签订的是3年的房屋租赁合同，现在租赁期未满，该租赁合同关系还继续存在。因此，冶女士和她的女儿有权要求继续按照原租赁合同租住。

【相关法条】

《合同法》第二百三十四条　承租人在房屋租赁期间死亡的，与其生前共同居住的人可以按照原租赁合同租赁该房屋。

《民通意见》第一百一十九条　承租户以一人名义承租私有房屋，在租赁期内，承租人死亡，该户共同居住人要求按原租约履行的，应当准许。

私有房屋在租赁期内，因买卖、赠与或者继承发生房屋产权转移的，原租赁合同对承租人和新房主继续有效。

99. 房屋迟延交付，业主能否要求退房？

【案情介绍】

马女士于2015年8月23日与房地产开发商在购房合同中约定："若开发商约定交房日逾期超过90日仍未交房的，购房者有权单方面解除合同并要求开发商承担违约责任。"现今，房地产开发商逾期超过1年半仍未交房，马女士有权要求房地产开发商解除合同并承担违约责任吗？

【评析】

房地产开发商应该按照合同约定的交房时间交付商品房，逾期交付的，应当承担逾期交付的违约责任。根据逾期情况及合同约定，购房者马女士可根据合同的约定向开发商主张其合法权益，选择与房地产开发商解除合同或要求支付逾期交房违约金。

【相关法条】

《合同法》第九十四条　有下列情形之一的，当事人可以解除合同：

……

（三）当事人一方迟延履行主要债务，经催告后在合理期限内仍未履行。

《关于审理商品房买卖合同纠纷案件的司法解释》第十五条　根据《合同法》第九十四条的规定，出卖人迟延交付房屋或者买受人迟延支付购房款，经催告后在三个月的合理期限内仍未履行，当事人一方请求解除合同的，应予支持，但当事人另有约定的除外。

法律没有规定或者当事人没有约定，经对方当事人催告后，解除权行使的合理期限为三个月。对方当事人没有催告的，解除权应当在解除权发生之日起一年内行使；逾期不行使的，解除权消灭。

100. 装修房质量差业主能索赔吗？

【案情介绍】

2016 年 12 月，吴某购买一处全装修房，购房合同签订后，吴某按约支付购房款，并在交房前进入所购房屋，不料发现门面划痕、地砖破裂、地板色差等影响居住的问题，遂要求房产公司进行整改。但房产公司至今没有整改完毕。请问：吴某能否向房产公司索赔？

【评析】

房屋质量完好是商品房买卖的基本要求。对商品房的主体结构质量问题或严重影响正常居住的质量问题，买房者有权要求解除合同，并要求开发商承担违约责任。就商品房出现非主体结构的一般质量瑕疵问题，开发商负有保修义务，应当及时进行维修，否则亦应就扩大的损失承担赔偿责任。开发商交付的房屋存在质量瑕疵，开发商未及时对房屋进行有效维修，导致吴某对所购的房屋无法使用，处于空置状态。本案中房产公司对吴某因房屋空置产生的损失承担赔偿责任。

【相关法条】

《关于审理商品房买卖合同纠纷案件的司法解释》第十二条　因房屋主体结构质量不合格不能交付使用，或者房屋交付使用后，房屋主体结构质量经核验确属不合格，买受人请求解除合同和赔偿损失的，应予支持。

《城市房地产开发经营管理条例》第三十二条　商品房交付使用后，购买人认为主体结构质量不合格的，可以向工程质量监督单位申请重新核验。经核验，确属主体结构质量不合格的，购买人有权退房；给购买人造成损失的，房地产开发企业应当依法承担赔偿责任。

《合同法》第一百一十一条　质量不符合约定的，应当按照当事人的约定承担违约责任。对违约责任没有约定或者约定不明确，依照本法第六十一条的规定仍不能确定的，受损害方根据标的的性质以及损失的大小，可以合理选择要求对方承担修理、更换、重作、退货、减少价款或者报酬等违约责任。

101. 购房者拿到所购房产的钥匙是否就是取得了房产权？

【案情介绍】

牛大姐购买了一套二手房，签订了买卖合同，也全款付清了房屋款，拿到了房屋的钥匙，但牛大姐一直忙于做生意没去办理过户手续，现在她想将这套房屋卖出去，可以吗？

【评析】

根据我国《物权法》的规定，不动产交易首先要签订房屋买卖合同，在给付价款并转移占有后，还需持旧的房产证到房管局办理不动产移转登记（也就是老百姓所讲的过户手续）。当事人只有办理了房屋过户登记手续，房屋所有权才发生转移。房屋买卖双方已办理房屋过户登记手续，买方已取得产权证的，即使双方尚未实际交付房屋，买方未实际占有、使用该房屋，房屋的所有权也发生了转移。

本案中牛大姐未办理过户登记，即使房屋已实际交付，牛大姐拿到钥匙甚至入住，但房屋所有权仍然未发生转移，仍在转让方手里。所以牛大姐若将此房出售，须到转让方变更二手房买卖合同。

【相关法条】

《合同法》第一百三十条　买卖合同是出卖人转移标的物的所有权于买受人，买受人支付价款的合同。

《物权法》第六条　不动产物权的设立、变更、转让和消灭，应当依照法律规定登记。动产物权的设立和转让，应当依照法律规定交付。

《物权法》第九条　不动产物权的设立、变更、转让和消灭，经依法登记，发生效力；未经登记，不发生效力，但法律另有规定的除外。

《物权法》第十条　不动产登记，由不动产所在地的登记机构办理。

102. 房子里曾经有人上吊自杀，买方是否有权退回购买的房屋？

【案情介绍】

李某购买了胡某的一套房子，双方签订二手房交易协议，并支付定金3万元。李某后从该房产的邻居处了解到，胡某患有抑郁症的妻子在该房上吊自杀身亡。李某声称胡某构成欺诈，要求胡某退还定金。

【评析】

根据一般交易习惯，房屋如果发生过"非正常死亡"事件，虽不构成人们对房屋本身进行物质性使用的障碍，但很难被人轻易接受，且会造成房屋正常流通受阻以及房屋价值贬损的后果。因此，房屋是否发生过"非正常死亡"事件，属于对合同订立与否或者对合同订立的条件产生重大影响的信息。

本案中胡某签约前未对李某告知房屋内曾发生过非正常死亡事件，但不构成欺诈，原因是合同没有这方面的约定，同时李某未向胡某了解这方面的信息；若李某向胡某了解这方面的信息而胡某说谎，就构成欺诈。但根据民事活动应当遵循的诚实信用、公序良俗原则，涉案房屋曾发生过非正常死亡事件这一信息，属于与房产价值相关的重大信息，胡某对李某负有如实披露的义务。但胡某未履行重要信息披露义务，卖房时隐瞒房屋里曾有人自杀的情况，具有过错，这是导致合同被撤销的原因，胡某应返还李某已支付的3万元购房定金。

【相关法条】

《民法总则》第七条　民事主体从事民事活动，应当遵循诚信原则，秉持诚实，恪守承诺。

《民法总则》第一百四十八条　一方以欺诈手段，使对方在违背真实意思的情况下实施的民事法律行为，受欺诈方有权请求人民法院或者仲裁机构予以撤销。

《合同法》第六条　当事人行使权利、履行义务应当遵循诚实信用原则。

103. 房屋漏水导致邻居房屋受损，可否获得赔偿？

【案情介绍】

2014年年初，周女士家里的卫生间水管破裂，大量自来水沿着周女士房屋地坪自上而下流入楼下张女士的住房内，直到漫溢室外被邻居发现。漏水造成张女士家的装潢重度受损，所有房间地面积水，地板翘起，天花板受潮起皱、漆料脱落。张女士作为受害方，她可以向周女士索赔吗？

【评析】

不动产相邻各方应当按照方便生活、团结互助、公平合理的精神处理相邻关系。周女士家的水管破裂漏水造成邻居张女士的房屋装潢及物品损失，损害了张女士的权益，故周女士应赔偿张女士因此所受的全部损失。周女士的损失是因为水管破裂，若水管是装修时装修公司改造并安装的，保修期内则应向装修公司追偿。

【相关法条】

《民法总则》第三条　民事主体的人身权利、财产权利以及其他合法权益受法律保护，任何组织或者个人不得侵犯。

《民法总则》第一百二十条　民事权益受到侵害的，被侵权人有权请求侵权人承担侵权责任。

《物权法》第八十四条　不动产的相邻权利人应当按照有利生产、方便生活、团结互助、公平合理的原则，正确处理相邻关系。

《物权法》第九十二条　不动产权利人因用水、排水、通行、铺设管线等利用相邻不动产的，应当尽量避免对相邻的不动产权利人造成损害；造成损害的，应当给予赔偿。

104. 房屋已过户给受赠人，可否撤销呢？

【案情介绍】

田奶奶的老伴于2012年去世并留下一套房子。她的两个儿子协商，田奶奶晚年生活由大儿子童钱（化名）照顾，房子归童钱。童钱与母亲签订了赡养赠房协议后，就立即跟母亲办理了房屋过户手续。但办理完房屋产权变更登记手续没多久，童钱便对母亲的生活不闻不问，不管不顾，就此小儿子童银（化名）提出与哥哥一起赡养母亲同时想分得房产的要求，现在房子已经过户，田奶奶之前与大儿子签订的赡养赠房协议可以撤销吗？

【评析】

若要撤销该协议，主要依赖赠与人是否具有法定撤销权，即具备法定事由时，不论赠与财产的权利是否移转，赠与人均得撤销之。法定事由有三：严重侵害赠与人或者赠与人的近亲属；对赠与人有扶养义务而不履行；不履行赠与合同的义务。我国《合同法》及相关司法解释明确规定，赠与可以附义务。赠与附义务的，受赠人应当按照约定履行义务，对赠与人有扶养义务而不履行的，赠与人可以撤销赠与。尽管《合同法》规定经过公证的赠与合同不得撤销，但这是在受赠人充分履行照顾义务的前提下而言的。

本案中田奶奶与大儿子童钱间签订了遗赠赡养协议，根据《合同法》第一百九十二条规定，受赠人对赠与人有扶养义务而不履行或不履行赠与合同约定的义务的，赠与人自知道或者应当知道撤销原因之日起一年内可以撤销赠与。田奶奶可以依据上述法律规定，撤销赠与。所立的这一赠与合同属于附义务的赠与，对方在不履行相关赡养义务的情况下，田奶奶有权要求撤销该合同。由此可见，田奶奶可以撤销与童钱所签订的赡养赠房协议。

【相关法条】

《合同法》第一百九十条　赠与可以附义务。

赠与附义务的，受赠人应当按照约定履行义务。

《合同法》第一百九十二条　受赠人有下列情形之一的，赠与人可以撤销赠与：

（一）严重侵害赠与人或者赠与人的近亲属；

（二）对赠与人有扶养义务而不履行；

（三）不履行赠与合同约定的义务。

赠与人的撤销权，自知道或者应当知道撤销原因之日起一年内行使。

《合同法》第一百九十五条　赠与人的经济状况显著恶化，严重影响其生产经营或者家庭生活的，可以不再履行赠与义务。

《继承法》第三十一条　公民可以与扶养人签订遗赠扶养协议。按照协议，扶养人承担该公民生养死葬的义务，享有受遗赠的权利。

公民可以与集体所有制组织签订遗赠扶养协议。按照协议，集体所有制组织承担该公民生养死葬的义务，享有受遗赠的权利。

105. 有贷款的房产能赠与吗?

【案情介绍】

张某名下有一套房屋,该房属于公积金贷款房。张某想把该房赠与他 30 岁的侄女。张某能到公证处办理赠与公证吗?赠与前是否需要先还清贷款?

【评析】

有贷款的房屋是限制所有权的房屋,除非银行同意,否则不能办理赠与公证。银行作为抵押权人是不可能同意房屋赠与的,如果真想办理赠与公证,张先生先到银行办理提前还清贷款,获得房屋完全所有权后就可以与其侄女办理赠与公证了。

【相关法条】

《物权法》第一百九十一条 抵押期间,抵押人经抵押权人同意转让抵押财产的,应当将转让所得的价款向抵押权人提前清偿债务或者提存。转让的价款超过债权数额的部分归抵押人所有,不足部分由债务人清偿。

抵押期间,抵押人未经抵押权人同意,不得转让抵押财产,但受让人代为清偿债务消灭抵押权的除外。

106. 出租的房屋承租人拒付租金,房东可否与承租人解除房屋租赁合同?

【案情介绍】

哈先生将自己的一套 120 平方米的房屋出租给某公司,签了两年的房屋租赁合同,每月房租为 2 900 元,免除头一个半月的房租。但一个半月后,由于该公司生意不好,付不起房租。该公司要求哈先生把原每个月 2 900 元房租改为 2 000 元,如果不改就不付房租,现在哈先生可否要求与该公司解除房屋租赁合同?

【评析】

承租人迟延支付租金,经出租人催告,仍不于催告期限内支付租金的,出租人有权要求解除合同。哈先生可以要求与该公司解除合同,搬离房屋并恢复原状,并且按照合同约定要求对方支付房租。如果约定了违约金,哈先生还可以主张违约金。作为承租人的某公司如果拒不搬出,哈先生可以起诉该公司,判决后申请法院强制执行。

【相关法条】

《合同法》第二百二十七条 承租人无正当理由未支付或者迟延支付租金的，出租人可以要求承租人在合理期限内支付。承租人逾期不支付的，出租人可以解除合同。

《合同法》第二百四十八条 承租人应当按照约定支付租金。承租人经催告后在合理期限内仍不支付租金的，出租人可以要求支付全部租金；也可以解除合同，收回租赁物。

《民事诉讼法》第二百五十条 强制迁出房屋或者强制退出土地，由院长签发公告，责令被执行人在指定期间履行。被执行人逾期不履行的，由执行员强制执行。

强制执行时，被执行人是公民的，应当通知被执行人或者他的成年家属到场；被执行人是法人或者其他组织的，应当通知其法定代表人或者主要负责人到场。拒不到场的，不影响执行。被执行人是公民的，其工作单位或者房屋、土地所在地的基层组织应当派人参加。执行员应当将强制执行情况记入笔录，由在场人签名或者盖章。

强制迁出房屋被搬出的财物，由人民法院派人运至指定处所，交给被执行人。被执行人是公民的，也可以交给他的成年家属。因拒绝接收而造成的损失，由被执行人承担。

107. 租住房屋装修后又拆走，需要向房主赔偿吗？

【案情介绍】

杨先生把自己的一套房屋出租给闵先生居住，闵先生入住前将杨先生的房屋进行了装修，租赁到期后，闵先生把自己装修的壁柜、木地板等装潢设施拆除带走。杨先生看到屋内一片狼藉，要求闵先生赔偿。而闵先生认为装修是自己花钱，自己有权处置，故不同意赔偿。

【评析】

从民法理论来看，装修涉及"添附"性财产的分配。"添附"是指不同所有权人的财产或劳动成果附合在一起，形成一种不能分离的新的财产权，如果要恢复原状，在事实上不可能或经济上不划算。

本案中，杨先生将自己的房屋出租给闵先生使用，且在闵先生装修时没有表示异议，可以推定杨先生是同意闵先生对其房屋进行装修的，即同意闵先生将其动产（装修材料）附合在杨先生的不动产（房屋）上。后闵先生处分自己的添附物，并没有影响房屋的整体价值，因此无须赔偿。但如果造成了杨先生房屋有其他损失及必要的清理费用，杨先生可以要求闵先生赔偿。

【相关法条】

《民通意见》第八十六条 非产权人在使用他人的财产上增添附属物，财产所有人同意增添，并就财产返还时附属物如何处理有约定的，按约定办理；没有约定又协商不成，能够拆除的，可以责令拆除，不能拆除的，也可以折价归财产所有人；造成财产所有人损失的，应当负赔偿责任。

《合同法》第二百二十三条 承租人经出租人同意，可以对租赁物进行改善或者增设他物。

承租人未经出租人同意，对租赁物进行改善或者增设他物的，出租人可以要求承租人恢复原状或者赔偿损失。

108. 租客在出租房出意外，谁应承担责任？

【案情介绍】

程某将自己没有暖气，也没有任何通风设施的房屋出租给冯某。冯某在天寒地冻之际烧煤取暖时不幸发生一氧化碳中毒，造成冯某的儿子死亡的重大事故。冯某认为，房东程某提供的出租房屋不符合居住条件，房内没有任何取暖设备，也没有通风设施，导致自己一氧化碳中毒及儿子死亡。请问冯某能否要求程某赔偿他由此产生的相应损失？

【评析】

租客因意外事件致伤或致死时房东必须承担责任吗？在以下情形出现时出租方应承担相应的法律责任：

（1）未尽到安全保障义务。对外出租的房屋存在安全隐患，如提供不合格的煤气炉、热水器；私自将不具备居住条件的房屋改造成卧室；房屋内没有通风、消防设备；房屋内的线路老化未及时更换、维修等。

（2）未尽到告知、提醒义务。出租人应将出租房屋内设施、设备的使用方法、注意事项提前告知承租人，以免发生意外。

（3）未尽监督、管理义务。出租方应定时到出租房屋内查看房屋状态，如发现有需要进行维修、更换的设施、设备应及时进行维修、更换；发现有不当安装、改造、使用的情形应立即制止，并督促责任人改正。

租客在出租房内发生哪些意外时须责任自负？

作为房屋的承租人，应当配合出租人进行房屋出租登记；不得擅自改变承租房屋的规划设计用途，不得利用租赁房屋从事非法生产、加工、储存、经营爆炸性、毒害性、放射性、腐蚀性物质或者传染病病原体等危险物质和其他违法活动，也不得损害公共利益或者妨碍他人的正常工作、生活。

如果房屋出租方已经履行了前述的告知提醒、安全保障、监督管理等义务后，在租赁房屋内发生如下情形的意外时则应由承租方自行承担责任。

（1）承租人因自身过错导致意外发生，例如，使用"热得快"忘记拿出且没有关闭电源导致水烧干引起火灾等意外发生。

（2）承租人因自身身体原因导致意外发生，如突发疾病导致死亡。

（3）承租人故意导致意外发生。

与房屋不可分割的通气、通水、输电线路等，都属于房屋的"附属设施"。作为出租人，应当明确告知承租人出租屋及附属设施的年份、可能存在的缺陷和隐患，有义务进行完善和维修，尽物权人职责，如果出租人没有尽到安全修缮的义务，比如因输电线路老化而引起火灾，造成承租人财产损失的，就由出租人承担赔偿责任，除非租赁合同中有特别的约定或承租人自身存在过错。

本案中房东程某作为出租人，必须保证承租人的人身和财产安全，否则不能出租，对租赁物负有安全责任，应确保租赁房屋内的各项设施能正常、安全使用。程某提供给房客冯某的房子没有暖气，也没有任何通风设施的房屋不具备出租条件，冯某在其居住的房屋内点燃煤炭取暖且未采取任何通风措施，以致发生冯某儿子一氧化碳中毒死亡的严重事故。不管从公平的原则还是无过错的原则，房东程某都应该对此事承担一定的责任。

【相关法条】

《民法通则》第一百一十九条　侵害公民身体造成伤害的，应当赔偿医疗费、因误工减少的收入、残废者生活补助费等费用；造成死亡的，并应当支付丧葬费、死者生前扶养的人必要的生活费等费用。

《民法通则》第一百零六条第二、第三款　公民、法人由于过错侵害国家的、集体的财产，侵害他人财产、人身的，应当承担民事责任。没有过错，但法律规定应当承担民事责任的，应当承担民事责任。

《合同法》第一百零七条　当事人一方不履行合同义务或者履行合同义务不符合约定的，应当承担继续履行、采取补救措施或者赔偿损失等违约责任。

《侵权责任法》第六条　行为人因过错侵害他人民事权益，应当承担侵权责任。

第五章　物业与业主纷争

近年来，随着生活水平的提高，人们对于居住环境的要求也日益提高，专业化的物业公司应运而生，可本应服务于广大业主的物业公司并未能和业主融洽相处，很多情况下物业公司和业主产生重重矛盾，甚至对簿公堂，屡见不鲜。物业公司与业主的矛盾一直是备受关注的话题，物业公司抱怨收不上物业管理费，而业主则抱怨物业公司服务不到位，不愿交物业管理费。业主和物业公司矛盾和冲突不断。对于冲突的发生，很难说责任完全在哪一方，双方都有反思整改的空间。从法律的角度看，业主权利落实不到位，缺乏第三方及时裁判；相关法律需要细化、可操作并为大众所熟知；法律需要切实地落地生根，应该让法治而不是武力成为化解物业纠纷最有效的手段。

109. 住宅小区的地下车库归谁所有？

【案情介绍】

文先生想知道：什么情况下小区的地下车库归业主所有？什么情况下小区的地下车库归开发商所有？开发商可以将小区内的车库出售给非业主吗？

【评析】

如果开发商未将地下车库的建筑面积计算到公摊面积中，也未承诺无偿提供地下车库，同时也未将建造地下车库的成本核算进住宅开发成本之内，则其所有权应归属于开发商。但是即便如此，开发商也不能把车库出售给任何非业主。如果按建设规划要求，开发商必须为小区业主提供车位，则开发商只能将车位在出售住宅时一同出售给小区内的业主，此时，出售所得价款应归开发商所有。

如果开发商已经将地下车库的建筑面积计算到公摊面积中或为吸引购房者购房，承诺无偿提供地下车库，或将建设地下车库的成本核算进住宅开发成本之内，则地下车库的所有权应属于全体业主所有。当然，经全体业主大会同意，可以确定该车库的专有使用权，即部分业主可以通过专有使用权取得对地下车库的使用权，使用费归全体业主所有，用于物业管理之需。

【相关法条】

《物权法》第七十四条 建筑区划内，规划用于停放汽车的车位、车库应当首先满足业主的需要。

建筑区划内，规划用于停放汽车的车位、车库的归属，由当事人通过出售、附赠或者出租等方式约定。

占用业主共有的道路或者其他场地用于停放汽车的车位，属于业主共有。

《物业管理条例》第二十七条 业主依法享有的物业共用部位、共用设施设备的所有权或者使用权，建设单位不得擅自处分。

《物业管理条例》第四十九条 物业管理区域内按照规划建设的公共建筑和共用设施，不得改变用途。

110. 收了物业管理费，还收取电梯维修费，合理吗？

【案情介绍】

业主张先生所在的某物业公司让其所管理小区内的每个业主交纳每年的电梯维修费500元，张先生认为住户已交了物业管理费不应该再交电梯维修费，因为电梯属于公共设施。请问，物业公司收取了物业管理费，还再收取电梯维修费，合理吗？

【评析】

物业管理费是物业产权人、使用人委托物业管理单位对居住小区内的房屋建筑及其设备、公用设施、绿化、卫生、交通、治安和环境等项目进行日常维护、修缮、整治及提供其他与居民生活相关的服务所收取的费用。

物业服务成本或者物业服务支出构成一般包括以下部分：

- 管理服务人员的工资、社会保险和按规定提取的福利费等；
- 物业共用部位、共用设施设备的日常运行、维护费用；
- 物业管理区域清洁卫生费用；
- 物业管理区域绿化养护费用。

物业公司收取了物业管理费，不应该再收电梯维修费，电梯属共用设施设备，所以物业管理费是包括电梯日常运行、电费、维护保养等费用的。物业服务本来就包含公共区域设施设备的维护与保养，本案中该物业公司的收费违法，业主可以向物业主管部门投诉，或向法院起诉。

【相关法条】

《物业管理条例》第二条 本条例所称物业管理，是指业主通过选聘物业服务企业，由业主和物业服务企业按照物业服务合同约定，对房屋及配套的设施设备和相关场地进行维修、养护、管理，维护物业管理区域内的环境卫生和相关秩序的活动。

《〈物业管理条例〉实施细则》第四十一条 物业服务收费应当遵循合理、公开以及费用与服务水平相适应的原则，区别不同物业的性质和特点，由业主和物业管理企业按照国务院价格主管部门会同国务院建设行政主管部门制定的物业服务收费办法，在物业服务合同中约定。

111. 原业主欠的物业管理费，新业主可否拒绝交纳？

【案情介绍】

2014年5月，冯女士在某小区买了一套二手房。搬进这套房子后，该小区物业公司就不断向冯女士催要2013年的物业管理费。冯女士认为2013年的物业管理费是原房主欠下的，因此拒绝交纳。而物业却表示他们已经是房子的所有人，理应承担这笔费用。请问冯女士是否应替原业主负担这笔物业管理费？

【评析】

原业主的物业管理费与新业主无关。由于原业主与物业公司之间的服务合同并没有涉及后来的物业买受人，所以新业主没有义务支付该部分物业管理费。是否需要替原业主承担之前欠下的物业管理费，要看冯女士购房时与原业主有没有协议约定。如果买卖双方约定买方冯女士替原业主承担此前的物业管理费，那么冯女士就应该补齐前欠的物业管理费。如果他们没有相关的约定，也就是说，物业服务合同理应针对当时的合同方，也就是原业主。物业公司没有权利向冯女士催讨物业管理费。

【相关法条】

《物业管理条例》第四十二条 业主应当根据物业服务合同的约定交纳物业服务费用。业主与物业使用人约定由物业使用人交纳物业服务费用的，从其约定，业主负连带交纳责任。

《物业服务收费管理办法》第十五条第三款 物业发生产权转移时，业主或者物业使用人应当结清物业服务费用或者物业服务资金。

112. 非业主在小区内摔伤，物业公司是否须承担责任？

【案情介绍】

赵某到朋友家中作客，其间喝了少量的酒，夜里自己下楼回家。朋友家楼道的照明灯不亮，黑暗中赵某失足从楼梯上摔下，摔断了腿，物业对赵某的受伤是否应承担责任？

【评析】

公民的身体健康权受法律保护，从事经营活动或者其他社会活动的自然人、法人、其他组织，未尽合理限度范围内的安全保障义务致使他人遭受人身损害的，应承担相应的赔偿责任。根据《物业管理条例》的规定，物业公司作为小区的管理方，负有对房屋及配套的设施设备和相关场地进行管理、维修、养护的义务，应当对物业的共用部分、公共设施设备进行定期查验和维护。物业公司不仅得对业主负责，对非业主使用人也应提供相应的服务。

本案事发当时小区楼道的照明灯不亮，存在安全隐患，而作为管理方的物业公司未能及时发现并处理这一问题，致使赵某遭受人身损害。这应属于物业公司未尽到职责范围内的义务，物业公司应当承担与其过错相当的赔偿责任。可以认定物业公司主观上有一定过错，承担次要责任；而赵某作为一个完全民事行为能力人，在楼道内摔伤主要是其喝了酒，自身缺乏安全意识所致，故在此次事故中承担主要责任。

【相关法条】

《〈物业管理条例〉实施细则》第三十六条　物业管理企业应当按照物业服务合同的约定，提供相应的服务。物业管理企业未能履行物业服务合同的约定，导致业主人身、财产安全受到损害的，应当依法承担相应的法律责任。

《〈物业管理条例〉实施细则》第五十六条　物业存在安全隐患，危及公共利益及他人合法权益时，责任人应当及时维修养护，有关业主应当给予配合。责任人不履行维修养护义务的，经业主大会同意，可以由物业管理企业维修养护，费用由责任人承担。

113. 业主不交物业管理费，物业停用电梯属于对业主的侵权吗？

【案情介绍】

陈先生认为自己居住的某小区物业公司的服务非常差，还有部分业主因对物业公司的服务非常不满而拒交物业管理费。物业公司因此把整个单元楼电梯和楼梯间的照明灯全部停用，导致高层住户的出行成了大问题。业主与物业公司沟通无果，物业公司的答复是不交物业管理费，就停用电梯。业主不交物业管理费，物业停用电梯属于对业主的侵权吗？

【评析】

物业公司与业主之间存在物业服务合同，业主欠物业管理费属于合同纠纷，而物业公司以业主不交纳物业管理费为由停用电梯的行为，属于侵权行为。物业公司不得因业主拖欠物业管理费而停电梯。如果对物业公司的服务不满意或者认为物业公司有违约行为，可以通过法律途径解决，而拒交物业管理费的行为也是违法行为，物业公司有权追究业主的违约责任。

本案中，物业公司以业主不交纳物业管理费为由停用电梯属于对业主的侵权。

【相关法条】

《〈物业管理条例〉实施细则》第七条　业主在物业管理活动中，履行下列义务：

……

（五）按时交纳物业服务费用。

《关于审理物业服务纠纷案件司法解释》第三条　物业服务企业不履行或者不完全履行物业服务合同约定的或者法律、法规规定以及相关行业规范确定的维修、养护、管理和维护义务，业主请求物业服务企业承担继续履行、采取补救措施或者赔偿损失等违约责任的，人民法院应予支持。

物业服务企业公开作出的服务承诺及制定的服务细则，应当认定为物业服务合同的组成部分。

《关于审理物业服务纠纷案件司法解释》第六条　经书面催交，业主无正当理由拒绝交纳或者在催告的合理期限内仍未交纳物业费，物业服务企业请求业主支付物业费的，人民法院应予支持。物业服务企业已经按照合同约定以及相关规定提供服务，业主仅以未享受或者无须接受相关物业服务为抗辩理由的，人民法院不予支持。

114. 业主不交物业管理费，物业公司有权断水断电吗？

【案情介绍】

高某居住的某小区物业管理混乱，时常不是停水就是停电，冬季取暖时物业三天两头停止供暖，业主给物业打电话反映情况时，物业以新入住的小区配套设施正在完善为由。物业的这一解答引起很多业主不满，业主以此为由拒绝交纳物业费，物业公司因此断了业主的水电，他们有这个权利吗？

【评析】

物业公司和业主之间的关系是基于物业管理服务合同，相互间是平等的合同关系，业主支付物业管理费，而物业公司提供物业服务。物业公司与业主之间的物业服务合同与供用水、电合同是各自独立的，涉及不同的合同当事人。水电的供应和是否交纳物业费没有关系。供用水、电合同的对方当事人是自来水供应公司、电力公司，如果出现法定或约定的断水、断电情形，有权采取断水、断电措施的也只能是自来水、电力供应公司，物业公司不是供水、供电合同的当事人，无权擅自中断对业主的供水、供电。

本案中业主不交物业费，物业公司直接断水、断电的做法是不合理的。供水、供电服务是由供水公司或者电力公司直接向小区内的业主提供的，同时，业主有向相应公司交纳水、电费的义务；而物业公司作为业主委托的服务公司，其义务是对小区内的物业提供管理和服务，业主有向其支付物业费的义务。当业主不交纳物业服务费时，物业管理公司采取断水、断电的措施来迫使业主交纳物业服务费的行为是一种侵权行为，如果因物业管理公司擅自断水、断电的行为给业主造成损失的则要承担相应的法律责任。

【相关法条】

《物业管理条例》第七条　业主在物业管理活动中，履行下列义务：……（五）按时交纳物业服务费用。

《物业管理条例》第六十七条　违反物业服务合同约定，业主逾期不交纳物业服务费用的，业主委员会应当督促其限期交纳；逾期仍不交纳的，物业服务企业可以向人民法院起诉。

《〈物业管理条例〉实施细则》第七条　业主在物业管理活动中，履行下列义务：……（五）按时交纳物业服务费用。

《〈物业管理条例〉实施细则》第四十五条 物业管理区域内，供水、供电、供气、供热、通信、有线电视等单位应当向最终用户收取有关费用。物业管理企业接受委托代收前款费用的，不得向业主收取手续费等额外费用。

115. 物业公司要收取装修留下的建筑垃圾清理费，合理吗？

【案情介绍】

高某新入住了某小区，但堵在高某家单元门口的有一堆装修留下的建筑垃圾，该单元的住户要求物业公司及时清理。经协调，物业公司表示，将建筑垃圾清理可以，但要求每户交200元清运费，住户拒绝交纳该费用。请问，物业公司有权收费吗？

【评析】

装修所产生的建筑垃圾，在清运过程中属于有偿清运，业主需要自行清理，但是物业公司可以找清运队伍协助完成，相关清理费用由业主支付。委托物业公司处理的，清运收费按规定由业主与物业公司协商确定。本案例中物业公司清理建筑垃圾，无论垃圾来源是建筑公司遗留还是业主装修抛弃的，均不在物业公司的管理服务范围内，因此，物业公司有权要求业主交纳建筑垃圾的清理费。

【相关法条】

《城市建筑垃圾管理规定》第十一条 居民应当将装饰装修房屋过程中产生的建筑垃圾与生活垃圾分别收集，并堆放到指定地点。建筑垃圾中转站的设置应当方便居民。

装饰装修施工单位应当按照城市人民政府市容环境卫生主管部门的有关规定处置建筑垃圾。

《城市建筑垃圾管理规定》第十二条 施工单位应当及时清运工程施工过程中产生的建筑垃圾，并按照城市人民政府市容环境卫生主管部门的规定处置，防止污染环境。

116. 高楼遮挡私宅阳光，影响通风，业主有权要求赔偿吗？

【案情介绍】

邓某、金某、韩某、喇某、李某等28户居住在某小区多层单元楼内，楼南面新建造了一栋32层的楼房，由于两栋楼距离太近，该28户的光线被新建的大楼遮挡了。这28户虽多次以影响其通风、采光为由，要求建筑公司停建，并要求其赔偿损失。该建筑公司以建房审批手续齐全为由加以拒绝，业主有权要求该建筑公司停建和赔偿吗？

【评析】

相邻通风、采光、日照权是指不动产（主要是建筑物）的自然通风、采光和日照有不受相邻方建筑或其他设施影响的权利。一方在修建房屋等建筑物、种植树木以及在建筑物上附设其他装置时，应当注意与相邻的不动产（建筑物）保持适当的距离，以不影响相邻方的通风、日照及采光为标准。否则，相邻方有权要求排除妨害或赔偿损失。

本案中，尽管建筑公司的建房审批手续齐全，但这不应成为其侵犯邻居采光权的免责事由。因此原告住户有权要求对方停止侵害、排除妨碍并赔偿损失。一般需要当事人相互协商确定消除影响或者补偿的方案，协商不成的，可到人民法院起诉。

【相关法条】

《民法通则》第八十三条　不动产的相邻各方，应当按照有利生产、方便生活、团结互助、公平合理的精神，正确处理截水、排水、通行、通风、采光等方面的相邻关系。给相邻方造成妨碍或者损失的，应当停止侵害，排除妨碍，赔偿损失。

《物权法》第八十九条　建造建筑物，不得违反国家有关工程建设标准，妨碍相邻建筑物的通风、采光和日照。

《城镇个人建造住宅管理办法》第六条　城镇个人建造住宅，必须符合城市规划的要求，不得妨碍交通、消防、市容、环境卫生和毗邻建筑的采光、通风。

城镇个人建造住宅，必须经城市规划管理机关审查批准，发给建设许可证后，方可施工。

《建设部提高住宅设计质量和加强住宅设计管理的若干意见》第七条　住宅设计应重视室内外环境，满足住宅对采光、日照、隔声以及热工、卫生等方面的要求，提高居住的舒适度。

117. 噪声扰民，物业公司应否赔偿？

【案情介绍】

2013年11月，业主闫某夫妇入住自己购买的某市某小区商品房，发现楼上是家庭私房菜馆，经常发出噪声以及客人的饮酒声、歌舞声，他们根本无法正常休息与生活，尤其是夜里12点后还会传来划拳声。闵某多次向物业公司反映情况，物业公司也予以协调，但问题没有得到根本解决。闵某认为，长期的噪声干扰直接影响了其家人的正常休息，不满2周岁的孩子无法正常入睡，一家人的身心健康受到危害。因此，闵某向物业公司要求家庭私房菜馆停止对其的噪声干扰，并要求物业公司和楼上的家庭私房菜馆赔偿精神抚慰金2万元。

【评析】

根据《合同法》《物业管理条例》的规定，业主若按时交纳物业管理费，物业管理公司将保证业主有一个安全、卫生、舒适的生活环境，并保证业主的合法权益不受他人侵害；物业管理公司的行为如果违反了规定，将承担相应的法律责任，造成业主利益受损的，应承担赔偿责任。

本案中物业公司并未给闵某提供一个舒适的生活环境。物业公司虽然对家庭私房菜馆予以协调，但并未采取措施加以制止，反而使闵某受到侵权的事实处于持续状态，使闵某及家人的权益受到损害，物业管理公司应承担违约责任。同时，家庭私房菜馆对业主闵某的噪声污染侵权行为成立，受侵害业主闵某可以起诉侵权业主家庭私房菜馆，要求其停止侵害，赔偿损失（包括精神损害赔偿）。

【相关法条】

《物权法》第九十条　不动产权利人不得违反国家规定弃置固体废物，排放大气污染物、水污染物、噪声、光、电磁波辐射等有害物质。

《环境噪声污染防治法》第四十三条　经营中的文化娱乐场所，其经营管理者必须采取有效措施，使其边界噪声不超过国家规定的环境噪声排放标准。

《环境噪声污染防治法》第四十六条　使用家用电器、乐器或者进行其他家庭室内娱乐活动时，应当控制音量或者采取其他有效措施，避免对周围居民造成环境噪声污染。

《治安管理处罚法》第五十八条　违反关于社会生活噪声污染防治的法律规定，制造噪声干扰他人正常生活的，处警告；警告后不改正的，处二百元以上五百元以下罚款。

《〈物业管理条例〉实施细则》第四十六条　对物业管理区域内违反有关治安、环保、物业装饰装修和使用等方面法律、法规规定的行为，物业服务企业应当制止，并及时向有关行政管理部门报告。

有关行政管理部门在接到物业服务企业的报告后，应当依法对违法行为予以制止或者依法处理。

《合同法》第一百零七条　当事人一方不履行合同义务或者履行合同义务不符合约定的，应当承担继续履行、采取补救措施或者赔偿损失等违约责任。

118. 与开发商未达成购房协议，购房者能否要求返还支付的定金？

【案情介绍】

2015年6月，祁某与某房地产公司签订了《×商品房交纳定金合同》，合同规定祁某交纳5万元定金，祁某交纳了5万元。半年后，该房地产公司以房价上涨为由要求祁某再加付3万元定金。经过多次磋商，商品房预售合同仍未能签成。祁某要求开发商返还定金，遭到拒绝。

【评析】

房地产公司以房价上涨为由随意变更定金，要求祁某再加付3万元，而且房地产公司没有与祁某签订正式的商品房预售合同。同时，祁某已经履行了诚实磋商义务。本案中祁某和某房地产公司没有签订正式的商品房预售合同，只是交纳了5万元定金定下了房屋，现双方就合同条款不能协商一致，收取定金的开发商不履行约定义务的，祁某有权要求房地产公司退还定金，定金应当双倍返还。

【相关法条】

《审理商品房买卖合同纠纷案件司法解释》第四条　出卖人通过认购、订购、预订等方式向买受人收受定金作为订立商品房买卖合同担保的，如果因当事人一方原因未能订立商品房买卖合同，应当按照法律关于定金的规定处理；因不可归责于当事人双方的事由，导致商品房买卖合同未能订立的，出卖人应当将定金返还买受人。

《合同法》第一百一十五条　当事人可以依照《中华人民共和国担保法》约定一方向对方给付定金作为债权的担保。债务人履行债务后，定金应当抵作价款或者收回。给付定金的一方不履行约定的债务的，无权要求返还定金；收受定金的一方不履行约定的债务的，应当双倍返还定金。

《商品房销售管理办法》第二十二条　不符合商品房销售条件的，房地产开发企业不得销售商品房，不得向买受人收取任何预订款性质费用。

符合商品房销售条件的，房地产开发企业在订立商品房买卖合同之前向买受人收取预订款性质费用的，订立商品房买卖合同时，所收费用应当抵作房价款；当事人未能订立商品房买卖合同的，房地产开发企业应当向买受人返还所收费用；当事人之间另有约定的，从其约定。

119. 小区流浪狗咬伤业主，物业是否应担责？

【案情介绍】

白先生在小区内不慎被狗咬伤，并紧急赶到医院打了狂犬疫苗。由于这是一条流浪狗，找不到责任人，白先生觉得物业公司应该承担责任。

【评析】

根据《民法通则》第一百二十七条的相关规定，对于动物伤人，民法采取的是危险责任，属于无过错责任，这是由动物本身具有致害的潜在危险性决定的。所有对动物管理的人，都应有管理这个动物不得伤人的义务，只有尽到了没有伤人这个义务，才能推定动物饲养人或者管理人没有过错，没有责任。本案中，肇事的狗是流浪狗，它没有自己的主人，直接责任人应是流浪狗的原饲养人或管理人，作为小区的物业管理者，必然推定是它的管理人。

根据《关于审理人身损害赔偿案件司法解释》规定，"安全保障义务人有过错的，应当在其能够防止或者制止损害的范围内承担相应的补充赔偿责任"。物业公司对小区内出现的动物，如是小区业主的，物业公司应当及时通知业主进行管理；对于进入小区的流浪狗，物业公司应当采取有效措施防止意外发生，物业公司有义务驱逐小区内的流浪狗，并采取相应的安全措施，进而维护业主的人身安全。当小区流浪狗可能咬伤业主时，物业公司应当采取有效措施防止意外发生。

本案中，物业公司负有一定的安全防范义务，发现流浪狗后应及时驱逐或抓捕。因物业公司未能及时履行上述安全防范义务，致使白先生被流浪狗所伤，物业公司应承担一定的赔偿责任。

【相关法条】

《民法通则》第一百二十七条 饲养的动物造成他人损害的，动物饲养人或者管理人应当承担民事责任；由于受害人的过错造成损害的，动物饲养人或者管理人不承担民事责任；由于第三人的过错造成损害的，第三人应当承担民事责任。

《侵权责任法》第七十九条 未对动物采取安全措施造成他人损害的，动物饲养人或者管理人应当承担侵权责任。

《侵权责任法》第八十二条 遗弃、逃逸的动物在遗弃、逃逸期间造成他人损害的，由原动物饲养人或者管理人承担侵权责任。

《物业管理条例》第四十六条 物业服务企业应当协助做好物业管理区域内的安全防范工作。发生安全事故时，物业服务企业在采取应急措施的同时，应当及时向有关行政管理部门报告，协助做好救助工作。

物业服务企业雇请保安人员的，应当遵守国家有关规定。保安人员在维护物业管理区域内的公共秩序时，应当履行职责，不得侵害公民的合法权益。

120. 新房未入住，物业管理费和取暖费也得交？

【案情介绍】

张先生在某小区购买了一套住房，因住房与工作地点距离较远，张先生一直没有搬过去住，近日他接到该小区物业公司打来的电话，催他尽快交纳物业管理费和取暖费。张先生纳闷，新买的房子自己没有入住，也没有享受到物业的服务，为何还要交纳物业管理费和取暖费？

【评析】

交纳物业管理费是业主应承担的一项基本合同义务。物业管理费的构成包括垃圾清运费、保洁费、保安费、绿化费等，大部分是为全体业主公共部分的管理、共用设备设施维修而支出的费用，并非针对专门某个业主的服务。物业服务具有公众性，即使业主没有使用房屋，也不影响物业公司对整个小区提供物业服务工作。

本案中，张先生虽然未入住新买的房子，并不意味着就可以减少物业管理公司的物业管理服务的工作量，也不能减少维持园区所有建筑物共用部分的正常运行使用。张先生有义务交纳物业管理费和取暖费。但可根据实际情况与物业公司协商酌情减免物业管理费和取暖费。

【相关法条】

《关于审理物业服务纠纷案件司法解释》第六条 物业服务企业已经按照合同约定以及相关规定提供服务，业主仅以未享受或者无需接受相关物业服务为抗辩理由的，人民法院不予支持。

《物业管理条例》第四十一条 业主应当根据物业服务合同的约定交纳物业服务费用。业主与物业使用人约定由物业使用人交纳物业服务费用的，从其约定，业主负连带交纳责任。

已竣工但尚未出售或者尚未交给物业买受人的物业，物业服务费用由建设单位交纳。

121. 家中被盗，物业公司是否应承担责任？

【案情介绍】

刘先生家住一楼，楼外附带一个小花园。2015 年 7 月底刘先生一家人出门旅游，出门前特意把门窗都关好了。旅游回来之后发现家中被盗，家里的笔记本电脑及现金被小偷偷走了。刘先生发现后立刻报警，警方认为小偷是从他家一楼的花园撬窗进来的。刘先生在 2013 年入住该小区时就与该小区的物业公司签订了《物业管理服务合同》，合同上明确写着物业公司有责任维持小区内的公共秩序，做好小区治安、消防工作，建平安小区等，其中包括应在大门建值班岗，实行封闭式管理的约定。刘先生通过监控发现，他家被盗的那天刚好小区保安有事外出，物业没有对外来的车辆与人员进出进行登记。刘先生认为凡是进入小区的车辆和陌生人，小区保安都要登记。刘先生觉得自己交了物业管理费，物业公司对刘先生家中失窃负有责任。

【评析】

物业公司的民事义务包括法定义务和约定义务。法定义务是法律法规确定的物业公司的义务。约定义务是由物业公司与业主或物业使用人在物业服务合同中约定的义务。约定的义务在合同中标明。没有在合同中标明的义务属于物业范畴的，物业公司应负治理责任。物业公司假如在治理上有过错，需要承担赔偿责任，假如没有治理上的过错，不需要承担责任；对于不属于物业范畴的，如业主、物业使用人在自己家中不慎引起火灾造成的财物毁损、灭失，物业公司就不承担赔偿责任。

本案中物业公司对业主刘先生家的失窃是否承担责任？根据《物业管理条例》第三十六条的规定，物业管理企业应当按照物业服务合同的约定，提供相应的服务。因此，物业管理企业未能履行物业服务合同的约定，导致业主人身、财产安全受到损害的，应当依法承担相应的法律责任。因此，小区一旦发生失窃事件，判断物业公司是否应该担责，主要依据就是看物业公司与业主签订的物业服务合同中，物业公司与业主之间就维护小区公共秩序约定了怎样的职责和义务，采取怎样的防范措施，物业公司是否存在失职行为及其需要承担怎样的违约责任。本案中物业公司有失职行为，应承担责任。

【相关法条】

《物业管理条例》第三十五条　物业服务企业未能履行物业服务合同的约定，导致业主人身、财产安全受到损害的，应当依法承担相应的法律责任。

《物业管理条例》第四十七条　物业服务企业应当协助做好物业管理区域内的安全防范工作。发生安全事故时，物业服务企业在采取应急措施的同时，应当及时向有关行政管理部门报告，协助做好救助工作。

122. 高层住宅一楼的住户可以不交电梯费吗？

【案情介绍】

任女士认为自己住在一层，虽然楼内有电梯，但一层的业主享受不了电梯服务，拒绝交纳3年的电梯费。物业公司在她家门口张贴交纳电梯费的通知讨要欠费，任女士认为电梯对一层业主来说不具备使用条件，也就不会产生电梯费，所以无须交纳不合理的电梯费。

【评析】

电梯作为建筑物的共有部分，每个业主对其享有权利，同时也承担义务，一楼的业主不得以在日常生活中不使用电梯为理由，不交纳电梯费用，即"不得以放弃权利不履行义务"。物业服务企业的服务是面向全体业主的。如果物业服务企业对个别业主的意见进行迁就，对一楼业主的电梯费用进行免除，那么就损害了其他业主的合法权益，损害了公众利益。一楼业主要交纳电梯费，这是由公共服务的特点决定的。

本案中任女士作为一楼的业主，是否应该交纳电梯运行维护费，首先要看任女士签署的业主公约和物业管理合同中对这个问题是否进行了约定。如果在业主公约中已明确写明首层业主不必交纳电梯费，那么物业管理公司向她收取电梯费时，任女士可以拒绝。但是如果业主公约和物业管理合同中没有对该问题进行约定，电梯费属于物业管理收费的范围，首层业主应当交纳电梯运行维护费。

【相关法条】

《物权法》第七十条　业主对建筑物内的住宅、经营性用房等专有部分享有所有权，对专有部分以外的共有部分享有共有和共同管理的权利。

《物权法》第七十二条　业主对建筑物专有部分以外的共有部分，享有权利，承担义务；不得以放弃权利不履行义务。

劳动保护篇 ◀ 让我们做自己
的法律顾问

第六章　职场中未知的风险

在职场中，每个人有不同的角色和分工。职场中有困惑、无奈和纷争，也有梦想、拼搏与成功，五味杂陈、多姿多彩，需要我们去深思和体悟。职场中有许许多多的事一不小心就会触碰法律的底线，可能遇到的一些事将使你放弃你拥有的，或要面对未知的风险。法律上的那些事，你懂吗？本章对劳动就业领域出现的疑难问题作了归纳：劳动者与用人单位是否存在劳动关系？如何让劳动者明了劳动合同的签订、变更、续签、解除、终止？劳动者如何索要经济补偿金和损害赔偿金？用人单位随意制定违约金合理吗？劳动者在法定节假日加班用人单位应支付多少工资？劳动者在休假、社会保险等方面享有哪些权利？本章通过对案件的分析，把具体的劳动就业纠纷和相关法律规定融为一体，让读者既能理解现行法律的规定，又能够运用法律解决自己的实际问题。

123. 试用期到底有多长？

【案情介绍】

赵小姐于 2013 年 9 月 8 日进入一家医药公司，从事销售助理的工作。该公司与其签订两年的劳动合同并约定 2013 年 9 月 8 日至 2014 年 5 月 8 日期间为试用期，工资每月 4 000 元，公司与赵小姐规定试用期内不能随意跳槽。2014 年 5 月赵小姐因考取硕士研究生，她想辞职准备复试。公司以试用期内不得辞职为由加以拒绝。赵小姐不明白，试用期到底有多长？

【评析】

试用期是指用人单位和劳动者为相互了解、选择而约定的不超过 6 个月的考察期。试用期包括在劳动合同期限之中，约定试用期最长不得超过 6 个月。我国《劳动合同法》规定劳动合同中可以约定试用期，试用期最长不得超过 6 个月。本案中赵小姐与公司签订了两年的劳动合同，试用期为 8 个月，用人单位约定试用期的做法是不合法的。试用期不符合《劳动合同法》第十九条规定。赵小姐提前三日书面通知用人单位自己要辞职，即可解除劳动合同。

【相关法条】

《劳动合同法》第十九条 劳动合同期限三个月以上不满一年的，试用期不得超过一个月；劳动合同期限一年以上不满三年的，试用期不得超过二个月；三年以上固定期限和无固定期限的劳动合同，试用期不得超过六个月。

同一用人单位与同一劳动者只能约定一次试用期。

以完成一定工作任务为期限的劳动合同或者劳动合同期限不满三个月的，不得约定试用期。

试用期包含在劳动合同期限内。劳动合同仅约定试用期的，试用期不成立，该期限为劳动合同期限。

《劳动合同法》第三十七条 劳动者在试用期内提前三日通知用人单位，可以解除劳动合同。

124. 试用期内如被公司调岗，还要重新设置试用期吗？

【案情介绍】

郝某刚应聘到一家超市当收银员，她还在试用期内时因人事变动被调岗到财务处工作，在调岗中超市重新给她设置了试用期，郝某不情愿，但担心被解雇。

【评析】

如果在试用期内调整了工作岗位，之前已经履行的试用期有效，只要继续履行剩余的试用期即可。调换工作岗位不能重新设立试用期。本案中超市不能给郝某重新设置试用期。

【相关法条】

《劳动合同法》第十九条 同一用人单位与同一劳动者只能约定一次试用期。

125. 试用期内公司能随意解除劳动合同吗？

【案情介绍】

刘先生经面试被一家公司录用。经双方协商，公司与刘先生签订了为期3年的劳动合同，其中约定试用期为3个月。然而，劳动合同履行不到2个月，这家公司因经营战略调整决定裁员，包括刘先生在内的许多公司新进人员，均被列入了裁员名单。

当公司正式将裁员决定通知刘先生时，刘先生提出，公司应补偿他1个月的工资，理由是公司的裁员事前没有向全体职工说明情况，也没有听取工会的意见，是违法裁员。对于刘先生的要求，公司当场予以拒绝，认为公司在试用期有权随时解除劳动合同，且无须支付补偿金。

【评析】

用人单位可解除劳动合同的条件是"必须举证证明劳动者在试用期间不符合录用条件"。用人单位在试用期解除劳动合同的，应当向劳动者说明理由。如果用人单位没有证据证明劳动者在试用期间不符合录用条件，就不能解除劳动合同。用人单位若单方提出解除合同，或者因企业本身经济性裁员等重大变动而辞退试用期员工，用人单位需要提前三十日以书面形式通知劳动者本人或者额外支付劳动者一个月工资，方可解除劳动合同。

本案中公司在试用期无理由辞退刘先生属于违法解除，且公司的裁员和程序也不符合法律规定的情形。公司应对刘先生支付双倍的经济补偿金作为赔偿。

【相关法条】

《劳动合同法》第二十一条　在试用期中，除劳动者有本法第三十九条和第四十条第一项、第二项规定的情形外，用人单位不得解除劳动合同。用人单位在试用期解除劳动合同的，应当向劳动者说明理由。

《劳动合同法》第三十九条　劳动者有下列情形之一的，用人单位可以解除劳动合同：

（一）在试用期间被证明不符合录用条件的；

（二）严重违反用人单位的规章制度的；

（三）严重失职，营私舞弊，给用人单位造成重大损害的；

（四）劳动者同时与其他用人单位建立劳动关系，对完成本单位的工作任务造成严重影响，或者经用人单位提出，拒不改正的；

（五）因本法第二十六条第一款第一项规定的情形致使劳动合同无效的；

（六）被依法追究刑事责任的。

《劳动合同法》第四十一条　有下列情形之一，需要裁减人员二十人以上或者裁减不足二十人但占企业职工总数百分之十以上的，用人单位提前三十日向工会或者全体职工说明情况，听取工会或者职工的意见后，裁减人员方案经向劳动行政部门报告，可以裁减人员：

（一）依照企业破产法规定进行重整的；

（二）生产经营发生严重困难的；

（三）企业转产、重大技术革新或者经营方式调整，经变更劳动合同后，仍须裁减人员的；

（四）其他因劳动合同订立时所依据的客观经济情况发生重大变化，致使劳动合同无法履行的。

裁减人员时，应当优先留用下列人员：

（一）与本单位订立较长期限的固定期限劳动合同的；

（二）与本单位订立无固定期限劳动合同的；

（三）家庭无其他就业人员，有需要扶养的老人或者未成年人的。

用人单位依照本条第一款规定裁减人员，在六个月内重新招用人员的，应当通知被裁减的人员，并在同等条件下优先招用被裁减的人员。

《劳动合同法》第四十六条　有下列情形之一的，用人单位应当向劳动者支付经济补偿：

（一）劳动者依照本法第三十八条规定解除劳动合同的；

（二）用人单位依照本法第三十六条规定向劳动者提出解除劳动合同并与劳动者协商一致解除劳动合同的；

（三）用人单位依照本法第四十条规定解除劳动合同的；

（四）用人单位依照本法第四十一条第一款规定解除劳动合同的；

（五）除用人单位维持或者提高劳动合同约定条件续订劳动合同，劳动者不同意续订的情形外，依照本法第四十四条第一项规定终止固定期限劳动合同的；

（六）依照本法第四十四条第四项、第五项规定终止劳动合同的；

（七）法律、行政法规规定的其他情形。

《劳动合同法》第四十七条　经济补偿按劳动者在本单位工作的年限，每满一年支付一个月工资的标准向劳动者支付。六个月以上不满一年的，按一年计算；不满六个月的，向劳动者支付半个月工资的经济补偿。

劳动者月工资高于用人单位所在直辖市、设区的市级人民政府公布的本地区上年度职工月平均工资三倍的，向其支付经济补偿的标准按职工月平均工资三倍的数额支付，向其支付经济补偿的年限最高不超过十二年。

本条所称月工资是指劳动者在劳动合同解除或者终止前十二个月的平均工资。

《劳动合同法》第八十七条　用人单位违反本法规定解除或者终止劳动合同的，应当依照本法第四十七条规定的经济补偿标准的二倍向劳动者支付赔偿金。

126. 试用期辞职无须给用人单位打招呼？辞职后能拿到试用期的工资吗？

【案情介绍】

曹某在某私立幼儿园做保育员的工作，她与幼儿园签订了一年的劳动合同，约定试用期2个月，在试用期内曹某因盛饭时不小心打碎了一只碗而受到园长的冷眼，曹某想不辞而别，但她又担心得不到试用期的工资。

【评析】

试用期内辞职的，劳动者需要提前三天通知用人单位。三天后如果用人单位不批准，可以自行离职，不打招呼直接走人是不合法的。本案中曹某在试用期内辞职的，应该在办理离职手续、解除劳动关系时结清工资。

【相关法条】

《劳动合同法》第三十条　劳动者提前三十日以书面形式通知用人单位，可以解除劳动合同。劳动者在试用期内提前三日通知用人单位，可以解除劳动合同。

《工资支付暂行规定》第九条　劳动关系双方依法解除或终止劳动合同时，用人单位应在解除或终止劳动合同时一次付清劳动者工资。

《劳动合同法》第十七条　劳动合同除前款规定的必备条款外，用人单位与劳动者可以约定试用期、培训、保守秘密、补充保险和福利待遇等其他事项。

《劳动合同法》第十九条　试用期包含在劳动合同期限内。劳动合同仅约定试用期的，试用期不成立，该期限为劳动合同期限。

127. 民办非企业单位不适用《劳动合同法》？

【案情介绍】

民办幼儿园的徐老师与某幼儿园因工资问题发生纠纷，徐老师与幼儿园的负责人协商多次索要工资未果，徐老师想知道她与民办幼儿园发生纠纷，属于《劳动合同法》争议的受案范围吗？

【评析】

根据我国《企业劳动争议处理条例》规定，因开除、除名、辞退和辞职、自动离职发生的纠纷和因执行国家有关工资、保险、福利等规定发生纠纷的属劳动争议仲裁的范围。《劳动合同法》第二条规定"中华人民共和国境内的企业、个体经济组织、民办非企业单位等组织（以下称用人单位）与劳动者建立劳动关系，订立、履行、变更、解除或者终止劳动合同，适用本法。"民办非企业单位是《劳动合同法》增加的适用范围，已经明确被列入《劳动合同法》调整的范围。因此，徐老师被幼儿园扣发工资或辞退的争议，应属劳动合同法争议的受案范围。如果徐老师申诉，劳动争议仲裁委员应当受理。

【相关法条】

《劳动合同法》第二条　中华人民共和国境内的企业、个体经济组织、民办非企业单位等组织（以下称用人单位）与劳动者建立劳动关系，订立、履行、变更、解除或者终止劳动合同，适用本法。

《劳动争议调解仲裁法》第二条　中华人民共和国境内的用人单位与劳动者发生的下列劳动争议，适用本法：

（一）因确认劳动关系发生的争议；

（二）因订立、履行、变更、解除和终止劳动合同发生的争议；

（三）因除名、辞退和辞职、离职发生的争议；

（四）因工作时间、休息休假、社会保险、福利、培训以及劳动保护发生的争议；

（五）因劳动报酬、工伤医疗费、经济补偿或者赔偿金等发生的争议；

（六）法律、法规规定的其他劳动争议。

《劳动争议调解仲裁法》第九条　用人单位违反国家规定，拖欠或者未足额支付劳动报酬，或者拖欠工伤医疗费、经济补偿或者赔偿金的，劳动者可以向劳动行政部门投诉，劳动行政部门应当依法处理。

128. 没有签订劳动合同，如何认定劳动关系？

【案情介绍】

张女士在省会城市某旅行社做行政工作一年了，她与旅行社口头约定月工资是4 800元，旅行社未与她签订劳动合同，也未为她买养老保险。随后的一年里旅行社累计只给她支付了8 000元工资，后几个月里再没有支付一分钱。张女士与旅行社发生工资纠纷，要求劳动仲裁。但劳动仲裁要张女士先确立她与这家旅行社的劳动关系。张女士想弄明白如何才能确定她与该旅行社的劳动关系呢？

【评析】

本案中张女士虽未与该旅行社签订劳动合同，但她可以以工资支付凭证或记录（职工工资发放花名册），缴纳各项社会保险费的记录，用人单位向劳动者发放的"工作证""服务证"等能够证明身份的证件，劳动者填写的用人单位招工招聘的"登记表""报名表"等招用记录、考勤记录，其他劳动者的证言等作为凭证，证明她与旅行社之间存在劳动关系。

【相关法条】

《劳动合同法》第十条　已建立劳动关系，未同时订立书面劳动合同的，应当自用工之日起一个月内订立书面劳动合同。

《关于确立劳动关系有关事项的通知》（劳社部发〔2005〕12号）用人单位未与劳动者签订劳动合同，认定双方存在劳动关系时可参照下列凭证：

（一）工资支付凭证或记录（职工工资发放花名册）、缴纳各项社会保险费的记录；

（二）用人单位向劳动者发放的"工作证""服务证"等能够证明身份的证件；

（三）劳动者填写的用人单位招工招聘"登记表""报名表"等招用记录；

（四）考勤记录；

（五）其他劳动者的证言等。

其中（一）（三）（四）项的有关凭证由用人单位负举证责任。

129.《劳动合同法》适用于事业单位吗？

【案情介绍】

蒋女士是某事业单位的会计，系编制外的聘用制工作人员。2015年，她在该单位工作了15年零3个月，单位管人事的工作人员通知蒋女士办理离岗手续，下个月不再续聘。蒋女士要求单位续聘或支付补偿金，单位不同意。蒋女士可否申请劳动仲裁？

【评析】

蒋女士在某事业单位连续工作10年以上，单位应该与她签订无固定期限劳动合同，不得随意解雇她，若要辞退须经本人同意。该事业单位辞退蒋女士的行为实际是一种违约行为，侵害了她的合法权益，按《劳动合同法》的规定，该事业单位需要承担蒋女士的每工作一年补偿一个月工资（不满一年按一年计算）的经济补偿责任。蒋女士可申请仲裁委员会仲裁，对仲裁不服的，15 日内可提起诉讼。

【相关法条】

《劳动合同法》第二条　中华人民共和国境内的企业、个体经济组织、民办非企业单位等组织（以下称用人单位）与劳动者建立劳动关系，订立、履行、变更、解除或者终止劳动合同，适用本法。

国家机关、事业单位、社会团体和与其建立劳动关系的劳动者，订立、履行、变更、解除或者终止劳动合同，依照本法执行。

130. 用人单位拖欠工资怎么办?

【案情介绍】

刘某大专毕业后进入一家广告公司策划部工作，与广告公司签订了一份为期 2 年的劳动合同，并约定刘某每月工资为 3 500 元。前 7 个月，公司均按约定向刘某支付工资，随后的几个月，公司没有发放工资。经询问得知，公司最近资金周转状况不好，没钱发工资。刘某找到公司领导索要工资，领导表示公司目前经营不善，只能发前几个月的工资，后几个月的工资没钱发放。刘某自己经济并不宽裕，他有些无奈，不知道该怎么办。

【评析】

根据法律规定，用人单位无故拖欠工资而侵害劳动者合法权益的，劳动监察部门可责令用人单位支付。用人单位逾期仍不支付，将会受到惩罚，即按应付金额的 50% ~ 100% 向劳动者支付赔偿金。本案中刘某可以向当地劳动监察大队投诉，劳动监察大队可以责令公司限期支付，如果不予支付的话，刘某除了可以要求公司支付拖欠工资外，还可以要求拖欠工资金额 50% ~ 100% 的赔偿。当然，基于广告公司的过错在先，没有及时足额发放劳动报酬，刘某可以与广告公司主动解除劳动关系，并索要解除合同的经济补偿金。

【相关法条】

《劳动合同法》第三十八条　用人单位有下列情形之一的，劳动者可以解除劳动合同：……（二）未及时足额支付劳动报酬的。

《劳动合同法》第八十五条　用人单位有下列情形之一的，由劳动行政部门责令限期支付劳动报酬、加班费或者经济补偿；劳动报酬低于当地最低工资标准的，应当支付其差额部分；逾期不支付的，责令用人单位按应付金额百分之五十以上百分之一百以下的标准向劳动者加付赔偿金：

（一）未按照劳动合同的约定或者国家规定及时足额支付劳动者劳动报酬的；

（二）低于当地最低工资标准支付劳动者工资的；

（三）安排加班不支付加班费的；

（四）解除或者终止劳动合同，未依照本法规定向劳动者支付经济补偿的。

131. 劳动者提供虚假证件，用人单位与其签订的劳动合同无效？用人单位可否取回发放的工资？

【案情介绍】

梁某在与某设计院建立劳动关系时，虚构应聘岗位所必需的专业教育、工作履历等信息，使设计院误认为其符合职位要求而聘用梁某，误导用人单位在违背真实意思的情况下与其建立劳动关系，后设计院发现梁某在工作中屡次出错，因而对梁某予以解聘。设计院向法院起诉请求判令梁某返还设计院发放的工资2万元。

【评析】

梁某为了取得职位，伪造了相关学历和虚构工作简历，导致设计院在违背真实意图的情况下与其建立了劳动合同关系，梁某的行为已经构成欺诈。梁某与设计院之间形成的劳动关系无效。但梁某已经在设计院工作了一段时间，设计院也对梁某支付了相应的劳动报酬，因此，梁某在设计院已获得的劳动报酬无须返还。

【相关法条】

《劳动合同法》第八条　用人单位有权了解劳动者与劳动合同直接相关的基本情况，劳动者应当如实说明。

《劳动合同法》第二十六条　下列劳动合同无效或者部分无效：

（一）以欺诈、胁迫的手段或者乘人之危，使对方在违背真实意思的情况下订立或者变更劳动合同的；

（二）用人单位免除自己的法定责任、排除劳动者权利的；

（三）违反法律、行政法规强制性规定的。

对劳动合同的无效或者部分无效有争议的，由劳动争议仲裁机构或者人民法院确认。

《劳动合同法》第二十七条　劳动合同部分无效，不影响其他部分效力的，其他部分仍然有效。

《劳动合同法》第二十八条　劳动合同被确认无效，劳动者已付出劳动的，用人单位应当向劳动者支付劳动报酬。劳动报酬的数额，参照本单位相同或者相近岗位劳动者的劳动报酬确定。

132. 用人单位可否向劳动者收取押金、扣押证件？

【案情介绍】

小李在应聘某家政服务公司的搬运工时被收取了 500 元押金，身份证也被公司扣押着，小李需要用的时候必须找经理签字，用完必须及时"归还"。小李向家政服务公司提出离职申请和取回 500 元押金时，家政服务公司因人手紧缺，未批准小李的离职申请，同时公司拒绝返还 500 元的押金并拒绝发放扣押了的小李身份证，小李一时陷入无法回家的困境。

【评析】

居民身份证系持有人的个人证件，仅能由证件持有人自己持有、保管和使用，其他单位或个人不得私自扣押、借用。家政服务公司私自收缴员工的身份证件，已经违法。同时，家政服务公司收取小李的押金也系违法行为，小李可以通过仲裁、诉讼等方式维权。在小李提出离职后，该公司扣押身份证件拒绝发放，违反了《劳动合同法》的相关规定。小李不仅可以要求其返还身份证件，还可以要求赔偿相应损失。

【相关法条】

《劳动合同法》第九条　用人单位招用劳动者，不得扣押劳动者的居民身份证和其他证件，不得要求劳动者提供担保或者以其他名义向劳动者收取财物。

《劳动合同法》第八十四条　用人单位违反本法规定，扣押劳动者居民身份证等证件的，由劳动行政部门责令限期退还劳动者本人，并依照有关法律规定给予处罚。

用人单位违反本法规定，以担保或者其他名义向劳动者收取财物的，由劳动行政部门责令限期退还劳动者本人，并以每人五百元以上二千元以下的标准处以罚款；给劳动者造成损害的，应当承担赔偿责任。

133. 事业单位临时工退休有退休金吗？

【案情介绍】

李女士在某大学的后勤部门做临时合同工已10余年了。因是临时工，学校一直没有与李女士签订劳动合同，也未为其购买社会保险。现在李女士已快到退休的年龄，李女士想了解一下有什么办法能让她后半生的生活得到保障。李女士能否要求校方为其缴纳社会保险？

【评析】

单位的临时工应按照《社会保险法》的规定参加社会保险，如果没有参加养老保险，退休后任何社保待遇都享受不到。

本案中李女士可以凭相关能证明她在该单位有事实劳动关系的材料到当地劳动监察部门举报投诉，或申请劳动仲裁维权，要求支付经济补偿金，补交养老保险。

【相关法条】

《劳动法》第七十条　国家发展社会保险事业，建立社会保险制度，设立社会保险基金，使劳动者在年老、患病、工伤、失业、生育等情况下获得帮助和补偿。

《劳动法》第七十二条　社会保险基金按照保险类型确定资金来源，逐步实行社会统筹。用人单位和劳动者必须依法参加社会保险，缴纳社会保险费。

《劳动法》第七十三条　劳动者在下列情形下，依法享受社会保险待遇：

（一）退休；

（二）患病、负伤；

（三）因工伤残或者患职业病；

（四）失业；

（五）生育。

《社会保险费征缴暂行条例》第十三条　缴费单位未按规定缴纳和代扣代缴社会保险费的，由劳动保险行政部门或者税务机关责令限期缴纳；逾期仍不缴纳的，除补缴欠缴数额外，从欠缴之日起，按日加收千分之二的滞纳金。滞纳金并入社会保险基金。

134. 聘用超过法定退休年龄的临时工，还要办理养老保险吗？

【案情介绍】

金大妈来自农村，60 岁时到某单位做了一名清洁工，但是单位从没有给她缴纳养老保险，金大妈要求单位缴纳养老保险，但单位以她已经享受新农村养老保险待遇为由，拒绝为她缴纳。单位的做法有无道理？

【评析】

超过退休年龄的劳动者，已经不具备用工主体资格，无论是受雇于事业单位，还是企业单位，无论订立的合同叫什么名称，都不再是劳动关系，不受劳动法的调整，法律不再要求为其缴纳社会保险费。用人单位招用达到退休年龄的劳动者，属于雇佣合同关系，受《民法通则》和《合同法》的调整，按双方约定履行权利与义务。

本案中金大妈进入某单位工作，已经开始享受农村养老保险，她与单位间不构成劳动关系，而是劳务关系。因此，单位拒绝为她缴纳养老保险是合法的。

【相关法条】

《劳动合同法》第四十四条第二项　有下列情形之一的，劳动合同终止：……（二）劳动者开始依法享受基本养老保险待遇的。

《劳动合同法实施条例》第二十一条　劳动者达到法定退休年龄的，劳动合同终止。

《劳动争议案件司法解释（三）》第七条　用人单位与其招用的已经依法享受养老保险待遇或领取退休金的人员发生用工争议，向人民法院提起诉讼的，人民法院应当按劳务关系处理。

135. 单位能不能任意定违约金？

【案情介绍】

孙先生进入一家餐饮公司任副总经理，并与该公司签订了 3 年的劳动合同。一年后他提出辞职，却被告知没有工作到合同约定时间的要先向公司支付违约金 6 000 元。但所签的劳动合同没有此项违约金条款，也没有必须工作满约定时间的条款。

【评析】

用人单位对劳动者进行专业技术培训的，可在合同中约定服务期，劳动者如违反该规定须支付违约金；用人单位与劳动者可以在劳动合同中约定，劳动者须保守用人单位的商业秘密和与知识产权相关的保密事项，劳动者违反竞业限制约定的则须向用人单位支付违约金。

本案中餐饮公司未对孙先生提供任何技术培训，也未在合同中约定服务期内孙先生如违反公司的规定需要支付违约金，所以，该案中孙先生无须向公司支付违约金。

【相关法条】

《劳动合同法》第二十五条 除本法第二十二条和第二十三条规定的情形外，用人单位不得与劳动者约定由劳动者承担违约金。

《劳动合同法》第二十二条 用人单位为劳动者提供专项培训费用，对其进行专业技术培训的，可以与该劳动者订立协议，约定服务期。

劳动者违反服务期约定的，应当按照约定向用人单位支付违约金。违约金的数额不得超过用人单位提供的培训费用。用人单位要求劳动者支付的违约金不得超过服务期尚未履行部分所应分摊的培训费用。

用人单位与劳动者约定服务期的，不影响按照正常的工资调整机制提高劳动者在服务期期间的劳动报酬。

《劳动合同法》第二十三条 用人单位与劳动者可以在劳动合同中约定保守用人单位的商业秘密和与知识产权相关的保密事项。

对负有保密义务的劳动者，用人单位可以在劳动合同或者保密协议中与劳动者约定竞业限制条款，并约定在解除或者终止劳动合同后，在竞业限制期限内按月给予劳动者经济补偿。劳动者违反竞业限制约定的，应当按照约定向用人单位支付违约金。

136. 合同没到期，但劳动者因不能胜任工作提出辞职需要赔偿用人单位吗？

【案情介绍】

郑女士应聘到一家幼儿园工作，合同期限为1年，试用期3个月。工作2个月后，郑女士发觉自己不适合这份工作，想与用人单位解除劳动合同。但合同约定，郑女士须工作满1年。郑女士辞职需要赔偿用人单位吗？

【评析】

劳动者在试用期内提前三日通知用人单位，可以解除劳动合同。郑女士因不能胜任工作提出辞职的，不需要向幼儿园支付经济补偿金。用人单位应当按时足额支付劳动报酬，为郑女士办理相应的离职手续。

【相关法条】

《劳动合同法》第三十七条　劳动者在试用期内提前三日通知用人单位，可以解除劳动合同。

《劳动合同法》第四十条　有下列情形之一的，用人单位提前三十日以书面形式通知劳动者本人或者额外支付劳动者一个月工资后，可以解除劳动合同：……（二）劳动者不能胜任工作，经过培训或者调整工作岗位，仍不能胜任工作的……

137. 试用期内用人单位能不能以工作能力不够为由辞退员工？

【案情介绍】

2013年7月，小史在某装修公司找到一份工作，签了1年的劳动合同，试用期3个月，离试用期结束还有1个月时，老板以完不成工作定额指标为由将其辞退。小史提出异议，说在当初的录用条件里并没有规定要完成工作定额指标。老板说试用期内，想叫你走人，你就得走人。老板可以在试用期内随意解雇员工吗？是否应给予员工经济补偿呢？

【评析】

在试用期内，只有当劳动者具有《劳动合同法》第三十九条规定的事由时，用人单位才可以辞退劳动者。在试用期内用人单位解雇员工的条件和程序都相对简单，只要员工不符合录用条件，用人单位一经证实后，就可以解除劳动合同，既无须提前通知，也不必给予经济补偿。

本案中用人单位在录用条件里没有规定工作定额指标，无法证明小史不符合录用条件，所以，用人单位不能以此理由解除劳动合同。用人单位违法解除劳动合同的，需要向小史支付赔偿金。

【相关法条】

《劳动合同法》第三十九条　劳动者有下列情形之一的，用人单位可以解除劳动合同：

（一）在试用期间被证明不符合录用条件的；

（二）严重违反用人单位的规章制度的；

（三）严重失职，营私舞弊，给用人单位造成重大损害的；

（四）劳动者同时与其他用人单位建立劳动关系，对完成本单位的工作任务造成严重影响，或者经用人单位提出，拒不改正的；

（五）因本法第二十六条第一款第一项规定的情形致使劳动合同无效的；

（六）被依法追究刑事责任的。

《劳动合同法》第四十八条　用人单位违反本法规定解除或者终止劳动合同，劳动者要求继续履行劳动合同的，用人单位应当继续履行；劳动者不要求继续履行劳动合同或者劳动合同已经不能继续履行的，用人单位应当依照本法第八十七条规定支付赔偿金。

《劳动合同法》第四十七条　经济补偿按劳动者在本单位工作的年限，每满一年支付一个月工资的标准向劳动者支付。六个月以上不满一年的，按一年计算；不满六个月的，向劳动者支付半个月工资的经济补偿。

《劳动合同法》第八十七条　用人单位违反本法规定解除或者终止劳动合同的，应当依照本法第四十七条规定的经济补偿标准的二倍向劳动者支付赔偿金。

138. 用人单位不缴社保，劳动者可以随时走人吗？

【案情介绍】

张某在一家公司从事空调安装工作将近一年，公司未跟他签订劳动合同，也没给他购买社会保险，现在张某想拿到工资后直接走人，他可以随时走人吗？

【评析】

用人单位没有给劳动者缴社会保险，劳动者可以按照《劳动合同法》第三十八条规定立即解除劳动合同，无须事先告知用人单位，并要求用人单位支付补偿金和补缴社保。本案中如张某与公司调解不成可以去劳动局申请劳动仲裁，对仲裁结果不满意的话还可以向人民法院提起诉讼。

【相关法条】

《劳动合同法》第三十八条　用人单位有下列情形之一的，劳动者可以解除劳动合同：

（一）未按照劳动合同约定提供劳动保护或者劳动条件的；

（二）未及时足额支付劳动报酬的；

（三）未依法为劳动者缴纳社会保险费的；

（四）用人单位的规章制度违反法律、法规的规定，损害劳动者权益的；

……

139. 用人单位能否将社会保险费折合成现金方式发给劳动者？

【案情介绍】

某广告公司有 5 名员工，广告公司老总嫌办社会保险太麻烦，就跟员工说把社会保险里公司负担的部分折合成现金，每个月加在工资里发给员工。员工要想办理社会保险，可以申请缴纳自由职业的社保。用人单位能把员工的社会保险折合成现金实发下去吗？

【评析】

社会保险是保障职工在丧失劳动能力和失业时的基本生活而设立的一种保障制度。它是在劳动者退休、生病医疗、失业期间所享受的一种国家规定的福利待遇，属于职工在特殊情况下的一种权益保障。根据《社会保险法》第六十条的规定，用人单位应当自行申报、按时足额缴纳社会保险费，非因不可抗力等法定事由不得缓缴、减免。职工应当缴纳的社会保险费由用人单位代扣代缴，用人单位应当按月将缴纳社会保险费的明细情况告知本人。《社会保险费征缴暂行条例》第十二条，缴费单位和缴费个人应当以货币形式全额缴纳社会保险费。缴费个人应当缴纳的社会保险费，由所在单位从其本人工资中代扣代缴。社会保险费不得减免。

本案中用人单位将社会保险费折合成现金方式发给给劳动者，逃避了社会统筹和个人账户的建立，将养老责任移交给社会，这种行为实际上是违背了社会保险制度的设立目的，是不合法的，国家不能免除其法定的缴费义务。因此，法律对这种行为明令禁止。用人单位不能将社会保险费以现金方式支付给劳动者。用人单位即使将社会保险费支付给劳动者个人，用人单位仍逃脱不了代为缴纳社会保险费的应尽义务。用人单位不可以把职工的社会保险费用折合成现金发给职工。

【相关法条】

《社会保险法》第五十八条　用人单位应当自用工之日起三十日内为其职工向社会保险经办机构申请办理社会保险登记。

《社会保险法》第六十条　用人单位应当自行申报、按时足额缴纳社会保险费，非因不可抗力等法定事由不得缓缴、减免。职工应当缴纳的社会保险费由用人单位代扣代缴，用人单位应当按月将缴纳社会保险费的明细情况告知本人。

《社会保险费征缴暂行条例》第十二条　缴费单位和缴费个人应当以货币形式全额缴纳社会保险费。缴费个人应当缴纳的社会保险费，由所在单位从其本人工资中代扣代缴。社会保险费不得减免。

《社会保险费征缴暂行条例》第十三条　缴费单位未按规定缴纳和代扣代缴社会保险费的，由劳动保障行政部门或者税务机关责令限期缴纳；逾期仍不缴纳的，除补缴欠缴数额外，从欠缴之日起，按日加收千分之二的滞纳金。滞纳金并入社会保险基金。

《劳动法》第七十条　国家发展社会保险事业，建立社会保险制度，设立社会保险基金，使劳动者在年老、患病、工伤、失业、生育等情况下获得帮助和补偿。

140. 大学生实习期间签订合同，在合同期内要辞职，用人单位能否让其支付违约金？

【案情介绍】

即将从某职业学院毕业的学生辛某在实习期间与某建筑公司签订了合同，因辛某是大四即将要毕业的学生，学校里有很多事情需要处理，在合同期内辛某想辞职。但是该建筑公司不允许辛某辞职，表示辛某如要辞职，必须支付违约金。辛某该怎么办？

【评析】

大学生在实习期间属于在校学生，尚不具备劳动法律关系所必需的主体要件，故辛某与建筑公司之间的关系不属于劳动关系，应为劳务关系，不适用劳动法律法规进行调整。双方签订的劳动合同在实习期间效力上亦是无效的，应按照无效劳动合同处理双方之间的权利义务关系。本案在法律性质上属于民事争议，只能通过人民法院解决。

劳动者向用人单位支付违约金的情况只有两种，第一，用人单位对劳动者进行了专项、专业的技术培训，因此约定了服务期而劳动者没有履行完服务期的；第二，劳动者跟用人单位签订了竞业限制条款而劳动者违反的。除去以上两种情况，劳动者不用向用人单位支付任何违约金。

本案中该建筑公司未给辛某提供专项培训，也没有与辛某约定服务期，不存在违约金，辛某提前结束实习，建筑公司不应该让其支付违约金。

【相关法条】

《劳动合同法》第二十二条　用人单位为劳动者提供专项培训费用，对其进行专业技术培训的，可以与该劳动者订立协议，约定服务期。

劳动者违反服务期约定的，应当按照约定向用人单位支付违约金。违约金的数额不得超过用人单位提供的培训费用。用人单位要求劳动者支付的违约金不得超过服务期尚未履行部分所应分摊的培训费用。

用人单位与劳动者约定服务期的，不影响按照正常的工资调整机制提高劳动者在服务期期间的劳动报酬。

141. 员工离职时单位私自扣押养老保险卡，员工应该怎么办？

【案情介绍】

姜女士在市中心某商场做市场部经理多年，因她负责管理的二楼拐角处某鞋柜里的皮鞋被盗了100多双，商场对她罚款2万元。姜女士受到处罚后从商场辞职，在她离职时商场私自扣押了她的养老保险卡。现在姜女士在别处就业，她担忧的是养老保险卡被商场扣押后已经2年没缴纳养老保险，养老保险卡是否作废了？

【评析】

用人单位不得以任何理由扣押劳动者的证件或者物品，否则应承担返还原物、赔偿损失、行政罚款等责任。因此商场不能扣押姜女士的证件，姜女士可以向劳动监察部门投诉，取回保险卡；也可申请挂失补办养老保险卡。扣押劳动者的证件或者物品，会影响劳动者就业，使失业率增加，是法律明令禁止的。本案中姜女士虽然2年没缴纳养老保险，但养老保险卡没有作废。

【相关法条】

《劳动合同法》第九条　用人单位招用劳动者，不得扣押劳动者的居民身份证和其他证件，不得要求劳动者提供担保或者以其他名义向劳动者收取财物。

《劳动合同法》第八十四条　用人单位违反本法规定，以担保或者其他名义向劳动者收取财物的，由劳动行政部门责令限期退还劳动者本人，并以每人五百元以上二千元以下的标准处以罚款；给劳动者造成损害的，应当承担赔偿责任。

142. 养老保险单位缴了6年，离职后中断了2年，重新就职后能否补缴？

【案情介绍】

马某在某铝厂工作期间单位给他缴纳了6年的养老保险，离职后中断了2年，现在马某在一家民营企业就职，他想补缴中断的养老保险，不知行不行。

【评析】

以个人名义参保的，如果漏缴不能进行补缴，只有由单位原因造成的漏缴才能够进行补缴，并且补缴五险。如果单位没有作申报（没有给开户）的只能补缴养老保险，本案中马某离职中断了 2 年的养老保险不用补缴，马某重新就职后接着缴就可以，养老保险是累计到年数够就行。

【相关法条】

《社会保险法》第十条　职工应当参加基本养老保险，由用人单位和职工共同缴纳基本养老保险费。

无雇工的个体工商户、未在用人单位参加基本养老保险的非全日制从业人员以及其他灵活就业人员可以参加基本养老保险，由个人缴纳基本养老保险费。

143. 养老保险已缴 14 年，现从单位离职不想再缴养老保险，如果把个人支付的 8% 的养老保险要回来划算吗？

【案情介绍】

秦某是某国有企业的职工，因企业效益不佳，他想从单位辞职干个体，辞职后养老保险暂时不准备缴纳，他想把个人已缴的 8% 养老保险要回来，这么做划算吗？

【评析】

秦某离职后，原单位为其设立的社保账户可以封存。不管在哪里缴纳，养老保险一般要缴满 15 年，退休后才能终生领取养老金，所以秦某如果想拿到养老金务必在退休前 15 年就开始缴养老保险。如果到退休年龄所缴养老保险不满 15 年，等到退休的时候国家会把个人账户上存的 8% 的养老金全部退给个人，那么单位缴的 21% 的钱将被全部划到国家的养老统筹基金里，个人将不能领取养老金了，这样秦某很不划算。

【相关法条】

《社会保险法》第十四条　个人账户不得提前支取，记账利率不得低于银行定期存款利率，免征利息税。个人死亡的，个人账户余额可以继承。

《社会保险法》第十六条　参加基本养老保险的个人，达到法定退休年龄时累计缴费满十五年的，按月领取基本养老金。

参加基本养老保险的个人，达到法定退休年龄时累计缴费不足十五年的，可以缴费至满十五年，按月领取基本养老金；也可以转入新型农村社会养老保险或者城镇居民社会养老保险，按照国务院规定享受相应的养老保险待遇。

144. 用人单位和本人失业保险累计缴费满四年的，失业后可否领取失业保险金？

【案情介绍】

林某在某制药厂工作了4年，单位给他缴纳了4年的失业保险，因跟老总的关系不和谐，他想辞职，辞职后能否领取失业保险金？

【评析】

林某在公司工作4年后辞职，如果是他自己主动申请辞职的，失业后就不能领到失业保险金，如果解除合同书上写的是单位与之解除劳动关系或是合同到期终止劳动关系，那他就可以领到相应的失业保险金。

【相关法条】

《社会保险法》第四十五条　失业人员符合下列条件的，从失业保险基金中领取失业保险金：

（一）失业前用人单位和本人已经缴纳失业保险费满一年的；

（二）非因本人意愿中断就业的；

（三）已经进行失业登记，并有求职要求的。

《社会保险法》第四十六条　失业人员失业前用人单位和本人累计缴费满一年不足五年的，领取失业保险金的期限最长为十二个月；累计缴费满五年不足十年的，领取失业保险金的期限最长为十八个月；累计缴费十年以上的，领取失业保险金的期限最长为二十四个月。重新就业后，再次失业的，缴费时间重新计算，领取失业保险金的期限与前次失业应当领取而尚未领取的失业保险金的期限合并计算，最长不超过二十四个月。

145. 已经缴满了15年的养老保险，在没有到退休年龄前停缴养老保险金，到退休年龄时能拿到养老保险金吗？

【案情介绍】

李某现在的养老保险由单位缴纳，之前换工作时空挡也由个人缴纳补齐了。他想等到缴够15年时（还差3年）就辞职不干了。如果他停止缴纳养老保险，到退休年龄时他能领到养老保险金吗？

【评析】

养老保险规定最低累计缴费15年，达到法定退休年龄男60周岁、女55周岁，就可以办理退休手续，享受按月领取退休金的待遇。本案中李某工作期间累计缴费满15年，到退休年龄办理退休手续后，可以按月领取退休金。如果李某在职工作期间，社保累计缴费已满15年，也是不能暂停缴纳社保的，只有在失业无单位工作时可以暂停缴费。如果李某选择缴纳养老保险满15年后就暂停缴费，那么他到退休时，就只能领取最低最基本的养老金。

【相关法条】

《社会保险法》第十六条 参加基本养老保险的个人，达到法定退休年龄时累计缴费满十五年的，按月领取基本养老金。

参加基本养老保险的个人，达到法定退休年龄时累计缴费不足十五年的，可以缴费至满十五年，按月领取基本养老金；也可以转入新型农村社会养老保险或者城镇居民社会养老保险，按照国务院规定享受相应的养老保险待遇。

《社会保险法》第六十条 用人单位应当自行申报、按时足额缴纳社会保险费，非因不可抗力等法定事由不得缓缴、减免。职工应当缴纳的社会保险费由用人单位代扣代缴，用人单位应当按月将缴纳社会保险费的明细情况告知本人。

无雇工的个体工商户、未在用人单位参加社会保险的非全日制从业人员以及其他灵活就业人员，可以直接向社会保险费征收机构缴纳社会保险费。

146. 企业为职工买了生育保险，职工产假期间企业可以不付工资吗？

【案情介绍】

周女士生孩子休产假期间企业只发1500元的基本工资，该企业说买了女职工生育保险，周女士已经领了生育保险所支付的补贴，所以只发基本工资1500元。该企业这样做合法吗？

【评析】

生育津贴是指国家法律、法规规定对职业妇女因生育而离开工作岗位期间，给予的生活费用。我国的生育津贴原称产假工资，但为了与国际通用术语衔接，1994年改称生育津贴。我国生育津贴的支付方式分两种情况：实行生育保险社会统筹的地区，按本企业上年度职工月平均工资为基数计发生育津贴；而没有开展生育保险社会统筹的地区，仍按本人生育前的基本工资为基数计发"产假工资"，形成了"双轨"制。

女职工生育享受生育生活津贴和医疗补贴等生育保险待遇的，用人单位无须再支付生育期间的产假工资。所以，本案中该企业的做法是合法的。

【相关法条】

《社会保险法》第五十三条　职工应当参加生育保险，由用人单位按照国家规定缴纳生育保险费，职工不缴纳生育保险费。

《社会保险法》第五十四条　用人单位已经缴纳生育保险费的，其职工享受生育保险待遇；职工未就业配偶按照国家规定享受生育医疗费用待遇。所需资金从生育保险基金中支付。

生育保险待遇包括生育医疗费用和生育津贴。

《社会保险法》第五十五条　生育医疗费用包括下列各项：

（一）生育的医疗费用；

（二）计划生育的医疗费用；

（三）法律、法规规定的其他项目费用。

《社会保险法》第五十六条　职工有下列情形之一的，可以按照国家规定享受生育津贴：

（一）女职工生育享受产假；

（二）享受计划生育手术休假；

（三）法律、法规规定的其他情形。

生育津贴按照职工所在用人单位上年度职工月平均工资计发。

147. 企业改制后原劳动合同是否有效？

【案情介绍】

老王所在的公司是国有企业 A，后来跟一家单位 B 合并改制，但是他跟公司 A 的劳动合同还没有到期。请问，原劳动合同是否有效？如果解除劳动合同，合并后的公司是否应该对老王有所补偿？

【评析】

根据《劳动合同法》规定，用人单位发生合并或分立等情况时，原劳动合同继续有效。劳动合同所确立的期限、岗位、工资等各方面的内容均不变化，分立、合并形成的新主体替代旧主体，成为劳动关系一方当事人，劳动关系双方当事人仍履行原有的劳动合同。分立后的企业职工如果在原企业工作满 10 年，可以要求新单位与自己签订无固定期限的劳动合同。

本案中老王所在的企业发生分立、合并或变更法人名称等情形的，原劳动合同继续有效，如须变更劳动合同，双方仍然应该遵循平等自愿、协商一致的原则。因变更劳动合同相关内容双方协商不一致，企业解除劳动合同的，应按国家有关规定支付经济补偿金；如果老王提出解除劳动合同，企业不支付经济补偿金。

【相关法条】

《劳动合同法》第三十四条　用人单位发生合并或者分立等情况，原劳动合同继续有效，劳动合同由承继其权利和义务的用人单位继续履行。

《公司法》第一百七十四条　公司合并时，合并各方的债权、债务，应当由合并后存续的公司或者新设的公司承继。

《最高人民法院关于审理劳动争议案件适用法律若干问题的解释（四）》第五条　劳动者非因本人原因从原用人单位被安排到新用人单位工作，原用人单位未支付经济补偿，劳动者依照劳动合同法第三十八条规定与新用人单位解除劳动合同，或者新用人单位向劳动者提出解除、终止劳动合同，在计算支付经济补偿或赔偿金的工作年限时，劳动者请求把在原用人单位的工作年限合并计算为新用人单位工作年限的，人民法院应予支持。

用人单位符合下列情形之一的，应当认定属于"劳动者非因本人原因从原用人单位被安排到新用人单位工作"：

（一）劳动者仍在原工作场所、工作岗位工作，劳动合同主体由原用人单位变更为新用人单位；

（二）用人单位以组织委派或任命形式对劳动者进行工作调动；

（三）因用人单位合并、分立等原因导致劳动者工作调动；

（四）用人单位及其关联企业与劳动者轮流订立劳动合同；

（五）其他合理情形。

《关于贯彻执行〈中华人民共和国劳动法〉若干问题的意见》第三十七条　用人单位发生分立或合并后，分立或合并后的用人单位可依据其实际情况，与原用人单位的劳动者遵循平等自愿、协商一致的原则，变更原劳动合同。

148. 单位在法定节假日安排加班，不支付工资而是给员工调休，这种做法合法吗？

【案情介绍】

朱女士是某社区工作人员，她所在的社区经常在法定节假日安排员工加班，但该社区却从未给加班的工作人员支付加班费而是可以调休，朱女士也不敢向社区领导要求支付加班费，担心被解雇。她不知道社区的这种做法是否合法。

【评析】

休息日安排加班调休合法，法定节假日加班安排调休违法。法定节假日是不能调休的，应当支付三倍工资。如果用人单位安排劳动者加班，却不依据《劳动合同法》的规定支付加班工资的，属于违法行为，应当依法承担法律责任。

本案中社区在法定节假日安排朱女士加班不支付加班费而算作调休，是违法的。朱女士如果无法和社区协商解决，可以向劳动监察大队投诉，向劳动仲裁委员会申请仲裁。

【相关法条】

《劳动法》第四十四条 有下列情形之一的，用人单位应当按照下列标准支付高于劳动者正常工作时间工资的工资报酬：

（一）安排劳动者延长工作时间的，支付不低于工资的百分之一百五十的工资报酬；

（二）休息日安排劳动者工作又不能安排补休的，支付不低于工资的百分之二百的工资报酬；

（三）法定休假日安排劳动者工作的，支付不低于工资的百分之三百的工资报酬。

《劳动合同法》第八十五条 用人单位有下列情形之一的，由劳动行政部门责令限期支付劳动报酬、加班费或者经济补偿；劳动报酬低于当地最低工资标准的，应当支付其差额部分；逾期不支付的，责令用人单位按应付金额百分之五十以上百分之一百以下的标准向劳动者加付赔偿金：

（一）未按照劳动合同的约定或者国家规定及时足额支付劳动者劳动报酬的；

（二）低于当地最低工资标准支付劳动者工资的；

（三）安排加班不支付加班费的；

（四）解除或者终止劳动合同，未依照本法规定向劳动者支付经济补偿的。

149. 没签劳动合同，受伤了怎么维权？

【案情介绍】

张小姐是某旅行社的导游，在一次外出带团中张小姐在酒店入住时，因走得匆忙踩空了楼梯腿受伤了。带团回来后张小姐向旅行社经理要求承担医疗费，旅行社经理当即拒绝，并告诉张小姐，她被解雇了，同时也否认了她是该旅行社的导游。张小姐郁闷的是她没有跟旅行社签订劳动合同，如何证明她跟旅行社存在劳动关系？她受伤了怎么维权？

【评析】

事实劳动关系作为劳动关系的一种存在，一般是指无书面合同或无有效书面合同形成的劳动雇佣关系以及口头协议达成的劳动雇佣关系，是不符合劳动合同成立的法定要件的劳动力使用和被使用关系，但却是有效的劳动关系，具有合法性。

本案中张小姐只要证明存在事实劳动关系即可，工资单、职工花名册、考核表、工作服，张小姐填写的旅行社招聘登记表、考勤记录，网购物品邮寄到单位的快递单，导游出团准备工作流程图、意见反馈单、车辆确认书、行程单、客人联系资料等与工作单位相关的证据即可证明。张小姐得先申请劳动仲裁确认劳动关系，确定公司对她的补偿金，然后申请工伤认定。

【相关法条】

《劳动合同法》第十条　建立劳动关系，应当订立书面劳动合同。

已建立劳动关系，未同时订立书面劳动合同的，应当自用工之日起一个月内订立书面劳动合同。

《工伤保险条例》第十八条　提出工伤认定申请应当提交下列材料：

（一）工伤认定申请表；

（二）与用人单位存在劳动关系（包括事实劳动关系）的证明材料；

（三）医疗诊断证明或者职业病诊断证明书（或者职业病诊断鉴定书）。

工伤认定申请表应当包括事故发生的时间、地点、原因以及职工伤害程度等基本情况。

150. 单位没买社保，员工辞职有补偿吗？

【案情介绍】

张先生在某广告公司工作了5年，广告公司未给他缴纳社会保险费。为此他向广告公司辞职，要求广告公司支付5个月工资的经济补偿金。广告公司方认为是张先生自己提出辞职的，所以不应当支付经济补偿金。

【评析】

单位未购社保，员工可以此为由提出解除劳动合同并要求经济补偿，但有两种情况是不支持的：

（1）之前以其他理由提出了辞职，后又以未购社保为由，不支持；

（2）员工入职时写过声明自己自愿不购买社保，后又以未购社保为由，不支持。

依据《劳动合同法》第三十八条、第四十六条的规定，用人单位存在未及时足额支付劳动报酬、未依法为劳动者缴纳社会保险费等情况的，劳动者可以提出解除劳动合同，并可要求用人单位支付解除劳动合同经济补偿。但若劳动者以"个人原因""身体原因""家庭原因"等理由申请离职，并在此后以用人单位欠发工资、欠缴社保等为由要求支付解除劳动合同经济补偿，一般是难以得到支持的。

本案件中广告公司一直未给张先生缴纳社会保险费，按照《劳动合同法》的规定，劳动者可以解除劳动合同，而且用人单位应当向劳动者支付经济补偿。张先生工作年限为5年，本案中的广告公司方应依法向张先生支付5个月工资的经济补偿金。

【相关法条】

《劳动合同法》第三十八条　用人单位有下列情形之一的，劳动者可以解除劳动合同：

（一）未按照劳动合同约定提供劳动保护或者劳动条件的；

（二）未及时足额支付劳动报酬的；

（三）未依法为劳动者缴纳社会保险费的；

（四）用人单位的规章制度违反法律、法规的规定，损害劳动者权益的；

（五）因本法第二十六条第一款规定的情形致使劳动合同无效的；

（六）法律、行政法规规定劳动者可以解除劳动合同的其他情形。

用人单位以暴力、威胁或者非法限制人身自由的手段强迫劳动者劳动的，或者用人单位违章指挥、强令冒险作业危及劳动者人身安全的，劳动者可以立即解除劳动合同，不须事先告知用人单位。

《劳动合同法》第四十六条　有下列情形之一的，用人单位应当向劳动者支付经济补偿：（一）劳动者依照本法第三十八条规定解除劳动合同的……

《劳动合同法》第四十七条　经济补偿按劳动者在本单位工作的年限，每满一年支付一个月工资的标准向劳动者支付。六个月以上不满一年的，按一年计算；不满六个月的，向劳动者支付半个月工资的经济补偿。

……

本条所称月工资是指劳动者在劳动合同解除或者终止前十二个月的平均工资。

151. 单位拒开离职证明，谁为损失埋单？

【案情介绍】

周先生就职于某房地产公司，双方签订了为期 2 年的劳动合同。2017 年 3 月，劳动合同到期，周先生提出与房地产公司续签劳动合同，但房地产公司负责人认为周先生业绩平平，拒绝续签。离开房地产公司后，周先生很快找到了一家装修策划公司的工作。装修策划公司要求周先生携带原公司离职证明等材料于 2017 年 4 月 2 日办理入职手续。周先生数次找到房地产公司，要求房地产公司出具离职证明，均被拒绝。因周先生无法提供离职证明，装修策划公司决定不录用周先生。周先生不知可否要求原单位就拒开离职证明导致自己失去就业机会一事进行赔偿？

【评析】

根据《劳动合同法》第五十条规定，用人单位应当在解除或者终止劳动合同时，出具解除或者终止劳动合同的证明。周先生可以先与房地产公司协商，协商不成可向当地劳动监察大队投诉，劳动监察大队会责令单位出具离职证明。本案中，房地产公司未及时为周先生出具离职证明，使周先生失去了工作机会，产生了经济损失，应予以赔偿。

【相关法条】

《劳动合同法》第五十条第一款　用人单位应当在解除或者终止劳动合同时出具解除或者终止劳动合同的证明，并在十五日内为劳动者办理档案和社会保险关系转移手续。

《劳动合同法》第八十九条　用人单位违反本法规定未向劳动者出具解除或者终止劳动合同的书面证明，由劳动行政部门责令改正；给劳动者造成损害的，应当承担赔偿责任。

152. 劳动者不愿签合同，单位可以终止劳动关系吗？

【案情介绍】

郭某被某餐饮有限公司聘为大堂经理，在签订劳动合同时，郭某表示不愿意签订，认为签订合同会使自己受到束缚，并写了"本人不愿意与单位签订劳动合同，工作期间本人发生一切问题与公司无关"的字据。在用工的 1 个月内，单位多次找到郭某，希望与其签订劳动合同，郭某均不签订。无奈之下，单位书面通知郭某终止劳动关系。郭某对此很不理解，向当地劳动人事争议仲裁委员会提出仲裁申请，要求撤销单位的终止劳动关系决定。

【评析】

根据《劳动合同法》及《劳动合同法实施条例》的相关规定，用人单位与劳动者建立劳动关系，应当自用工之日 1 个月内与劳动者订立书面劳动合同。劳动者不与用人单位订立书面劳动合同的，用人单位应当书面通知劳动者终止劳动关系。本案中郭某始终不愿与单位签订劳动合同，该餐饮公司可以书面通知郭某终止劳动关系。

【相关法条】

《劳动合同法》第十条　建立劳动关系，应当订立书面劳动合同。

已建立劳动关系，未同时订立书面劳动合同的，应当自用工之日起一个月内订立书面劳动合同。

用人单位与劳动者在用工前订立劳动合同的，劳动关系自用工之日起建立。

《劳动合同法实施条例》第五条　自用工之日起一个月内，经用人单位书面通知后，劳动者不与用人单位订立书面劳动合同的，用人单位应当书面通知劳动者终止劳动关系，无须向劳动者支付经济补偿，但是应当依法向劳动者支付其实际工作时间的劳动报酬。

153. 员工不能胜任工作，单位可以解雇员工吗？

【案情介绍】

李先生是某县公交公司的车队队长，负责车辆调度、司机安排。2013 年 6 月 22 日，下属司机因不服从出车安排与其发生矛盾。于是李先生停止了该司机的排班计划，司机恼怒地对李先生进行人身威胁，动手拉扯李先生的领口，并堵在办公室门口不允许李先生下班，李先生向公司领导求助无果，无奈之下报警。事后，公司领导认为李先生处置不当，给予其书面警告。在公司组织的事件调查过程中，下属司机又纷纷反映李先生利用上班时间做网络买卖，与下属沟通生硬，业务不精通，不能以身作则等问题。公司遂以违纪且不能胜任工作为由，与李先生协商调岗降薪，李先生不同意，公司遂单方解除了与李先生的劳动合同。

【评析】

用人单位以"不能胜任工作"为由解除与劳动者的劳动合同，从法定条件来看要满足三个条件：证明两次不能胜任工作的事实；证明经过培训或者调整工作岗位的过程；支付经济补偿金。

本案中，该公交公司未能准确把握"违纪"与"不能胜任工作"的区别，把过错性解雇理由与非过错性解雇理由一并提出。李先生只是违反了公交公司的纪律，并非不能胜任工作，所以公交公司不能单方解除与李先生的劳动合同。

【相关法条】

《劳动合同法》第四十条　有下列情形之一的，用人单位提前三十日以书面形式通知劳动者本人或者额外支付劳动者一个月工资后，可以解除劳动合同：……（二）劳动者不能胜任工作，经过培训或者调整工作岗位，仍不能胜任工作的。

154. 无意中损坏单位设备，劳动者是否需要赔偿？

【案情介绍】

谢某在电器公司上班，电器公司在举行促销会期间，谢某不小心损坏了公司租用的展柜，电器公司让谢某承担一定的责任并要求赔偿 8 000 元。事发后电器公司在没有通知谢某处理结果的情况下，扣了谢某 3 500 元工资。请问公司这样做合法吗？

【评析】

劳动者在劳动过程中因过错而造成用人单位损失的属于用人单位的经营风险，劳动者对用人单位承担赔偿责任须以劳动者存在故意或重大过失为限。

本案中，电器公司租用的展柜损坏不是谢某故意或重大过失造成的，谢某有过错，应当赔偿给单位造成的经济损失，但单位不得以扣工资的形式来抵销，电器公司的处理是不合法的，谢某可以申请劳动仲裁要求发放工资。

【相关法条】

《关于贯彻执行〈中华人民共和国劳动法〉若干问题的意见》第 87 条　劳动法第二十五条第（三）项中的"重大损害"，应由企业内部规章来规定，不便于在全国对其作统一解释。若用人单位以此为由解除劳动合同，与劳动者发生劳动争议，当事人向劳动争议仲裁委员会申请仲裁的，由劳动争议仲裁委员会根据企业类型、规模和损害程度等情况，对企业规章中规定的"重大损害"进行认定。

《工资支付暂行规定》第十六条　因劳动者本人原因给用人单位造成经济损失的，用人单位可按照劳动合同的约定要求其赔偿经济损失。经济损失的赔偿，可从劳动者本人的工资中扣除。但每月扣除的部分不得超过劳动者当月工资的20%。若扣除后的剩余工资部分低于当地月最低工资标准，则按最低工资标准支付。

第七章　工伤纠纷

面对工作中发生的工伤纠纷，你是否能找到处理的办法？在处理纠纷时，你知道法律对此都有哪些规定吗？国家出台的相关工伤补偿政策中频频提到，劳动关系中如果出现劳动者人身伤亡的情况，劳动者是可以要求雇佣企业单位赔偿的。当前劳动关系中的工伤纠纷比较容易出现，而且出现了难以得到补偿的情况，为了充分保护工伤纠纷各方当事人的合法权益，特别是保护工伤劳动者及其亲属的合法权益，我们通过具体案例联系现行法律规定，对常见的纠纷问题进行分析和解答，为读者提供解决纠纷的思路与指南。

155. 试用期出了事故，可否认定为工伤？

【案情介绍】

2017 年 10 月，马某被一家小区物业公司招聘为修理工，当时物业公司说到 2017 年年底的 3 个月时间算试用期，未订立书面劳动合同，仅口头约定了试用期，还口头约定五险一金待正式录用时缴纳。2017 年 11 月 10 日，马某工作时被砸伤，医疗费花了 3 万多元，物业公司拒绝报销。2017 年 11 月 30 日，物业公司通知马某，称从 11 月 10 日起已与他解除了劳动合同，并说在试用期内双方可以随时解除劳动关系，他在试用期内受伤不能申请工伤。请问，物业公司的说法正确吗？

【评析】

根据《劳动合同法》的规定，在试用期内，用人单位和劳动者也是有劳动合同关系的。只要用人单位与劳动者存在事实上的劳动关系，即从用工之日起用人单位就应当依法为劳动者缴纳社会保险。所以不管是在试用期还是转正后，劳动者在符合法律规定的时间和场所，因工作原因或履行职责等法定情形遭受人身伤害的，均可以申请工伤认定。若用人单位不积极申请，劳动者及其近亲属可以自事故发生之日起一年内，向当地劳动行政部门依法申请工伤认定。

本案中物业公司与马某未订立书面劳动合同，仅口头约定了试用期，该试用期是不成立的。所以公司以在试用期内为由，随意解除劳动合同关系，并且不给予工伤待遇的理由也是不成立的。马某试用期内在工作中受伤，其应当依法被认定为工伤并享受相应的工伤待遇，但马某所在的物业公司未为他缴纳工伤保险费，物业公司拒不为马某缴纳社会保险的行为明显是违反法律规定的。

【相关法条】

《劳动合同法》第七条　用人单位自用工之日起即与劳动者建立劳动关系。用人单位应当建立职工名册备查。

《劳动合同法》第十条　建立劳动关系，应当订立书面劳动合同。

已建立劳动关系，未同时订立书面劳动合同的，应当自用工之日起一个月内订立书面劳动合同。

《劳动合同法》第二十一条　在试用期中，除劳动者有本法第三十九条和第四十条第一项、第二项规定的情形外，用人单位不得解除劳动合同。用人单位在试用期解除劳动合同的，应当向劳动者说明理由。

《劳动合同法》第三十九条　劳动者有下列情形之一的，用人单位可以解除劳动合同：

（一）在试用期间被证明不符合录用条件的；

（二）严重违反用人单位的规章制度的；

（三）严重失职，营私舞弊，给用人单位造成重大损害的；

（四）劳动者同时与其他用人单位建立劳动关系，对完成本单位的工作任务造成严重影响，或者经用人单位提出，拒不改正的；

（五）因本法第二十六条第一款第一项规定的情形致使劳动合同无效的；

（六）被依法追究刑事责任的。

《劳动合同法》第四十条　有下列情形之一的，用人单位提前三十日以书面形式通知劳动者本人或者额外支付劳动者一个月工资后，可以解除劳动合同：

（一）劳动者患病或者非因工负伤，在规定的医疗期满后不能从事原工作，也不能从事由用人单位另行安排的工作的；

（二）劳动者不能胜任工作，经过培训或者调整工作岗位，仍不能胜任工作的。

《工伤保险条例》第十四条　职工有下列情形之一的，应当认定为工伤：

（一）在工作时间和工作场所内，因工作原因受到事故伤害的……

156. 试用期内发生交通事故，能以工伤认定吗？

【案情介绍】

马某与某酒店口头约定：马某在该酒店试用期一个月，如果马某能够胜任工作，酒店就录用马某并签订正式的劳动合同。在试用期的第三天，马某在去酒店上班的途中发生非本人负主要责任的交通事故并受到伤害。马某要求酒店认定工伤，但酒店予以拒绝。

【评析】

根据《劳动合同法》第十九条的规定：试用期包含在劳动合同期限内，用人单位与劳动者一旦签订劳动合同，劳动者与用人单位之间就已形成劳动关系。那么，在试用期期间，劳动者发生事故伤害，如果符合《工伤保险条例》第十四条、第十五条规定的可以认同（视为）工伤条件的，即可以认定为工伤。

本案中，马某仅与酒店口头约定了试用期，而未约定劳动合同期，马某与酒店已经形成劳动关系，其在去上班的路上发生不属于本人主要责任的交通事故，符合《工伤保险条例》第十四条第（六）款的规定，可以认定为工伤。

【相关法条】

《工伤保险条例》第十四条 职工有下列情形之一的，应当认定为工伤：

（一）在工作时间和工作场所内，因工作原因受到事故伤害的；

......

（六）在上下班途中，受到非本人主要责任的交通事故或者城市轨道交通、客运轮渡、火车事故伤害的。

157. 用人单位内部协议规定"员工工作时间外出时发生事故不算工伤"有效吗？

【案情介绍】

某市汽车销售公司与员工订立的内部协议中规定："中午提供午餐，禁止员工外出，如因员工个人原因外出造成事故，本公司不承担任何责任。"员工张小姐家里有急事偷偷出去回家办事，因担心外出被发现，在回单位途中从自家楼道狂奔下楼时摔断了腿，可以认定为工伤吗？公司是否应承担赔偿责任？

【评析】

用人单位内部协议规定"员工工作时间外出时发生事故不算工伤"协议仅对内部有约束力，对外没有法律效力。本案中张小姐私自离开公司只是违反了公司的内部规定，公司可以对她进行处罚，但并不影响对她的工伤认定，公司要对张小姐这一事故承担赔偿责任。

【相关法条】

《工伤保险条例》第十四条第（六）款　职工有下列情形之一的，应当认定为工伤：……（六）在上下班途中，受到非本人主要责任的交通事故或者城市轨道交通、客运轮渡、火车事故伤害的。

《最高人民法院关于审理工伤保险行政案件若干问题的规定》第六条　对社会保险行政部门认定下列情形为"上下班途中"的，人民法院应予支持：

（一）在合理时间内往返于工作地与住所地、经常居住地、单位宿舍的合理路线的上下班途中；

（二）在合理时间内往返于工作地与配偶、父母、子女居住地的合理路线的上下班途中；

（三）从事属于日常工作生活所需要的活动，且在合理时间和合理路线的上下班途中；

（四）在合理时间内其他合理路线的上下班途中。

158. 在未下班的情况下，员工私自离开工作岗位回家途中发生事故，可否认定为工伤？

【案情介绍】

某建筑公司的农民工王某在未下班的情况下私自离开工地，在回住处的路上，因交通事故不幸身亡。王某的父母要求该建筑公司赔偿，认定为工伤。该建筑公司认为王某没到下班时间私自离岗，不属于工伤，拒绝赔偿。王某的死亡可否认定为工伤？

【评析】

"提前下班途中"，从本质上仍然是"下班途中"，而不能将"上下班途中"仅仅界定为"工作时间前后的上下班途中"。所以，"提前下班途中"受到非本人主要责任的交通事故伤害的，亦应依法认定为工伤。关于职工擅自离岗行为，则是该单位劳动纪律方面的问题。单位可以根据劳动法律规定及企业内部纪律规定，对违反劳动纪律的职工进行处分或处罚，但不能因职工违纪而剥夺法律赋予职工因工伤获得赔偿的权利。

工伤保险实行的是用人单位无过错责任，不考虑劳动者是否有过错，此案重要的事实是，王某是在从工地回住处的途中遭遇机动车事故而死亡的，尽管王某有私自离开的过错，但不属于《工伤保险条例》中规定的不得认定为工伤的情形。所以本案中王某的死亡应认定为工伤。

【相关法条】

《工伤保险条例》第十四条第（六）款 职工有下列情形之一的，应当认定为工伤：……（六）在上下班途中，受到非本人主要责任的交通事故或者城市轨道交通、客运轮渡、火车事故伤害的。

《最高人民法院关于审理工伤保险行政案件若干问题的规定》第六条 对社会保险行政部门认定下列情形为"上下班途中"的，人民法院应予支持：

（一）在合理时间内往返于工作地与住所地、经常居住地、单位宿舍的合理路线的上下班途中；

（二）在合理时间内往返于工作地与配偶、父母、子女居住地的合理路线的上下班途中；

（三）从事属于日常工作生活所需要的活动，且在合理时间和合理路线的上下班途中；

（四）在合理时间内其他合理路线的上下班途中。

159. 员工在下班聚餐途中被撞，算不算工伤？

【案情介绍】

赵女士在某市一家具市场的家具城做销售员的工作。赵女士平时在公司吃饭，并在公司安排的职工宿舍居住。某日赵女士下班后，前往十多公里之外的一老乡暂住处吃饭，途中发生了交通事故并受伤，公安机关认定赵女士承担事故全部责任。发生交通事故后，赵女士向其工作地家具城老板提出按照工伤对待，给予赔偿。但该家具城老板以下班聚餐途中被撞不算工伤为由，不予赔偿。

【评析】

个人有自由选择居住地点的权利，但这并不意味着下班后前往任何处所的行为均属职业保障的范畴。在公司已安排宿舍的情况下，赵女士平常在回该宿舍居住生活，这与其职业劳动之间有相应的必然联系。而事发时，赵女士前往十多公里外朋友处聚餐的行为，不属于正常生活休息中的必需事项，与职业劳动之间缺乏必然的关系，故赵女士前往该处的途中不应认定为下班途中。所以不应该认定为工伤。

【相关法条】

《最高人民法院关于审理工伤保险行政案件若干问题的规定》第六条　对社会保险行政部门认定下列情形为"上下班途中"的，人民法院应予支持：

（一）在合理时间内往返于工作地与住所地、经常居住地、单位宿舍的合理路线的上下班途中；

（二）在合理时间内往返于工作地与配偶、父母、子女居住地的合理路线的上下班途中；

……

160. 员工在公司宿舍自杀，用人单位需要承担什么责任？

【案情介绍】

某制药厂的员工艾某，因与表兄的感情问题，非工作时间在制药厂宿舍内上吊身亡。随后，当地公安机关进行调查取证及司法鉴定，最终确认为因情自杀。几天后，死者艾某的家属找到制药厂总经理黄某，要求赔偿 10 万元。黄某认为，员工是自杀的，原因是感情问题，与工作无关；且其死亡也没有发生在工作时间、工作场所内，与制药厂无关；但制药厂可以考虑从人道主义角度给予一定的援助。最后，双方协商同意制药厂向家属支付 5 万元抚恤金。

【评析】

根据《工伤保险条例》的规定"自残或者自杀导致死亡的不能认定为因工死亡"，因而自杀只能属于非因工死亡，应该得到非因工死亡待遇，用人单位无须承担任何责任。如果是工作因素（如上级领导强迫、刁难、威胁、侮辱劳动者等）引发的自杀，那么用人单位应根据过错程度承担相关责任。本案中该制药厂没有责任，无法定赔偿义务，但需要支付非因公死亡抚恤金。

【相关法条】

《工伤保险条例》第十六条　职工符合本条例第十四条、第十五条的规定，但是有下列情形之一的，不得认定为工伤或者视同工伤：

（一）故意犯罪的；

（二）醉酒或者吸毒的；

（三）自残或者自杀的。

161. 60 多岁的农民工受伤，能否认定为工伤？

【案情介绍】

63 岁的农民工才某在某乡水泥预制板加工厂做临时工。有一天上班时，才某被预制板钢筋扎破了手臂，其私自治疗伤口，导致左手感染丧失了干重活的能力。才某要求水泥预制板加工厂的老板文某按工伤对其进行赔偿，文某声明他只同意医疗费用部分的赔偿，因为才某是农民工，在其厂干活时已经超过 60 岁，无法按工伤保险待遇对才某作出赔偿。

【评析】

关于是否享受工伤待遇，不应该区分农民工还是非农民工，也不应该区分是否享受退休待遇，但必须考虑员工受到职业伤害时是否存在劳动法律关系。劳动者与用人单位不管是口头协议还是签订了书面的劳动合同，不管是临时工还是正式工，都不影响劳动者与用人单位管理与被管理的关系，不影响双方劳动关系的成立。2010 年 3 月 17 日，最高人民法院行政审判庭作出"关于超过法定退休年龄的进城务工农民因工伤亡的，应否适用《工伤保险条例》请示的答复"中明确，对这些人也应当适用《工伤保险条例》的规定进行工伤认定。

本案中才某与该水泥预制板加工厂双方属劳动关系。才某是农民工，虽超过了退休年龄，但并非离、退休人员，也不享受离、退休的待遇。在工作期间受伤，依法应当享受工伤保险待遇。虽然我国法定退休年龄为男职工 60 周岁、女干部 55 周岁、女工人 50 周岁，但目前并没有法律明确将离、退休人员再聘新单位排除在工伤保险范围之外。并且，农村务工人员不存在退休的问题，其超过法定退休年龄后务工受伤，符合工伤认定条件的，应认定为工伤。所以，在该水泥预制板加工厂未给才某办理工伤保险的情况下，才某因工受伤，该水泥预制板加工厂就应当按《工伤保险条例》规定的工伤保险待遇项目和标准对才某作出赔偿。其私自治疗与预制板加工厂未能及时送医治疗有直接关系，不影响工伤认定和赔偿。

【相关法条】

《工伤保险条例》第二条第二款 中华人民共和国境内的企业、事业单位、社会团体、民办非企业单位、基金会、律师事务所、会计师事务所等组织的职工和个体工商户的雇工，均有依照本条例的规定享受工伤保险待遇的权利。

《工伤保险条例》第六十二条第二款　依照本条例规定应当参加工伤保险而未参加工伤保险的用人单位职工发生工伤的，由该用人单位按照本条例规定的工伤保险待遇项目和标准支付费用。

162. 退休人员返聘因工作受到事故伤害的能不能认定为工伤？

【案情介绍】

马某为某电厂的退休工人，2012年电厂因业务需要对精通业务的老工人马某实行返聘，并签订了劳动协议。2013年7月，马某在车间工作时手指被切伤，造成了伤残。马某认为自己在工作岗位上出事故，应认定为工伤，要求电厂按人身损害赔偿的相关法律规定，赔偿其医药费、伤残赔偿金及精神抚慰金等各项损失。

【评析】

《工伤保险条例》属于劳动法领域的特别法，调整的是用人单位与劳动者之间的劳动关系，适用《工伤保险条例》的前提是存在劳动关系。所以，退休返聘人员与单位建立的关系不属劳动关系，不适用《劳动合同法》《工伤保险条例》等劳动保障法律。退休返聘人员在工作中发生事故伤害，按照劳务雇佣关系处理，聘用单位作为雇主应向退休返聘人员承担人身损害赔偿责任。

本案中马某从单位退休后接受单位返聘上班，继续向单位提供有偿劳动，本应成立劳动关系，但由于退休制度的存在，劳动关系并不成立。马某与单位之间形成的是民法上的劳务关系。根据《劳动合同法》及相关规定，对于达到法定退休年龄并开始享受基本养老保险待遇的退休人员，不再具有劳动法律关系的主体资格，不能与用人单位成立劳动关系。依《工伤保险条例》规定，电厂没有为马某缴纳工伤保险的义务，马某不属于工伤保险参保的范围。故其无须经过劳动仲裁，可直接向法院起诉。

【相关法条】

《劳动合同法实施条例》第二十一条　劳动者达到法定退休年龄的，劳动合同终止。

《劳动合同法》第四十四条第二项　有下列情形之一的，劳动合同终止：……（二）劳动者开始依法享受基本养老保险待遇的。

《劳动争议案件司法解释（三）》第七条　用人单位与其招用的已经依法享受养老保险待遇或领取退休金的人员发生用工争议，向人民法院提起诉讼的，人民法院应当按劳务关系处理。

《工伤保险条例》第二条第二款　中华人民共和国境内的企业、事业单位、社会团体、民办非企业单位、基金会、律师事务所、会计师事务所等组织的职工和个体工商户的雇工，均有依照本条例的规定享受工伤保险待遇的权利。

《人力资源社会保障部关于执行〈工伤保险条例〉若干问题的意见（二）》第二条　用人单位招用已经达到、超过法定退休年龄或已经领取城镇职工基本养老保险待遇的人员，在用工期间因工作原因受到事故伤害或患职业病的，如招用单位已按项目参保等方式为其缴纳工伤保险费的，应适用《工伤保险条例》。

163. 学生在实习期间受伤，谁来赔偿？属于工伤吗？

【案情介绍】

2013 年 12 月，某职业学校的学生小王经校方推荐到一家医院实习。医院与学校、小王分别签订了实习协议。其中约定，学生在实习期间如因个人原因或其他原因遭受事故伤害，责任由实习学生及其所在学校自行承担。2014 年 6 月 13 日，实习医院安排小王擦玻璃时，小王不慎从 8 楼摔下去，摔断了腿导致小王瘫痪。由于校方和实习单位相互推诿，2014 年 10 月，小王要求学校和实习单位承担赔偿责任。小王摔伤事故造成的损害应该由谁来赔偿？小王在医院实习出的事故，算不算工伤？

【评析】

我国法律并未明确将实习生规定为"工伤赔偿主体"，且在校生与实习单位之间并未建立实质意义上的劳动者与用人单位之间的身份隶属关系，双方之间不存在法律上和事实上的劳动关系，其权利义务关系不受《劳动合同法》保护，在实习工作中受伤的，也不能按照《工伤保险条例》规定进行工伤认定。

在本案中，应当由实习单位对受害的实习生承担侵权损害赔偿责任。实习单位安排小王擦玻璃，本身就具有安全隐患，实习单位没有尽到安全保护等方面的义务，致使学生在实习过程中受到人身损害，实习单位具有过错，根据《民法通则》等规定，应对受害学生承担过错侵权责任。就学校而言，学生在外实习，应视作学校教育管理的一种延伸，学校对实习学生仍承担着监管义务。学校在此事例中是否尽到了职责范围内的谨慎、注意的法定义务，也是需要考量的因素。

【相关法条】

《侵权责任法》第三十七条　宾馆、商场、银行、车站、娱乐场所等公共场所的管理人或者群众性活动的组织者，未尽到安全保障义务，造成他人损害的，应当承担侵权责任。

《合同法》第五十三条第一款　合同中的下列免责条款无效：（一）造成对方人身伤害的。

《关于审理人身损害赔偿案件司法解释》第六条　从事住宿、餐饮、娱乐等经营活动或者其他社会活动的自然人、法人、其他组织，未尽合理限度范围内的安全保障义务致使他人遭受人身损害，赔偿权利人请求其承担相应赔偿责任的，人民法院应予支持。

《关于审理人身损害赔偿案件司法解释》第十七条　受害人遭受人身损害，因就医治疗支出的各项费用以及因误工减少的收入，包括医疗费、误工费、护理费、交通费、住宿费、住院伙食补助费、必要的营养费，赔偿义务人应当予以赔偿。

受害人因伤致残的，其因增加生活上需要所支出的必要费用以及因丧失劳动能力导致的收入损失，包括残疾赔偿金、残疾辅助器具费、被扶养人生活费，以及因康复护理、继续治疗实际发生的必要的康复费、护理费、后续治疗费，赔偿义务人也应当予以赔偿。

《学生伤害事故处理办法》第八条　发生学生伤害事故，造成学生人身损害的，学校应当按照《中华人民共和国侵权责任法》及相关法律、法规的规定，承担相应的事故责任。

164. 在单位食堂吃饭受伤算不算工伤？

【案情介绍】

刘女士是一家物业公司的清洁人员，在物业公司已经有5年的工龄，她中午下班后在职工食堂吃饭时不慎摔了一跤，造成腰椎骨折，到医院治疗了半个多月，花去医疗费1.8万元。出院后刘女士向单位要求享受工伤待遇，但物业公司不同意，说她自己吃饭时摔倒，不属于工伤。请问刘女士的受伤该如何定性呢？

【评析】

在单位食堂吃饭是工作的合理延伸。单位食堂是工作场所不可分割的组成部分，应当视作工作场所的合理延伸。午餐是员工必要合理的生理需要，也是员工继续当天工作所必备的物质基础，所以午餐并非与工作无关，午餐所占用的时间也不能人为地与直接开展工作的时间割裂开来。所以，刘女士在单位食堂用餐时发生的伤害应当认定为工伤。物业公司应对刘女士受到的损害进行赔偿。

【相关法条】

《工伤保险条例》第十四条 职工有下列情形之一的，应当认定为工伤：（一）在工作时间和工作场所内，因工作原因受到事故伤害的……

165. 上班途中违反交通规则身体受伤算不算工伤？

【案情介绍】

某快递公司员工张女士上班必须经过一个十字路口才能到达单位，因早上送孩子去幼儿园怕上班迟到，在这个十字路口闯红灯时不幸被一辆三轮车撞倒，造成左腿粉碎性骨折。张女士向该快递公司提出工伤认定申请，单位不同意，认为根据《工伤保险条例》第十六条第一项的规定"因犯罪或者违反治安管理伤亡的"不得认定为工伤。此案究竟算不算工伤？

【评析】

交通事故是指《道路交通安全法》所称的车辆在道路上因过错或者意外造成人身伤亡或财产损失的事件。发生事故后，须经交通管理部门作出"非本人主要责任"的认定。比如因无证驾驶、驾驶无证车辆、饮酒后驾驶车辆、闯红灯等交通违法行为造成的自身伤害，交通管理部门出具属于本人主要责任证明的，就不能认定为工伤。因此张女士在交通事故中造成的伤害不能认定为工伤。

【相关法条】

《工伤保险条列》第十四条 职工有下列情形之一的，应当认定为工伤：……（六）在上下班途中，受到非本人主要责任的交通事故或者城市轨道交通、客运轮渡、火车事故伤害的。

《工伤保险条列》第十六条 职工符合本条例第十四条、第十五条的规定，但是有下列情形之一的，不得认定为工伤或者视同工伤：（一）故意犯罪的……

166. 工作期间受到刺激导致精神失常是否认定为工伤？

【案情介绍】

在某工地做门卫的何某因夜班期间打盹致使工地车辆被偷，建筑公司的老板扣除了何某一年的工资并让其赔偿公司的损失，何某为此受到刺激，经常胡言乱语、精神恍惚，影响了他的工作和生活。何某因工作受到刺激导致精神失常，可否认定为工伤？

【评析】

"工伤"的定义包括两个方面的内容，即由工作引起并在工作过程中发生的事故伤害和职业病伤害。职业病，是指企业、事业单位和个体经济组织的劳动者在职业活动中，因接触粉尘、放射性物质和其他有毒、有害物质等因素而引起的疾病。

根据我国《工伤保险条例》的有关规定，构成工伤须满足"三工"之条件，即工作时间、工作地点、工作原因。在因"工作受刺激"而引发精神疾病的情况下，是否满足"工作原因"这一要件，精神疾病与工作是否存在因果关系，实为案情争议的关键所在。

本案中何某因工作失误扣一年工资受刺激导致精神失常，不构成必然的因果关系，也不符合《工伤保险条例》中工伤认定的情形，故不能认定为工伤。

【相关法条】

《工伤保险条例》第十四条　职工有下列情形之一的，应当认定为工伤：

（一）在工作时间和工作场所内，因工作原因受到事故伤害的；

（二）工作时间前后在工作场所内，从事与工作有关的预备性或者收尾性工作受到事故伤害的；

（三）在工作时间和工作场所内，因履行工作职责受到暴力等意外伤害的；

（四）患职业病的；

（五）因工外出期间，由于工作原因受到伤害或者发生事故下落不明的；

（六）在上下班途中，受到非本人主要责任的交通事故或者城市轨道交通、客运轮渡、火车事故伤害的；

（七）法律、行政法规规定应当认定为工伤的其他情形。

《工伤保险条例》第十五条　职工有下列情形之一的，视同工伤：

（一）在工作时间和工作岗位，突发疾病死亡或者在48小时之内经抢救无效死亡的；

（二）在抢险救灾等维护国家利益、公共利益活动中受到伤害的；

（三）职工原在军队服役，因战、因公负伤致残，已取得革命伤残军人证，到用人单位后旧伤复发的。

167. 下班后还在单位加班受伤，可否算工伤？

【案情介绍】

朱女士与某印刷厂在其格式劳动合同中规定："员工在下班后自愿加班，因打印机设备造成人身伤害的，本公司一律不承担赔偿责任。"朱女士为了完成生产定额，在下班后使用某设备时，该设备出故障轧断了朱女士的无名指。朱女士因事故受伤造成的损害是否应由印刷厂承担？可否算工伤？

【评析】

根据《工伤保险条例》的相关规定，朱女士的无名指被打印机轧断，虽然是在自愿加班过程中受伤的，但这并不能改变她是在工作时间和工作场所内、因工作原因受到事故伤害的性质，完全符合关于工伤认定的规定。朱女士因伤造成的损害应由印刷厂来承担。

【相关法条】

《合同法》第四十条　格式条款具有本法第五十二条和第五十三条规定情形的，或者提供格式条款一方免除其责任、加重对方责任、排除对方主要权利的，该条款无效。

《合同法》第四十一条　对格式条款的理解发生争议的，应当按照通常理解予以解释。对格式条款有两种以上解释的，应当作出不利于提供格式条款一方的解释。格式条款和非格式条款不一致的，应当采用非格式条款。

《工伤保险条例》第十四条　职工有下列情形之一的，应当认定为工伤：

（一）在工作时间和工作场所内，因工作原因受到事故伤害的；

（二）工作时间前后在工作场所内，从事与工作有关的预备性或者收尾性工作受到事故伤害的；

（三）在工作时间和工作场所内，因履行工作职责受到暴力等意外伤害的；

（四）患职业病的；

（五）因工外出期间，由于工作原因受到伤害或者发生事故下落不明的；

（六）在上下班途中，受到非本人主要责任的交通事故或者城市轨道交通、客运轮渡、火车事故伤害的；

（七）法律、行政法规规定应当认定为工伤的其他情形。

168. 员工打架受伤算工伤吗？用人单位以员工打架为由，与劳动者解除劳动合同，合理吗？

【案情介绍】

小梅是某饭店的服务员，2015年4月19日小梅在打扫卫生时，不小心把拖布的污水甩到另一名服务员小侯的裤子上。小侯骂小梅是瞎子，小梅拿起拖布就打在小侯身上，小侯还手，在两个人的厮打中，双方都不同程度地受伤。发生打架事件后，小梅和小侯要求饭店认定为工伤，赔偿医疗费。饭店以员工违反单位的规章制度为由不予认定，并解除了与小梅和小侯的劳动合同。打架受伤到底应不应该算工伤？饭店以员工打架为由与服务员解除劳动合同是否合法？

【评析】

《工伤保险条例》第十四条第（三）项，在工作时间和工作场所内，因履行工作职责受到暴力等意外伤害的应认定为工伤。暴力伤害工伤需要考虑以下几个方面：

（1）时间界限，一般限于发生在工作时间之内；

（2）空间界限，一般限于生产、工作区域之内；

（3）职务界限，一般限于履行职责而产生之伤害；

（4）主观过错界限，即职工本人不具有故意。

其中职务界限即工作原因，属于核心要素。工伤应是合法履行职责受伤。员工在上班时间打架不一定全是工伤，也不一定全部不是工伤，要具体情况具体分析。应该认定为工伤的：

（1）必须是在工作时间和场所内；

（2）必须是因履行工作职责受到暴力伤害。

本案中，打架行为的发生，虽然与工作中的问题具有一定的关联性，但其直接原因并非由工作纠纷引起，且该纠纷完全可以通过合法的、正当的方式来解决。只有合法地履行工作职责受到暴力伤害，才能认定为工伤。小梅和小侯受伤与履行工作职责无关，自然更不属于因工作原因或者从事与工作有关的预备性工作受到事故伤害，所以此案不属于工伤。饭店能否解除这两名服务员的劳动合同，要看饭店的服务员打架行为是否属于《劳动合同法》第三十九条第二款规定的"严重违反用人单位的规章制度"，看饭店的规章制度中有无打架解除劳动合同的内容。

【相关法条】

《工伤保险条例》第十四条 职工有下列情形之一的，应当认定为工伤：

（一）在工作时间和工作场所内，因工作原因受到事故伤害的；

（二）工作时间前后在工作场所内，从事与工作有关的预备性或者收尾性工作受到事故伤害的；

（三）在工作时间和工作场所内，因履行工作职责受到暴力等意外伤害的；

......

《工伤保险条例》第十六条　职工符合本条例第十四条、第十五条的规定，但是有下列情形之一的，不得认定为工伤或者视同工伤：

（一）故意犯罪的；

（二）醉酒或者吸毒的；

（三）自残或者自杀的。

《劳动合同法》第三十九条　劳动者有下列情形之一的，用人单位可以解除劳动合同：

（一）在试用期间被证明不符合录用条件的；

（二）严重违反用人单位的规章制度的；

（三）严重失职，营私舞弊，给用人单位造成重大损害的；

（四）劳动者同时与其他用人单位建立劳动关系，对完成本单位的工作任务造成严重影响，或者经用人单位提出，拒不改正的；

......

169. 员工工伤期间，工资怎么发放？

【案情介绍】

小周因工受伤，工休了几个月。他的全部工资是每月3 000元。单位现在只给了850元，这样的做法符合法律规定吗？

【评析】

根据《工伤保险条例》第三十三条，职工因工作遭受事故伤害或者患职业病需要暂停工作接受工伤医疗的，在停工留薪期内，原工资福利待遇不变，由所在单位按月支付。也就是说小周单位应该每月向他支付3 000元，支付850元不符合法律的规定。

【相关法条】

《工伤保险条例》第三十三条　职工因工作遭受事故伤害或者患职业病需要暂停工作接受工伤医疗的，在停工留薪期内，原工资福利待遇不变，由所在单位按月支付。

停工留薪期一般不超过 12 个月。伤情严重或者情况特殊，经设区的市级劳动能力鉴定委员会确认，可以适当延长，但延长不得超过 12 个月……

170. 临时雇佣的日工干活中受伤，属于工伤吗？怎么赔偿？

【案情介绍】

赵师傅是某装修公司的临时雇员，按天结算工资。一天赵师傅在某小区住宅楼搬运瓷砖时，不慎砸伤了右脚，导致右脚拇指断裂。赵师傅给装修公司负责人打电话时，负责人告知其双方是雇佣关系，不存在劳动关系，不能认定为工伤，不赔偿。等家人凑上钱将赵师傅送往医院时，因耽误时间太长，断趾无法再植。赵师傅的受伤属于工伤吗？他可否向装修公司申请赔偿？

【评析】

法律中无临时工的概念，只要是劳动关系，劳动者因工受伤，用人单位就应该承担相应的工伤待遇补偿责任。有没有签劳动合同，并不是劳动关系建立的唯一标准。

本案中赵师傅付出自己的劳动，装饰公司接受这种劳动并支付相应报酬，双方身份符合建立劳动关系的标准，就意味着双方建立了劳动关系。出现安全用工事故后，应到劳动部门或司法部门进行相关法律咨询后，按照法律规定及时到相关部门进行工伤申报，并进行伤残等级鉴定，通过法律途径维护自己的合法权益。本案中赵师傅断趾未能再植与装修公司未能及时送医有直接关系，这提高了工伤等级。装修公司应该承担赵师傅工伤造成的各项费用。

【相关法条】

《工伤保险条例》第二条　中华人民共和国境内的企业、事业单位、社会团体、民办非企业单位、基金会、律师事务所、会计师事务所等组织和有雇工的个体工商户（以下称用人单位）应当依照本条例规定参加工伤保险，为本单位全部职工或者雇工（以下称职工）缴纳工伤保险费。

中华人民共和国境内的企业、事业单位、社会团体、民办非企业单位、基金会、律师事务所、会计师事务所等组织的职工和个体工商户的雇工，均有依照本条例的规定享受工伤保险待遇的权利。

《工伤保险条例》第十八条　提出工伤认定申请应当提交下列材料：

（一）工伤认定申请表；

（二）与用人单位存在劳动关系（包括事实劳动关系）的证明材料；

（三）医疗诊断证明或者职业病诊断证明书（或者职业病诊断鉴定书）。

工伤认定申请表应当包括事故发生的时间、地点、原因以及职工伤害程度等基本情况。

171. 工伤私了后伤情加重可以反悔吗？

【案情介绍】

白某是一家超市的搬运工，在搬运货物时不慎砸伤脚，经医院治疗后，超市老板找到白某私下签订协议：一次性给付2万元，以后发生的有关工伤的任何事情与公司无关，概不负责。就此，超市老板付给白某2万元，双方签字同意一次性处理，并解除劳动合同。白某回家后不到一年半，脚踝骨感染坏死，又住进医院治疗，花去治疗费用共计5万元。白某找到超市老总要求报销治疗费用被拒绝，老板说已经过了诉讼时效。老板的说法符合法律规定吗？

【评析】

在未经法定的工伤认定和劳动能力鉴定之前，就对是否认定工伤和劳动能力等级作出协议的，存在显失公平、重大误解的可能，甚至是在用人单位欺诈、胁迫、乘人之危的情况下签订的，违背了劳动者的真实意思表示；违反了工伤保险条例，而且以合法的形式掩盖非法的目的。根据《工伤保险条例》的规定，职工因工负伤治疗，享受工伤医疗待遇。工伤发生后，如果用人单位既未向主管部门上报，又未向劳动保障部门申请认定工伤，在这种情况下签订的协议是无效的。因为该行为属隐瞒不报，逃脱了劳动监管部门的监管，最终破坏了国家的劳动安全制度，也损害了劳动者的健康权利，违反了法律强制性和禁止性规定，依据《劳动合同法》第五十二条第（五）款规定，该协议自始无效。

本案中白某与超市老板签订的协议中"以后发生的有关工伤的任何事情与公司无关，概不负责"这一条款，是违反有关劳动法规的，属于无效民事行为。本案超市老板在白某发生工伤后，不按法律法规的规定执行，而是一次性支付2万元就将员工推出不管，严重侵犯了白某合法的工伤保险权益。因此，尽管双方私下签字同意，达成了协议，但这是白某在没有进行工伤认定、劳动能力鉴定，不清楚自己应得的工伤待遇的情形下签订的协议，根据此协议白某获得的工伤待遇与依法应得的工伤待遇相差甚远，显失公平，根据《劳动争议案件司法解释（三）》第十条的规定，可以请求撤销这个协议，超市老板负责白某的全部治疗费用。

【相关法条】

《民法通则》第五十九条　下列民事行为，一方有权请求人民法院或者仲裁机关予以变更或者撤销：

（一）行为人对行为内容有重大误解的；

（二）显失公平的。

被撤销的民事行为从行为开始起无效。

《合同法》第五十二条　有下列情形之一的，合同无效：

（一）一方以欺诈、胁迫的手段订立合同，损害国家利益；

（二）恶意串通，损害国家、集体或者第三人利益；

（三）以合法形式掩盖非法目的；

（四）损害社会公共利益；

（五）违反法律、行政法规的强制性规定。

《劳动合同法》第四十二条　劳动者有下列情形之一的，用人单位不得依照本法第四十条、第四十一条的规定解除劳动合同：

（一）从事接触职业病危害作业的劳动者未进行离岗前职业健康检查，或者疑似职业病病人在诊断或者医学观察期间的；

（二）在本单位患职业病或者因工负伤并被确认丧失或者部分丧失劳动能力的；

（三）患病或者非因工负伤，在规定的医疗期内的；

（四）女职工在孕期、产期、哺乳期的；

（五）在本单位连续工作满十五年，且距法定退休年龄不足五年的；

（六）法律、行政法规规定的其他情形。

《劳动法》第七十七条　用人单位与劳动者发生劳动争议，当事人可以依法申请调解、仲裁、提起诉讼，也可以协商解决。

《工伤保险条例》第三十三条　职工因工作遭受事故伤害或者患职业病需要暂停工作接受工伤医疗的，在停工留薪期内，原工资福利待遇不变，由所在单位按月支付。

停工留薪期一般不超过 12 个月。伤情严重或者情况特殊，经设区的市级劳动能力鉴定委员会确认，可以适当延长，但延长不得超过 12 个月。工伤职工评定伤残等级后，停发原待遇，按照本章的有关规定享受伤残待遇。工伤职工在停工留薪期满后仍须治疗的，继续享受工伤医疗待遇。

生活不能自理的工伤职工在停工留薪期需要护理的，由所在单位负责。

《工伤保险条例》第三十八条　工伤职工工伤复发，确认需要治疗的，享受本条例第三十条、第三十二条和第三十三条规定的工伤待遇。

《关于审理劳动争议案件司法解释》第二十条　对于追索劳动报酬、养老金、医疗费及工伤保险待遇、经济赔偿金及其他相关费用等案件，给付数额不当的，人民法院予以变更。

《关于审理劳动争议案件司法解释（三）》第十条　劳动者与用人单位就解除或者终止劳动合同办理相关手续、支付工资报酬、加班费、经济补偿或者赔偿金等达成的协议，不违反法律、行政法规的强制性规定，且不存在欺诈、胁迫或者乘人之危情形的，应当认定有效。

前款协议存在重大误解或者显失公平情形，当事人请求撤销的，人民法院应予支持。

172. 工伤认定超期了，劳动者还能获得赔偿吗？

【案情介绍】

毛某是一家公司的机器维修工，2014年5月在车间维修机器时，因操作不慎被机器砸伤小腿。公司承担了毛某的住院治疗费用及进行了相应的赔偿，但公司及毛某均未在法律规定时限内申请工伤认定。事后，毛某认为公司的赔付太低。2015年7月，毛某向当地的劳动和社会保障局申请工伤认定，但该局以他的申请超过了申请时效为由作出不予受理的决定。后毛某又向当地的劳动争议仲裁委员会提出申诉，但该委员会认为毛某的申诉不符合受理条件，未予受理。毛某这种情况不能得到赔偿吗？

【评析】

根据《工伤保险条例》的相关规定，用人单位未在规定时限内提出工伤认定申请时，工伤职工或其近亲属、工会组织在1年内可以直接向社会保险行政部门提出工伤认定申请。该规定赋予工伤职工、近亲属或工会组织申请工伤认定的权利。

本案中毛某在工作过程中受伤，公司未能在法定时限内申请工伤认定，未履行法定义务，应当承担相应的不利后果，该后果并不能当然地等同于劳动者工伤赔付权利的消失。毛某亦未在发生事故伤害之日起一年内申请工伤认定，仅是对享有的申请工伤认定权利的放弃，并不能认定为对所享有工伤保险待遇的放弃，毛某并未丧失工伤保险待遇。毛某可以依据《关于审理人身损害赔偿案件司法解释》请求单位承担民事赔偿责任。

【相关法条】

《工伤保险条例》第五条第二款　县级以上地方各级人民政府社会保险行政部门负责本行政区域内的工伤保险工作。

《工伤保险条例》第十七条　职工发生事故伤害或者按照职业病防治法规定被诊断、鉴定为职业病，所在单位应当自事故伤害发生之日或者被诊断、鉴定为职业病之日起30日内，向统筹地区社会保险行政部门提出工伤认定申请。遇有特殊情况，经报社会保险行政部门同意，申请时限可以适当延长。

用人单位未按前款规定提出工伤认定申请的，工伤职工或者其近亲属、工会组织在事故伤害发生之日或者被诊断、鉴定为职业病之日起1年内，可以直接向用人单位所在地统筹地区社会保险行政部门提出工伤认定申请。

按照本条第一款规定应当由省级社会保险行政部门进行工伤认定的事项，根据属地原则由用人单位所在地的设区的市级社会保险行政部门办理。

用人单位未在本条第一款规定的时限内提交工伤认定申请，在此期间发生符合本条例规定的工伤待遇等有关费用由该用人单位负担。

《关于审理人身损害赔偿案件司法解释》第十二条第一款　依法应当参加工伤保险统筹的用人单位的劳动者，因工伤事故遭受人身损害，劳动者或者其近亲属向人民法院起诉请求用人单位承担民事赔偿责任的，告知其按《工伤保险条例》的规定处理。

173. 职工"主动顶岗"受伤，是否属于工伤？

【案情介绍】

秦某是某纺织厂的工人，在该厂负责C工序的操作。2015年7月29日，秦某在岗位上时，发现A工序人手紧张，影响到自己岗位的流程操作，就前去帮忙。不慎因操作不当导致左手被机器压伤致残。秦某要求纺织厂给予其工伤待遇，但纺织厂负责人认为秦某不是在从事本职工作时受伤，且违章操作，不能按工伤对待。能否认定秦某为工伤？

【评析】

工作原因与本职工作是两个不同的概念，两者不能混淆。职工主动顶岗虽然违反了本厂的规章制度，但客观上主动顶岗所做的工作与其本职工作也具有一定的关联性，其行为的目的仍是为了用人单位的利益，并非为自己谋取私利，应当认为属于工作原因。用人单位认为工作原因是指从事本职工作是对"工作原因"的限制解释，没有法律依据。

本案中秦某上班期间有"主动顶岗"行为，秦某仅是违反了本厂的管理制度，此行为只导致具体工作岗位及相关工作内容有所变动，并不能改变秦某仍在工作场所内工作的事实，因此"主动顶岗"行为应由公司内部管理规章制度调整，不能因此影响工伤认定。秦某是在公司上班期间处于工作场所并工作原因（虽然是违章操作）导致工伤，符合工伤认定条件，公司应承担相应的责任。

【相关法条】

《工伤保险条例》第十四条　职工有下列情形之一的，应当认定为工伤：

（一）在工作时间和工作场所内，因工作原因受到事故伤害的；

（二）工作时间前后在工作场所内，从事与工作有关的预备性或者收尾性工作受到事故伤害的；

（三）在工作时间和工作场所内，因履行工作职责受到暴力等意外伤害的；

……

174. 临时工的伤残能否享受工伤待遇？

【案情介绍】

小周在一家饭店做货物搬运工，在一次搬运货物时砸伤了手指，当时因受伤时被同事紧急送到医院治疗，但出院后小周多次找饭店经理要求认定工伤赔偿。饭店经理告诉小周，他是饭店的临时工，临时工不应该享受工伤待遇。小周不知道他是否可以享受工伤待遇。

【评析】

用人单位在临时性和常年性工作岗位上的用工，都必须订立劳动合同，参加各种保险。在临时性工作岗位的用工，可以订立以完成一定的工作为期限的劳动合同，也可订立短期劳动合同。用人单位的所有劳动者，不论是企业干部、技术人员、管理人员、固定工、合同工、临时工，在工作过程中因工负伤，均应由用人单位给予工伤待遇，予以医疗抢救，临时工也不例外。临时工也有依法享受工伤保险待遇的权利，这种权利是法定的，不可剥夺的。用人单位不能因为职工是非正式职工或临时工，而拒绝为其办理工伤保险。临时工也属于劳动法律法规的保护范围，在工作中受伤理应享受工伤保险待遇。根据《工伤保险条例》，饭店除在小周停工留薪期内按月支付原工资外，还应该支付医疗费、住院伙食补助费、护理费、一次性伤残补助金等费用。

本案中，饭店与小周之间已经形成了事实上的劳动关系，因此，饭店就应该为小周办理工伤保险。小周是在饭店搬运货物时受伤的，如果申请工伤认定并被认定为工伤，就应该享受工伤保险待遇，饭店不能因为他是临时工而拒绝，对此，小周可以向劳动仲裁机构申请仲裁。

【相关法条】

《劳动法》第十六条　劳动合同是劳动者与用人单位确立劳动关系、明确双方权利和义务的协议。

建立劳动关系应当订立劳动合同。

《劳动合同法》第八十二条　用人单位自用工之日起超过一个月不满一年未与劳动者订立书面劳动合同的，应当向劳动者每月支付二倍的工资。

用人单位违反本法规定不与劳动者订立无固定期限劳动合同的，自应当订立无固定期限劳动合同之日起向劳动者每月支付二倍的工资。

《工伤保险条例》第二条　中华人民共和国境内的企业、事业单位、社会团体、民办非企业单位、基金会、律师事务所、会计师事务所等组织的职工和个体工商户的雇工，均有依照本条例的规定享受工伤保险待遇的权利。

175. 使用假证件入职，出现事故可否申报工伤？

【案情介绍】

2016年3月，陈某用"童民建"身份证应聘到某物流公司工作，双方未订立书面劳动合同，陈某以"童民建"身份办理工作证并领取工资。2017年12月，陈某在上班途中发生交通事故，负次要责任，可以申报工伤。因工伤认定需要，先要确认双方存在劳动关系。因为争议较大，陈某申请劳动仲裁确认劳动关系。该物流公司认为未招录过"陈某"，与"陈某"之间也无劳动关系，即便陈某能证明在公司工作过，但因其冒用他人身份证明，属于严重欺诈，劳动合同无效。陈某使用假证件入职，出现事故可否申报工伤？

【评析】

陈某在应聘时，虽然使用"童民建"身份证，但实际工作的是陈某本人。双方具备劳动用工主体资格，陈某在工作期间，受该物流公司的规章制度约束，该物流公司按月支付劳动报酬，陈某从事的工作是物流公司工作业务的组成部分。陈某接受物流公司的管理和监督，服从物流公司的劳动分工和安排，遵守劳动纪律和规章制度，并且领取劳动报酬，物流公司认为存在欺诈，双方劳动合同无效的抗辩理由不予采纳。事实上某物流公司在招录工人时，也没有尽到严格审查义务。双方存在事实劳动关系，本案中陈某在上下班途中发生交通事故，可申报工伤。

【相关法条】

《劳动合同法》第七条 用人单位自用工之日起即与劳动者建立劳动关系。用人单位应当建立职工名册备查。

《劳动合同法》第二十六条 下列劳动合同无效或者部分无效：

（一）以欺诈、胁迫的手段或者乘人之危，使对方在违背真实意思的情况下订立或者变更劳动合同的；

（二）用人单位免除自己的法定责任、排除劳动者权利的；

（三）违反法律、行政法规强制性规定的。

对劳动合同的无效或者部分无效有争议的，由劳动争议仲裁机构或者人民法院确认。

《工伤保险条例》第十四条 职工有下列情形之一的，应当认定为工伤：

（一）在工作时间和工作场所内，因工作原因受到事故伤害的；

（二）工作时间前后在工作场所内，从事与工作有关的预备性或者收尾性工作受到事故伤害的；

（三）在工作时间和工作场所内，因履行工作职责受到暴力等意外伤害的；

（四）患职业病的；

（五）因工外出期间，由于工作原因受到伤害或者发生事故下落不明的；

（六）在上下班途中，受到非本人主要责任的交通事故或者城市轨道交通、客运轮渡、火车事故伤害的；

（七）法律、行政法规规定应当认定为工伤的其他情形。

176. 提前上班被撞伤属于工伤吗?

【案情介绍】

顾先生家住郊区，每天到市区上班总要比上班时间提前 1 小时出门。2014 年 12 月 8 日早晨，从公交车下车后过马路时，被抢黄灯的一辆车撞上，顾先生的腿被撞伤，后经医院检查为左腿骨折，需要住院治疗。顾先生提前上班所受伤害的情况，是否属于工伤？

【评析】

根据《工伤保险条例》第十四条第（六）项规定，职工在上下班途中，受到机动车事故伤害的应当认定为工伤。在这一条中，没有对"上下班途中"进行明确的界定。从字面上理解，只要是为赶往单位去上班或离开单位下班回家这两个目的，不管是正点上班，还是晚点上班，或提前上班，其在途的路径都应该认定为上下班途中，而不能将"上下班途中"缩限解释为"正点上下班途中"。法律并没有禁止提前上班，只要用人单位不能证明其并非上班途中，如证明其在处理其他与工作无关事务的途中，就应该推定其在上班途中，进而认定为工伤。顾先生在往常上班的路线上被机动车撞伤，是在上下班的途中，因此，顾先生受到的伤害应当认定为工伤。其所在单位应通过工伤保险予以处理。

【相关法条】

《工伤保险条例》第十四条　职工有下列情形之一的，应当认定为工伤：……（六）在上下班途中，受到非本人主要责任的交通事故或者城市轨道交通、客运轮渡、火车事故伤害的。

《工伤保险条例》第十九条第二款　职工或者其近亲属认为是工伤，用人单位不认为是工伤的，由用人单位承担举证责任。

177. 员工未乘"约定车辆"出事可否认定为工伤？

【案情介绍】

杨某是某企业的员工，在 2013 年 5 月 22 日打的士上班途中因交通事故身亡，其家属向杨某所在的企业要求工伤赔偿时，企业负责人回复：杨某与企业在签订劳动合同时约定"员工工作日上下班往返的交通只能乘坐本公司的交通车辆，若擅自变更交通工具，出现交通事故则责任自负"。公司不应该对杨某私乘车辆发生交通事故受到的损害承担赔偿责任。

【评析】

本案中，公司与杨某签订关于"工作日上下班往返的交通只能乘坐本公司的交通车辆，若擅自变更交通工具，出现交通事故则责任自负"的合同条款，虽为双方的真实意思表示，但存在两方面的违法、违规行为：一是违背了《合同法》第五十三条第（一）项关于"造成对方人身伤害的免责条款无效"的规定；二是违背了《工伤保险条例》第十四条第（六）项关于工伤认定的规定，即只要员工在上下班途中受到非本人主要责任的交通事故，就应认定为工伤事故，而不以"变更交通工具"作为用人单位的免责条件。

【相关法条】

《劳动合同法》第五十二条第五项　下列劳动合同无效或者部分无效：……（三）违反法律、行政法规强制性规定的。

《合同法》第五十三条第一项　合同中的下列免责条款无效：（一）造成对方人身伤害的……

《工伤保险条例》第十四条第六项　职工有下列情形之一的，应当认定为工伤：……（六）在上下班途中，受到非本人主要责任的交通事故或者城市轨道交通、客运轮渡、火车事故伤害的。

178. 上下班途中无证驾车发生交通事故是否属于工伤？

【案情介绍】

王某是某厂的职工，他伪造了机动车驾驶证。2014 年 2 月，王某驾驶轿车在下班途中与一辆大货车相撞，发生交通事故死亡。事后王某的父亲向当地劳动和社会保障局提出工伤认定申请。劳动和社会保障局出具工伤认定决定书，认定王某为工伤。某厂不服，将劳动和社会保障局诉至当地人民法院。某厂认为，王某无证驾驶机动车辆的行为违反了《道路交通安全法》的规定，属违法行为，王某的死亡依法不应认定为工伤。劳动和社会保障局认为，王某的死亡确实是在下班回家途中受到机动车事故伤害所致，根据《工伤保险条例》相关规定，应该认定为工伤。

【评析】

2006 年 3 月 1 日起实施的《治安管理处罚法》已将无证驾驶机动车排除在治安管理范畴之外，王某无证驾驶轿车所违反的只是《道路交通安全法》的相关规定，而不存在犯罪或者违反治安管理的行为，因此，无证驾驶轿车不能作为否定认定王某为因工死亡的理由。王某因在下班途中发生交通事故死亡，应适用《工伤保险条例》第十四条一款六项"在上下班途中，受到机动车事故伤害的"规定的情形。另外，无证驾驶机动车的行为应由《道路交通安全法》进行规范，不属于违反《治安管理处罚法》规定的情形，从而不适用《工伤保险条例》第十六条的规定。

本案中王某是否取得机动车驾驶证，不影响王某因工死亡的工伤认定，王某的死亡依法应认定为工伤。

【相关法条】

《工伤保险条例》第十四条　职工有下列情形之一的，应当认定为工伤：

（一）在工作时间和工作场所内，因工作原因受到事故伤害的；

（二）工作时间前后在工作场所内，从事与工作有关的预备性或者收尾性工作受到事故伤害的；

（三）在工作时间和工作场所内，因履行工作职责受到暴力等意外伤害的；

（四）患职业病的；

（五）因工外出期间，由于工作原因受到伤害或者发生事故下落不明的；

（六）在上下班途中，受到非本人主要责任的交通事故或者城市轨道交通、客运轮渡、火车事故伤害的；

（七）法律、行政法规规定应当认定为工伤的其他情形。

《道路交通安全法》第九十六条　伪造、变造或者使用伪造、变造的机动车登记证书、号牌、行驶证、驾驶证的，由公安机关交通管理部门予以收缴，扣留该机动车，处十五日以下拘留，并处二千元以上五千元以下罚款；构成犯罪的，依法追究刑事责任。

伪造、变造或者使用伪造、变造的检验合格标志、保险标志的，由公安机关交通管理部门予以收缴，扣留该机动车，处十日以下拘留，并处一千元以上三千元以下罚款；构成犯罪的，依法追究刑事责任。

使用其他车辆的机动车登记证书、号牌、行驶证、检验合格标志、保险标志的，由公安机关交通管理部门予以收缴，扣留该机动车，处二千元以上五千元以下罚款。

当事人提供相应的合法证明或者补办相应手续的，应当及时退还机动车。

《工伤保险条例》第十六条　职工符合本条例第十四条、第十五条的规定，但是有下列情形之一的，不得认定为工伤或者视同工伤：

（一）故意犯罪的；

（二）醉酒或者吸毒的；

（三）自残或者自杀的。

损害赔偿篇 ◀ 让我们做自己
的法律顾问

第八章　交通事故损害赔偿

动荡年代可怕的是战争，和平年代可怕的是交通事故。但我们每一个人都不可避免地要和交通打交道，你和你的家人每天都要乘坐交通工具外出。这看似简单、短暂的一段路程中，却可能隐藏着危险。每发生一次交通事故，我们所付出的代价都是沉重的，损失也是巨大的。交通事故引发的纠纷也屡屡发生，诸如谁承担责任、究竟怎么赔偿以及赔偿多少的问题令很多人迷惑。这需要我们掌握有关的法律知识，一旦遇到类似的纠纷，可以维护自己的权益。

179. 公交车司机为了避免撞伤乱过马路的人紧急刹车，车上乘客摔伤，民事责任该如何界定？

【案情介绍】

2015 年 11 月 19 日，某市公交车司机夏某驾驶已载客的公交车正常行驶至某十字中心时，行人孙某突然横穿马路出现在公交车前方，司机夏某本能地紧急刹车，避免了撞人事故。但由于巨大的惯性，致使有 3 个月身孕的公交车乘客王女士重重地摔倒在地上，造成王女士尾骨骨折和流产，用去医疗费 1 万余元。事后王女士要求司机夏某、行人孙某赔偿其经济损失。但孙某、夏某两个人却都不愿承担赔偿责任。

【评析】

乘客自上公交车那一刻开始，就与公交公司形成了客运合同关系，公交公司作为客运合同的承运人，应当在约定期间或者合理期间将乘客安全运输到目的地。据此，在客运合同法律关系下，承运人所负有的义务有两个基本方面：一是按照约定或者合理时间将乘客运至目的地，即合理运输义务；二是对乘客的人身、财物负有安全保障责任。

本案中，司机夏某紧急刹车是为了避免撞伤横穿马路的孙某，在当时，紧急刹车是避免孙某车祸发生的唯一选择，因此夏某的行为属于紧急避险，并无措施不当，且未超过必要的限度。根据《侵权责任法》的规定，因紧急避险造成损害的，由引起险情发生的人承担责任。王女士的损害应由引起险情的人即违反交通规则横穿马路的孙某承担赔偿责任，司机夏某对于第三方的行为，是无法预知、不可预料的，原则上不应承担责任。

【相关法条】

《侵权责任法》第三十一条　因紧急避险造成损害的，由引起险情发生的人承担责任。如果危险是由自然原因引起的，紧急避险人不承担责任或者给予适当补偿。紧急避险采取措施不当或者超过必要的限度，造成不应有的损害的，紧急避险人应当承担适当的责任。

180. 机动车辆转让后未办理过户手续发生交通事故，原车主是否须承担赔偿责任？

【案情介绍】

刘某驾驶的一辆小客车由东向西行驶至某市一路口右拐弯时，不慎撞上了正穿过马路的严某，致其倒地受伤，司机刘某驾车逃逸。后严某被送往医院，当天抢救无效死亡。后经市公安局交通警察支队某区大队认定，当时的驾驶人刘某应承担此次事故的全部责任，行人严某对此次事故无责任。经查，刘某当时所驾驶的车辆的车主是邓某。原车主邓某为该车投有机动车交通事故责任强制保险（简称交强险），保险单位为某保险公司。严某家属要求刘某、邓某及某保险公司赔偿医疗费、死亡赔偿金、精神损害抚慰金、丧葬费等共计 69 万元。邓某声称车已经卖给了刘某并已经交付，邓某提供了汽车买卖协议和银行提供的自己银行账户存款余额变动情况作为证明，发生交通事故与自己无关。但刘某表示车辆虽然已经签订买卖协议但未办理过户手续，并且自己根本没有能力赔偿。保险公司表示车辆虽购买了交强险，但保险合同的投保人没有变更，另外肇事逃逸商业保险不赔。

【评析】

关于机动车买卖未办理过户手续情形下发生交通事故如何确定赔偿责任主体的问题，根据《物权法》的规定，当事人之间已经以买卖等方式转让并交付机动车但未办理所有权转移登记，发生交通事故后属于该机动车一方责任的，由保险公司在机动车强制保险责任限额范围内予以赔偿，不足部分，由受让人承担赔偿责任。

本案中邓某将自己的汽车转让于刘某，虽然已经交付，但是未办理所有权转移登记。刘某驾驶该车辆时发生交通事故，且其负全责，应由保险公司在机动车强制保险责任限额范围内予以赔偿，不足部分，由刘某承担赔偿责任。刘某在致人损害之后，又没有能力支付赔偿金，为了保护受害人严某的合法权益，与侵权人刘某有着某种特定关系的人邓某应该代为承担赔偿责任，代偿人邓某对实际侵权责任人刘某可以再行追偿。

【相关法条】

《侵权责任法》第五十条 当事人之间已经以买卖等方式转让并交付机动车但未办理所有权转移登记，发生交通事故后属于该机动车一方责任的，由保险公司在机动车强制保险责任限额范围内予以赔偿，不足部分，由受让人承担赔偿责任。

《机动车交通事故责任强制保险条例》第十八条 被保险机动车所有权转移的，应当办理机动车交通事故责任强制保险合同变更手续。

181. 无证驾驶撞倒行人逃逸，受伤者抢救无效身亡，该行为属于故意伤害罪还是交通肇事罪？

【案情介绍】

2015年2月9日零时57分许，靳某无证驾驶小客车，沿某区某大街由东向西行驶至某大街路口东侧时，将在此处横过道路的行人张某撞倒致伤，靳某驾车逃离现场，伤者张某经送医院抢救无效于当日死亡。靳某的行为是属于故意伤害罪还是交通肇事罪？

【评析】

根据《道路交通安全法》第十九条，"驾驶机动车，应当依法取得机动车驾驶证"，及相关的法律规定，开车不带驾驶证和行驶证，是一种严重的交通违法行为，行车时未随身携带驾驶证即属于"无资格驾驶的状态"，即"无证驾驶"。

无证驾驶，是指机动车驾驶人在未获取或持有与所驾车型相对应的合法准驾证明的情况下驾驶该机动车。无证驾驶是违反交通运输管理规定的行为。根据我国刑法的规定，交通肇事罪是指违反交通运输管理法规，因而发生重大事故，致人重伤、死亡或者使公私财产遭受重大损失的行为。该罪在主观方面上是过失犯罪，客观上表现为因违反交通运输管理法规致事故发生，侵犯的法益是交通运输管理安全。交通运输肇事后逃逸或者有其他特别恶劣情节的，或者因逃逸致人死亡的属于该罪的加重情节。

上述情形都在交通肇事罪的范畴内，即主观上是过失犯罪，客观上表现为因违反交通运输管理法规致事故发生，侵犯的法益是交通运输管理安全。而根据撞人之后肇事者的行为和被害者的状况，根据司法解释，行为人在交通肇事后为逃避法律追究，而将被害人带离事故现场后隐藏或者遗弃，致使被害人无法得到救助而死亡或者严重残疾的，应当分别以故意杀人罪或者故意伤害罪定罪处罚。在交通事故中，交通肇事演变为故意杀人罪或故意伤害罪，关键在于肇事者的一念之差，在法律裁定上会出现不同的结果。

就本案而言，靳某构成交通肇事罪，并且在交通肇事后逃逸，没有救助张某致其死亡，靳某又有逃逸情节，则应当将逃逸作为具有加重处罚情节，根据《刑法》第一百三十三条的规定，应判处七年以上有期徒刑。

【相关法条】

《道路交通安全法》第十九条 驾驶机动车，应当依法取得机动车驾驶证。

《刑法》第一百三十三条 违反交通运输管理法规，因而发生重大事故，致人重伤、死亡或者使公私财产遭受重大损失的，处三年以下有期徒刑或者拘役；交通运输肇事后逃逸或者有其他特别恶劣情节的，处三年以上七年以下有期徒刑；因逃逸致人死亡的，处七年以上有期徒刑。

《最高人民法院关于审理交通肇事刑事案件具体应用法律若干问题的解释》第二条 交通肇事具有下列情形之一的，处三年以下有期徒刑或者拘役：

（一）死亡一人或者重伤三人以上，负事故全部或者主要责任的；

（二）死亡三人以上，负事故同等责任的；

（三）造成公共财产或者他人财产直接损失，负事故全部或者主要责任，无能力赔偿数额在三十万元以上的。

交通肇事致一人以上重伤，负事故全部或者主要责任，并具有下列情形之一的，以交通肇事罪定罪处罚：

（一）酒后、吸食毒品后驾驶机动车辆的；

（二）无驾驶资格驾驶机动车辆的；

（三）明知是安全装置不全或者安全机件失灵的机动车辆而驾驶的；

（四）明知是无牌证或者已报废的机动车辆而驾驶的；

（五）严重超载驾驶的；

（六）为逃避法律追究逃离事故现场的。

《最高人民法院关于审理交通肇事刑事案件具体应用法律若干问题的解释》第三条 "交通运输肇事后逃逸"，是指行为人具有本解释第二条第一款规定和第二款第（一）至（五）项规定的情形之一，在发生交通事故后，为逃避法律追究而逃跑的行为。

182. 无偿代驾发生交通事故，由车主还是司机负责？

【案情介绍】

乔某因喝酒不能开车，请其朋友李某代驾送回家，途中遇庞某驾驶两轮摩托车乘搭张某行驶而来，两车发生碰撞，造成庞某、张某受伤。本案中无偿代驾发生交通事故，如何认定无偿驾驶人和车辆所有人的责任？

【评析】

司机李某为了车辆所有人的利益无偿代为驾驶车辆发生交通事故，车辆所有人乔某对车辆既具有运行支配权，也享有运行利益，应承担赔偿责任。无偿驾驶人和车辆所有人之间构成义务帮工的法律关系，符合《关于审理人身损害赔偿案件司法解释》第十三条规定的义务帮工的性质。根据该条的规定，为他人无偿提供劳务的帮工人，在从事帮工活动中致人损害的，被帮工人应当承担赔偿责任；如帮工人李某存在故意或者重大过失，庞某和张某可以请求帮工人李某和车主乔某承担连带责任。

【相关法条】

《关于审理人身损害赔偿案件司法解释》第十三条　为他人无偿提供劳务的帮工人，在从事帮工活动中致人损害的，被帮工人应当承担赔偿责任。被帮工人明确拒绝帮工的，不承担赔偿责任。帮工人存在故意或者重大过失，赔偿权利人请求帮工人和被帮工人承担连带责任的，人民法院应予支持。

《关于审理人身损害赔偿案件司法解释》第十四条　帮工人因帮工活动遭受人身损害的，被帮工人应当承担赔偿责任。被帮工人明确拒绝帮工的，不承担赔偿责任；但可以在受益范围内予以适当补偿。

帮工人因第三人侵权遭受人身损害的，由第三人承担赔偿责任。第三人不能确定或者没有赔偿能力的，可以由被帮工人予以适当补偿。

《道路交通安全法》第七十六条　机动车发生交通事故造成人身伤亡、财产损失的，由保险公司在机动车第三者责任强制保险责任限额范围内予以赔偿；不足的部分，按照下列规定承担赔偿责任：

（一）机动车之间发生交通事故的，由有过错的一方承担赔偿责任；双方都有过错的，按照各自过错的比例分担责任。

（二）机动车与非机动车驾驶人、行人之间发生交通事故，非机动车驾驶人、行人没有过错的，由机动车一方承担赔偿责任；有证据证明非机动车驾驶人、行人有过错的，根据过错程度适当减轻机动车一方的赔偿责任；机动车一方没有过错的，承担不超过百分之十的赔偿责任。

交通事故的损失是由非机动车驾驶人、行人故意碰撞机动车造成的，机动车一方不承担赔偿责任。

183. 发生交通事故双方责任无法认定时，该起事故的赔偿责任由谁承担？

【案情介绍】

2014 年 3 月 22 日鲜某驾驶某运输公司半挂货车途经某村庄附近时，与刘某驾驶的轿车发生交通事故，半挂货车乘车人路某从车上甩出。事发当日路某被送往医院抢救，共住院 7 天后于 2014 年 3 月 30 日死亡，花费医疗费共计 12 万余元。2014 年 8 月 19 日，交通事故认定书认定：该事故双方当事人的责任无法认定，该事故两车驾驶员的责任无法认定。该起事故受害者的赔偿责任该由谁承担？

【评析】

根据《道路交通安全法》第七十六条确立了机动车之间发生交通事故适用过错原则的规定，而对于事故责任无法认定的情形，没有进一步规定如何分配责任。在司法实践中，对于机动车发生交通事故后，由于事实不清，致使事故责任无法认定的，任何一方均可举证对方存在过错。如经举证并证实双方都有过错的，按过错原则分担责任；如双方均无法举证对方存在过错的，则依据《民法通则》第四条的规定，由双方承担公平责任。

共同侵权行为是指两个或两个以上的行为人，基于共同的故意或者过失致人损害，或者虽无共同故意、共同过失，但侵权行为直接结合发生同一损害后果的，侵害他人人身和财产权利的行为，构成共同侵权。本案中，虽然该事故两车驾驶员的责任无法认定，但路某作为乘车人没有责任，路某的死亡系双方驾驶员的行为直接结合造成的，双方驾驶员的行为对于损害结果的发生不能分割，均是损害发生的必要因素，根据公平原则，应由事故驾驶员双方承担此次交通事故的民事责任。对路某造成的损失各承担 50% 的民事赔偿责任，并相互承担连带责任。

【相关法条】

《道路交通安全法》第七十三条 公安机关交通管理部门应当根据交通事故现场勘验、检查、调查情况和有关的检验、鉴定结论，及时制作交通事故认定书，作为处理交通事故的证据。

《道路交通安全法》第七十六条 机动车发生交通事故造成人身伤亡、财产损失的，由保险公司在机动车第三者责任强制保险责任限额范围内予以赔偿；不足的部分，按照下列规定承担赔偿责任：

（一）机动车之间发生交通事故的，由有过错的一方承担赔偿责任；双方都有过错的，按照各自过错的比例分担责任。

（二）机动车与非机动车驾驶人、行人之间发生交通事故，非机动车驾驶人、行人没有过错的，由机动车一方承担赔偿责任；有证据证明非机动车驾驶人、行人有过错的，根据过错程度适当减轻机动车一方的赔偿责任；机动车一方没有过错的，承担不超过百分之十的赔偿责任。

交通事故的损失是由非机动车驾驶人、行人故意碰撞机动车造成的，机动车一方不承担赔偿责任。

《侵权责任法》第七条 行为人损害他人民事权益，不论行为人有无过错，法律规定应当承担侵权责任的，依照其规定。

《侵权责任法》第八条 二人以上共同实施侵权行为，造成他人损害的，应当承担连带责任。

《侵权责任法》第十条 二人以上实施危及他人人身、财产安全的行为，其中一人或者数人的行为造成他人损害，能够确定具体侵权人的，由侵权人承担责任；不能确定具体侵权人的，行为人承担连带责任。

《侵权责任法》第十一条 二人以上分别实施侵权行为造成同一损害，每个人的侵权行为都足以造成全部损害的，行为人承担连带责任。

《侵权责任法》第十二条 二人以上分别实施侵权行为造成同一损害，能够确定责任大小的，各自承担相应的责任；难以确定责任大小的，平均承担赔偿责任。

《侵权责任法》第十三条 法律规定承担连带责任的，被侵权人有权请求部分或者全部连带责任人承担责任。

《侵权责任法》第十四条 连带责任人根据各自责任大小确定相应的赔偿数额；难以确定责任大小的，平均承担赔偿责任。

支付超出自己赔偿数额的连带责任人，有权向其他连带责任人追偿。

184. 不论机动车一方有没有责任，保险公司都应当承担赔偿责任吗？

【案情介绍】

郝某于2013年12月7日，为其所有的小轿车在某保险公司处投保机动车损失保险等，保险期间为2013年12月7日至2014年12月6日。郝某交纳保险费6 296.73元。2014年2月7日17时10分，郝某车辆行驶至某路口时，与党某驾驶的车辆发生碰撞，导致车辆车头、右侧、右车尾等部分损坏。郝某的事故车辆经维修花去15 431元，保险公司尚未支付原告郝某任何车辆维修费及其他相关费用。事故也发生在保险期间，根据交通事故责任认定书，本次交通事故中，驾驶人党某承担事故全部责任，驾驶人郝某不负事故责任。郝某能否向为自己承保的某保险公司要求赔偿？

【评析】

车辆损失险属于典型的交通工具保险，其不以保险车辆一方是否负有责任为赔偿前提。当保险合同依法成立并生效后，一旦发生了事故，只要符合车辆损失险的理赔范围且不属于免责条款的范围，不论事故双方是否发生过错，也不论过错责任在哪一方，保险人都应当根据保险合同进行赔付。而过错责任的认定目的在于确定事故双方对事故损失所应承担的份额，也就是保险人在行使代位求偿权时可以向第三人主张的份额。

在本案中，被保险人郝某既可以请求第三人党某赔偿，也可以根据保险合同请求保险公司补偿，至于如何行使权利，由被保险人郝某依情况决定，他人不得干涉。当他向保险公司请求补偿时，第三人党某的赔偿责任不能构成保险公司履约的抗辩事由，即保险公司不得以保险事故由第三人党某负全责为由，拒绝向郝某支付赔偿。而保险公司向郝某理赔后，可以在赔偿金额范围内向第三人党某请求赔偿。

【相关法条】

《道路交通安全法》第七十六条　机动车发生交通事故造成人身伤亡、财产损失的，由保险公司在机动车第三者责任强制保险责任限额范围内予以赔偿；不足的部分，按照下列规定承担赔偿责任：

……

（二）机动车与非机动车驾驶人、行人之间发生交通事故，非机动车驾驶人、行人没有过错的，由机动车一方承担赔偿责任；有证据证明非机动车驾驶人、行人有过错的，根据过错程度适当减轻机动车一方的赔偿责任；机动车一方没有过错的，承担不超过百分之十的赔偿责任。

《保险法》第二十三条　保险人收到被保险人或者受益人的赔偿或者给付保险金的请求后，应当及时作出核定；情形复杂的，应当在三十日内作出核定，但合同另有约定的除外。保险人应当将核定结果通知被保险人或者受益人；对属于保险责任的，在与被保险人或者受益人达成赔偿或者给付保险金的协议后十日内，履行赔偿或者给付保险金义务。保险合同对赔偿或者给付保险金的期限有约定的，保险人应当按照约定履行赔偿或者给付保险金义务。

保险人未及时履行前款规定义务的，除支付保险金外，应当赔偿被保险人或者受益人因此受到的损失。

任何单位和个人不得非法干预保险人履行赔偿或者给付保险金的义务，也不得限制被保险人或者受益人取得保险金的权利。

《保险法》第六十五条　保险人对责任保险的被保险人给第三者造成的损害，可以依照法律的规定或者合同的约定，直接向该第三者赔偿保险金。

责任保险的被保险人给第三者造成损害，被保险人对第三者应负的赔偿责任确定的，根据被保险人的请求，保险人应当直接向该第三者赔偿保险金。被保险人怠于请求的，第三者有权就其应获赔偿部分直接向保险人请求赔偿保险金。

责任保险的被保险人给第三者造成损害，被保险人未向该第三者赔偿的，保险人不得向被保险人赔偿保险金。

责任保险是指以被保险人对第三者依法应负的赔偿责任为保险标的的保险。

185. 车辆因交通事故受损导致停运，因此而减少的收入应该要求谁赔偿？

【案情介绍】

祁某驾驶货车与何某驾驶的出租车发生追尾，导致双方的车辆损坏。经交警大队认定，祁某承担事故全部责任。事故发生后，何某委托评估公司对其车的停运损失进行了鉴定，合计造成损失金额 14 112 元，支出评估费 900 元。何某车辆因交通事故受损导致停运，因此而减少的收入应该要求谁赔偿？

【评析】

停运损失是指车辆在道路交通事故中发生损害，如果受害人是以被损车辆用于货物运输或旅客运输经营活动，在被损车辆修复期间，受害人因不能进行正常的经营活动而造成经济收入的减少。停运损失属于间接的财产损失，依据交强险、商业三者险关于停运损失的条款约定，停运损失不在交强险、商业三者险约定的损失赔偿范围内，原告请求被告保险公司赔偿停运损失，不应支持。

本案系因机动车发生交通事故而引发的财产损失赔偿纠纷，根据《关于审理道路交通事故损害赔偿案件司法解释》第十五条规定，因道路交通事故造成下列财产损失，当事人请求侵权人赔偿的，人民法院应予支持：……（三）依法从事货物运输、旅客运输等经营性活动的车辆，因无法从事相应经营活动所产生的合理停运损失。何某主张的营运损失属于该条规定的财产损失，结合交通事故认定，祁某作为肇事车辆所有人应当对何某的损失承担全部赔偿责任。

【相关法条】

《关于审理道路交通事故损害赔偿案件司法解释》第十五条　因道路交通事故造成下列财产损失，当事人请求侵权人赔偿的，人民法院应予支持：

（一）维修被损坏车辆所支出的费用、车辆所载物品的损失、车辆施救费用；

（二）因车辆灭失或者无法修复，为购买交通事故发生时与被损坏车辆价值相当的车辆重置费用；

（三）依法从事货物运输、旅客运输等经营性活动的车辆，因无法从事相应经营活动所产生的合理停运损失；

（四）非经营性车辆因无法继续使用，所产生的通常替代性交通工具的合理费用。

《机动车交通事故责任强制保险》第十条　下列损失和费用，交强险不负责赔偿和垫付：

（一）因受害人故意造成的交通事故的损失；

（二）被保险人所有的财产及被保险机动车上的财产遭受的损失；

（三）被保险机动车发生交通事故，致使受害人停业、停驶、停电、停水、停气、停产、通信或者网络中断、数据丢失、电压变化等造成的损失以及受害人财产因市场价格变动造成的贬值、修理后因价值降低造成的损失等其他各种间接损失；

（四）因交通事故产生的仲裁或者诉讼费用以及其他相关费用。

《机动车交通事故责任强制保险条例》第二十一条　被保险机动车发生道路交通事故造成本车人员、被保险人以外的受害人人身伤亡、财产损失的，由保险公司依法在机动车交通事故责任强制保险责任限额范围内予以赔偿。

道路交通事故的损失是由受害人故意造成的，保险公司不予赔偿。

186. 穿越无人看守的铁路道口被火车撞死，受害人家属能获得赔偿吗？

【案情介绍】

穆大爷在穿行村子旁一个无人看守的道口时，被驶来的火车撞倒身亡。穆大爷家人认为铁路部门未在道口设置防护设施是导致事故发生的主要原因。铁路公司应对穆大爷家属进行赔偿吗？

【评析】

根据《关于审理铁路运输人身损害赔偿纠纷案件司法解释》第六条规定："因受害人翻越、穿越、损毁、移动铁路线路两侧防护围墙、栅栏或者其他防护设施穿越铁路线路，偷乘货车，攀附行进中的列车，在未设置人行通道的铁路桥梁、隧道内通行，攀爬高架铁路线路，以及其他未经许可进入铁路线路、车站、货场等铁路作业区域的过错行为，造成人身损害的，应当根据受害人的过错程度适当减轻铁路运输企业的赔偿责任。"若铁路运输企业未充分履行安全防护义务的，在百分之八十至百分之二十之间承担赔偿责任；若铁路运输企业尽到了安全义务，应承担全部损失的百分之二十至百分之十。本案中事发铁路线路两侧为村落，事发现场为无人看守的铁路道口，道口的危险性较其他情况增加，铁路公司未充分尽到安全防护、警示义务，依法应对穆大爷家属承担相应的赔偿责任。

【相关法条】

《关于审理铁路运输人身损害赔偿纠纷案件司法解释》第四条 铁路运输造成人身损害的，铁路运输企业应当承担赔偿责任；法律另有规定的，依照其规定。

《关于审理铁路运输人身损害赔偿纠纷案件司法解释》第五条 铁路运输中发生人身损害，铁路运输企业举证证明有下列情形之一的，不承担赔偿责任：

（一）不可抗力造成的；

（二）受害人故意以卧轨、碰撞等方式造成的。

《关于审理铁路运输人身损害赔偿纠纷案件司法解释》第六条 因受害人翻越、穿越、损毁、移动铁路线路两侧防护围墙、栅栏或者其他防护设施穿越铁路线路，偷乘货车，攀附行进中的列车，在未设置人行通道的铁路桥梁、隧道内通行，攀爬高架铁路线路，以及其他未经许可进入铁路线路、车站、货场等铁路作业区域的过错行为，造成人身损害的，应当根据受害人的过错程度适当减轻铁路运输企业的赔偿责任，并按照以下情形分别处理：

（一）铁路运输企业未充分履行安全防护、警示等义务，受害人有上述过错行为的，铁路运输企业应当在全部损失的百分之八十至百分之二十之间承担赔偿责任；

（二）铁路运输企业已充分履行安全防护、警示等义务，受害人仍施以上述过错行为的，铁路运输企业应当在全部损失的百分之二十至百分之十之间承担赔偿责任。

《关于审理铁路运输人身损害赔偿纠纷案件司法解释》第七条　受害人横向穿越未封闭的铁路线路时存在过错，造成人身损害的，按照前条规定处理。

受害人不听从值守人员劝阻或者无视禁行警示信号、标志硬行通过铁路平交道口、人行过道，或者沿铁路线路纵向行走，或者在铁路线路上坐卧，造成人身损害，铁路运输企业举证证明已充分履行安全防护、警示等义务的，不承担赔偿责任。

187. 办理抵押登记的车辆在交通事故中受损，抵押效力可否消灭？

【案情介绍】

蓝某向银行申请个人消费贷款，用其一辆别克轿车作抵押，该车估值 18 万元。借款合同签订当日，双方就该车办理了抵押登记手续。后蓝某在驾车外出途中，被一辆货车追尾，造成别克车严重损坏，估值减至 9 万元。经查，该起交通事故的全部责任在货车司机。此外，货车司机已准备赔偿蓝某经济损失 5 万元。蓝某认为轿车在交通事故中受损，抵押效力是否应消灭？

【评析】

本案中，造成抵押物损失的全部责任在货车司机，蓝某虽然并无可归责的过错，但抵押的效力没有灭失，抵押权的效力及于抵押物的代位物。抵押权是抵押物的交换价值的权利，属于一种价值权，因此，抵押物的形态或性质上发生变化时，只要仍能维持其交换价值，抵押权的效力也就及于抵押物的代位物。银行可就汽车价值减少部分的赔偿金行使抵押权。

【相关法条】

《担保法司法解释》第八十条　在抵押物灭失、毁损或者被征用的情况下，抵押权人可以就该抵押物的保险金、赔偿金或者补偿金优先受偿。抵押物灭失、毁损或者被征用的情况下，抵押权所担保的债权未届清偿期的，抵押权人可以请求人民法院对保险金、赔偿金或补偿金等采取保全措施。

《物权法》第一百七十四条 担保期间，担保财产毁损、灭失或者被征收等，担保物权人可以就获得的保险金、赔偿金或者补偿金等优先受偿。被担保债权的履行期未届满的，也可以提存该保险金、赔偿金或者补偿金等。

188. 车辆借给别人开后出车祸撞伤人，车主要不要负连带责任？

【案情介绍】

高某把车借给朋友赵某，赵某在晚上开车回家时不慎将一个年迈的老太太撞伤。经交警查证，赵某无驾驶证，赵某无力赔偿，高某该不该承担法律责任？

【评析】

机动车所有人将机动车出租、出借时，应当对承租人、借用人进行必要的审理，比如承租人、借用人是否具有驾驶资格。同时，还应保障机动车的性能符合安全的要求，比如车辆制动是否灵敏等。如果机动车所有人没有尽到上述应尽的注意义务，机动车所有人应当对自己的过错造成的损害负相应的赔偿责任。

要认定车主是否有责任，要看车主对损害的发生是否有过错，比如将车辆交给无驾驶证的人员驾驶、明知车辆有缺陷可能对他人造成损害的，则属于有过错。如有过错，则应根据上述法律规定承担相应的赔偿责任。如无过错，则无须赔偿。

什么是车主无过错呢？要符合三个条件：

条件一，借车的人有驾照且未吊销和过期。

条件二，驾照类型符合驾驶车型。

条件三，对方借车时是否有酒驾、毒驾等法律禁止行为。

本案中高某将自己的车辆出借给无驾驶资格的赵某驾驶，导致交通事故发生，应与肇事方赵某共同承担赔偿责任。

【相关法条】

《道路交通安全法》第十九条 驾驶机动车，应当依法取得机动车驾驶证。

《关于审理道路交通事故损害赔偿案件司法解释》第一条 机动车发生交通事故造成损害，机动车所有人或者管理人有下列情形之一，人民法院应当认定其对损害的发生有过错，并适用侵权责任法第四十九条的规定确定其相应的赔偿责任：

（一）知道或者应当知道机动车存在缺陷，且该缺陷是交通事故发生原因之一的；

（二）知道或者应当知道驾驶人无驾驶资格或者未取得相应驾驶资格的；

（三）知道或者应当知道驾驶人因饮酒、服用国家管制的精神药品或者麻醉药品，或者患有妨碍安全驾驶机动车的疾病等依法不能驾驶机动车的；

（四）其他应当认定机动车所有人或者管理人有过错的。

《侵权责任法》第四十九条　因租赁、借用等情形机动车所有人与使用人不是同一人时，发生交通事故后属于该机动车一方责任的，由保险公司在机动车强制保险责任限额范围内予以赔偿。不足部分，由机动车使用人承担赔偿责任；机动车所有人对损害的发生有过错的，承担相应的赔偿责任。

189. 将刹车失灵的车借给了别人，出了车祸怎么赔偿？

【案情介绍】

李某开一台 2010 年出产的小轿车上下班，这几天开车途中发现刹车异响，而且刹不住。这一天同事小王有急事来借车，李某同意了，匆忙中李某没来得及说刹车的事。小王在开车途中因刹不住车而闯红灯撞了行人谢某，谢某经住院手术和治疗后痊愈，产生医药费一万八千余元。事发后小王通过相关部门检测才得知车辆刹车失灵一事，谢某的费用是否应该由李某来赔偿？

【评析】

出借人一般不负瑕疵担保责任。但出借人故意隐瞒借用物的瑕疵而致借用人受损害的，应负赔偿责任。李某知道或者应当知道机动车存在刹车不灵的缺陷，有安全隐患，但李某依然把车借给小王，刹车失灵是小王撞伤谢某的主要原因。因此机动车所有人李某对损害的发生有过错，应承担相应的赔偿责任。

【相关法条】

《关于审理道路交通事故损害赔偿案件司法解释》第一条　机动车发生交通事故造成损害，机动车所有人或者管理人有下列情形之一，人民法院应当认定其对损害的发生有过错，并适用侵权责任法第四十九条的规定确定其相应的赔偿责任：

（一）知道或者应当知道机动车存在缺陷，且该缺陷是交通事故发生原因之一的；

（二）知道或者应当知道驾驶人无驾驶资格或者未取得相应驾驶资格的；

（三）知道或者应当知道驾驶人因饮酒、服用国家管制的精神药品或者麻醉药品，或者患有妨碍安全驾驶机动车的疾病等依法不能驾驶机动车的；

（四）其他应当认定机动车所有人或者管理人有过错的。

《侵权责任法》第四十九条 因租赁、借用等情形机动车所有人与使用人不是同一人时，发生交通事故后属于该机动车一方责任的，由保险公司在机动车强制保险责任限额范围内予以赔偿。不足部分，由机动车使用人承担赔偿责任；机动车所有人对损害的发生有过错的，承担相应的赔偿责任。

190. 故意驾车撞人致伤，保险公司承担赔偿责任吗？

【案情介绍】

张某与邻居史某有矛盾，张某故意驾驶已经在某保险公司投保机动车交通事故责任强制保险的汽车将史某撞伤。张某故意制造交通事故致人伤残，保险公司是否承担赔偿责任？

【评析】

"被保险人故意"，是指被保险人对交通事故后果的发生在主观心理方面存在故意，希望或者放任损害结果发生的主观心理状态。被保险人故意制造道路交通事故，造成受害人的财产损失，保险公司不承担赔偿责任。本案中，驾驶员张某故意撞伤史某，制造道路交通事故，保险公司不承担赔偿责任。

【相关法条】

《机动车交通事故责任强制保险条例》第二十二条 有下列情形之一的，保险公司在机动车交通事故责任强制保险责任限额范围内垫付抢救费用，并有权向致害人追偿：

（一）驾驶人未取得驾驶资格或者醉酒的；

（二）被保险机动车被盗抢期间肇事的；

（三）被保险人故意制造道路交通事故的。

有前款所列情形之一，发生道路交通事故的，造成受害人的财产损失，保险公司不承担赔偿责任。

191. 未成年人驾车伤人，监护人应担责任吗？

【案情介绍】

16岁的小罗驾驶父亲的小轿车去参加同学的生日会，在一个十字路口，小罗撞上了张某驾驶的小轿车，造成张某受伤、车辆受损的交通事故。经有关交警大队事故认定书认定，小罗属于未成年人且无证驾驶，在此次事故中负主要责任。张某受伤后被送至医院治疗。张某治疗结束后，张某要求小罗的监护人赔偿其各项损失共计 2 万余元。

【评析】

本案中，小罗父亲和某保险公司之间订立的机动车交通事故责任强制保险合同合法有效，对双方当事人具有约束力。发生交通事故时，被保险车辆驾驶人未成年人小罗未取得机动车驾驶资格，属于无证驾驶。这一情况会产生两个方面的法律后果：一方面因此次交通事故造成受害人的财产损失属于被告保险公司的免责范围；另一方面，因无证驾驶导致第三人人身损害，当事人仍然可以请求保险公司在交强险（全称"机动车交通事故责任强制保险"，是由保险公司对被保险机动车发生道路交通事故造成受害人——不包括本车人员和被保险人——的人身伤亡、财产损失，在责任限额内予以赔偿的强制性责任保险）责任限额范围内予以赔偿。保险公司在赔偿后可以向侵权人主张追偿权。所以，小罗的父亲或被害人张某仍然可以就人身损害部分向该保险公司要求理赔。保险公司在赔偿后，可以向小罗的监护人追偿赔偿金额。

【相关法条】

《民法总则》第二十七条　父母是未成年子女的监护人。

未成年人的父母已经死亡或者没有监护能力的，由下列有监护能力的人按顺序担任监护人：

（一）祖父母、外祖父母；

（二）兄、姐；

（三）其他愿意担任监护人的个人或者组织，但是须经未成年人住所地的居民委员会、村民委员会或者民政部门同意。

《侵权责任法》第六条　行为人因过错侵害他人民事权益，应当承担侵权责任。

《侵权责任法》第三十二条　无民事行为能力人、限制民事行为能力人造成他人损害的，由监护人承担侵权责任。监护人尽到监护责任的，可以减轻其侵权责任。

《机动车交通事故责任强制保险条例》第二十二条　有下列情形之一的，保险公司在机动车交通事故责任强制保险责任限额范围内垫付抢救费用，并有权向致害人追偿：

（一）驾驶人未取得驾驶资格或者醉酒的；

（二）被保险机动车被盗抢期间肇事的；

（三）被保险人故意制造道路交通事故的。

有前款所列情形之一，发生道路交通事故的，造成受害人的财产损失，保险公司不承担赔偿责任。

《关于审理道路交通事故损害赔偿案件司法解释》第十八条　有下列情形之一导致第三人人身损害，当事人请求保险公司在交强险责任限额范围内予以赔偿，人民法院应予支持：

（一）驾驶人未取得驾驶资格或者未取得相应驾驶资格的；

（二）醉酒、服用国家管制的精神药品或者麻醉药品后驾驶机动车发生交通事故的；

（三）驾驶人故意制造交通事故的。

保险公司在赔偿范围内向侵权人主张追偿权的，人民法院应予支持。追偿权的诉讼时效期间自保险公司实际赔偿之日起计算。

192. 交通肇事罪中的受害人可否主张精神损害抚慰金？

【案情介绍】

董某酒后驾车闯红灯，撞死了送孩子上学的祁先生，交警队认定司机董某负全责，董某因构成交通肇事罪而获刑。祁先生的死亡，使全家人没了经济来源并且精神上也受到很大打击。祁先生的家人能否向董某主张精神损害赔偿？

【评析】

《最高人民法院关于人民法院是否受理刑事案件被害人提起精神损害赔偿民事诉讼问题的批复》中明确：对于刑事案件被害人由于被告人的犯罪行为而遭受精神损失提起的附带民事诉讼，或者在该刑事案件审结以后，被害人另行提起精神损害赔偿的，法院不予受理。

本案中肇事司机受刑事制裁，受害人或者其近亲属要求驾驶人赔偿精神损害抚慰金的，不予支持。

【相关法条】

《刑事诉讼法》第九十九条　被害人由于被告人的犯罪行为而遭受物质损失的，在刑事诉讼过程中，有权提起附带民事诉讼。被害人死亡或者丧失行为能力的，被害人的法定代理人、近亲属有权提起附带民事诉讼。

《最高人民法院关于刑事附带民事诉讼范围问题的规定》第一条第二款　对于被害人因犯罪行为遭受精神损失而提起附带民事诉讼的，人民法院不予受理。

《刑事诉讼法司法解释》第一百三十八条 被害人因人身权利受到犯罪侵犯或者财物被犯罪分子毁坏而遭受物质损失的，有权在刑事诉讼过程中提起附带民事诉讼；被害人死亡或者丧失行为能力的，其法定代理人、近亲属有权提起附带民事诉讼。

因受到犯罪侵犯，提起附带民事诉讼或者单独提起民事诉讼要求赔偿精神损失的，人民法院不予受理。

193. 行人乱穿马路造成交通事故，致人死亡的，对行人可判处交通肇事罪吗？

【案情介绍】

汪先生以较快的步行速度突然从路边冲出横穿非机动车道，当时非机动车道是绿灯，电动车驾驶员林某来不及避让，最终与汪先生相撞并摔倒在路上。电动车驾驶员林某经医院抢救无效于次日下午身亡。对行人汪先生可判处交通肇事罪吗？

【评析】

根据《刑法》第一百三十三条规定，违反交通运输管理法规，因而发生重大事故，致人重伤、死亡或者使公私财产遭受重大损失的犯罪行为，依法追究交通肇事罪，处三年以下有期徒刑或者拘役。无论是机动车司机还是行人，只要达到了上述刑法规定的犯罪构成要件，就可能构成交通肇事罪。本案中汪某违反交通运输管理法规，因而发生重大事故，致人死亡，构成交通肇事罪。

【相关法条】

《刑法》第一百三十三条 违反交通运输管理法规，因而发生重大事故，致人重伤、死亡或者使公私财产遭受重大损失的，处三年以下有期徒刑或者拘役；交通运输肇事后逃逸或者有其他特别恶劣情节的，处三年以上七年以下有期徒刑；因逃逸致人死亡的，处七年以上有期徒刑。

《道路交通安全法》第二条 中华人民共和国境内的车辆驾驶人、行人、乘车人以及与道路交通活动有关的单位和个人，都应当遵守本法。

《道路交通安全法》第六十二条 行人通过路口或者横过道路，应当走人行横道或者过街设施；通过有交通信号灯的人行横道，应当按照交通信号灯指示通行；通过没有交通信号灯、人行横道的路口，或者在没有过街设施的路段横过道路，应当在确认安全后通过。

《道路交通安全法实施条例》第七十五条　行人横过机动车道，应当从行人过街设施通过；没有行人过街设施的，应当从人行横道通过；没有人行横道的，应当观察来往车辆的情况，确认安全后直行通过，不得在车辆临近时突然加速横穿或者中途倒退、折返。

194. 驾驶员撞死自己的亲人，保险公司需要赔偿吗？

【案情介绍】

王先生在饭店停车场停车，倒车时撞死了在车后指挥他倒车的妻子高某。该车辆投保于死者高某名下。王先生向其投保的保险公司索赔，保险公司保险合同中约定有"对被保险机动车本车驾驶人及其家庭成员的人身伤亡、所有或代管的财产的损失"不予赔偿的免责条款为由拒绝赔偿。保险公司的主张有无道理？

【评析】

交强险的全称是"机动车交通事故责任强制保险"，是由保险公司对被保险机动车发生道路交通事故造成受害人（不包括本车人员和被保险人）的人身伤亡、财产损失，在责任限额内予以赔偿的强制性责任保险。

根据《保险法》第十九条规定："采用保险人提供的格式条款订立的保险合同中的下列条款无效：（一）免除保险人依法应承担的义务或者加重投保人、被保险人责任的；（二）排除投保人、被保险人或者受益人依法享有的权利的。"

《合同法》第四十条规定，格式条款具有本法第五十二条和第五十三条规定情形的，或者提供格式条款一方免除其责任、加重对方责任、排除对方主要权利的，该条款无效。

因此，除非有证据证明当事人存在故意，否则免赔条款不适用，商业险应该对此进行理赔。

本案中，涉案保险合同系保险公司提供、制定的格式条款，其中对家庭成员免赔的格式条款缩小了第三者的范围，免除了保险公司对家庭成员作为第三者的赔偿责任，排除了家庭成员作为第三者的赔偿请求权，属于免除保险公司依法应承担的义务、排除被保险人依法享有的权利的情形，故该条款为无效条款。

因此，保险公司的主张没有道理，应该对王先生进行赔偿。

【相关法条】

《合同法》第四十条　格式条款具有本法第五十二条和第五十三条规定情形的，或者提供格式条款一方免除其责任、加重对方责任、排除对方主要权利的，该条款无效。

《保险法》第十九条　采用保险人提供的格式条款订立的保险合同中的下列条款无效：

（一）免除保险人依法应承担的义务或者加重投保人、被保险人责任的；

（二）排除投保人、被保险人或者受益人依法享有的权利的。

195. 乘客中途下车遭车祸，承运人是否承担责任？

【案情介绍】

毛女士乘坐市区至县城的客车回家探亲。客车到达县城后，毛女士内急要求司机何某在非站点的路边下车，毛女士下车后横过马路时被喇某驾驶的面包车撞倒，致毛女士受重伤。交通管理部门作出交通事故责任认定，客车司机何某、肇事车司机喇某应对毛女士负事故的同等责任。客车司机何某拒绝承担责任，何某认为事故与其没有任何关系，他只负责乘客毛女士车上的安全，不能限制毛女士下车的自由，故不应承担任何责任。司机何某对该事故是否承担责任？

【评析】

本案中，客车司机何某作为承运人应当向乘客及时告知运输安全应当注意的事项，并将乘客安全地运送到约定地点。何某、喇某的行为虽然对毛女士的伤残损害结果的发生均有责任，但两项因果关系不具有同时性，各自独立，即构成损害结果的原因为间接原因而不是直接原因，而且喇某与何某对造成毛女士的事故没有共同的意思联络。据此，应当认定客运司机何某的不作为与肇事面包车司机喇某的行为的结合属于间接结合而非直接结合。

综上所述，客运司机何某与肇事面包车司机喇某不构成共同侵权。此次交通事故中，何某对运输途中的乘客没有尽到安全保障义务，其有一定的过错，应承担相应的民事责任。肇事面包车司机喇某是该起交通事故的直接侵权人，应承担主要民事责任。

【相关法条】

《合同法》第三百零二条　承运人应当对运输过程中旅客的伤亡承担损害赔偿责任，但伤亡是旅客自身健康原因造成的或者承运人证明伤亡是旅客故意、重大过失造成的除外。

前款规定适用于按照规定免票、持优待票或者经承运人许可搭乘的无票旅客。

196. 车辆被盗发生交通事故，车主是否应承担赔偿责任？

【案情介绍】

2015 年 2 月 15 日，郭某的一辆大众轿车在自家院子里被盗。3 月 10 日，盗车人李某驾车将都某撞伤。李某弃车逃跑。都某要求车主郭某赔偿 5 万元。受害人都某能否要求车主郭某赔偿自己的损失？

【评析】

本案中车主郭某不享有被盗车辆的运行支配权，他已经丧失了对自己车辆的直接支配权，其不能掌控被盗车辆，也就不能把握被盗车辆运行风险，使用被盗车辆肇事，故不应对机动车发生交通事故致人损害承担责任。事故是由肇事人李某造成的，应由李某依法承担损害赔偿责任。

【相关法条】

《侵权责任法》第五十二条　盗窃、抢劫或者抢夺的机动车发生交通事故造成损害的，由盗窃人、抢劫人或者抢夺人承担赔偿责任。保险公司在机动车强制保险责任限额范围内垫付抢救费用的，有权向交通事故责任人追偿。

《侵权责任法》第五十三条　机动车驾驶人发生交通事故后逃逸，该机动车参加强制保险的，由保险公司在机动车强制保险责任限额范围内予以赔偿；机动车不明或者该机动车未参加强制保险，需要支付被侵权人人身伤亡的抢救、丧葬等费用的，由道路交通事故社会救助基金垫付。道路交通事故社会救助基金垫付后，其管理机构有权向交通事故责任人追偿。

《道路交通安全法》第七十五条　肇事车辆参加机动车第三者责任强制保险的，由保险公司在责任限额范围内支付抢救费用；抢救费用超过责任限额的，未参加机动车第三者责任强制保险或者肇事后逃逸的，由道路交通事故社会救助基金先行垫付部分或者全部抢救费用，道路交通事故社会救助基金管理机构有权向交通事故责任人追偿。

《最高人民法院关于被盗机动车辆肇事后由谁承担损害赔偿责任问题的批复》　使用盗窃的机动车辆肇事，造成被害人物质损失的，肇事人应当依法承担损害赔偿责任，被盗机动车辆的所有人不承担损害赔偿责任。

197. 在修理厂内倒车撞到人属于道路交通事故还是人身伤害事故？

【案情介绍】

2014 年 4 月 20 日，张某将自己刹车失灵的桑塔纳轿车开到某县汽车修理厂修理。该轿车在某保险公司投保，保险期为 2014 年 3 月 3 日至 2015 年 3 月 2 日。修理厂内车辆较多，修理工白某要求张某将车停在指定的地点等待修理。于是张某驾车，白某在车后指挥倒车，但张某操作不当，将白某撞伤，造成白某左腿粉碎性骨折。修理厂内倒车撞人，属于道路交通事故还是人身伤害事故？白某的损害由谁来赔偿？

【评析】

《道路交通安全法》中定义的"道路"包括以下几种：

（1）公路，即国道、省道、县道和乡道，包括陆面道路和公路桥梁、公路隧道和公路渡口。

（2）城市道路，即城市供车辆、行人通行，具备一定技术条件的道路、桥梁及其附属设施。

（3）属于单位管辖范围但允许社会机动车通行的道路，如厂矿道路、机场道路、港区道路等，凡是社会机动车可以自由通行的，均按照道路进行管理。

（4）广场，即城市规划在道路用地范围内，专供公众集会、游嬉、步行和交通集散的场地。

（5）公共停车场，即在规划的道路用地范围内专门划设出供车辆停放的车辆集散地。

本案中，事故发生在汽车修理厂内。汽车修理厂也属于公共停车场范畴，且汽车在倒车，该车的运动状态是造成事故发生的根本原因，所以本案涉及的事故属于交通事故。交通事故在地域上，不仅包括道路，还应当包括道路以外的其他场所，仅以地域范围来确定是否属于交通事故已不符合现行法律规定。应该以发生事故时机动车是否处于通行状态作为衡量标准。

本案虽然发生于修理厂内，但这并不影响该车所表现的倒车的运动状态。虽然张某倒车的目的是为了进行修理，但这起事故的发生与修理的操作没有任何因果联系。故此认为本案属于交通事故，保险公司应赔偿。

【相关法条】

《道路交通安全法》第七十六条　机动车发生交通事故造成人身伤亡、财产损失的，由保险公司在机动车第三者责任强制保险责任限额范围内予以赔偿。

《道路交通安全法》第七十七条　车辆在道路以外通行时发生的事故，公安机关交通管理部门接到报案的，参照本法有关规定办理。

《道路交通安全法》第一百一十九条　本法中下列用语的含义：（一）"道路"，是指公路、城市道路和虽在单位管辖范围但允许社会机动车通行的地方，包括广场、公共停车场等用于公众通行的场所……（五）"交通事故"，是指车辆在道路上因过错或者意外造成的人身伤亡或者财产损失的事件。

198. 妻子应否对丈夫造成的交通事故承担赔偿责任？

【案情介绍】

邓某驾驶的货车与梁某的轿车相撞，造成邓某当场死亡，梁某受重伤。事故发生后，交警大队做出事故认定书，认定事故系邓某疲劳驾驶、违章行驶造成，邓某负全部责任，梁某没有责任。梁某受伤住院花去医疗费 11 万余元，除保险公司的赔付外，仍有 3 万元没有着落。经了解，邓某与其妻宋某自结婚后一直以夫妻共同购买的车辆搞运输维持生活。由于肇事司机邓某已死，梁某找到邓某的妻子宋某要求赔偿 3 万元损失，宋某当即拒绝，称交通事故由丈夫邓某造成，不应由自己承担赔偿责任。宋某应否对丈夫邓某造成的交通事故承担赔偿责任？

【评析】

夫妻共同债务是指：

（1）夫妻双方共同签字或者夫妻一方事后追认等共同意思表示所负的债务，应当认定为夫妻共同债务。

（2）夫妻一方在婚姻关系存续期间以个人名义为家庭日常生活需要所负的债务，债权人以属于夫妻共同债务为由主张权利的，人民法院应予支持。

（3）夫妻一方在婚姻关系存续期间以个人名义超出家庭日常生活需要所负的债务，债权人以属于夫妻共同债务为由主张权利的，人民法院不予支持，但债权人能够证明该债务用于夫妻共同生活、共同生产经营或者基于夫妻双方共同意思表示的除外。

本案肇事车辆在夫妻关系存续期间购买，该车应为夫妻共有，且邓某从事货车运输经营，经营收入用于家庭生活，运行利益应当视为夫妻共享，所产生的侵权之债，应由夫妻共同承担，所以邓某经营活动所负的债务为夫妻共同债务。由于邓某死亡，其妻宋某应在共同财产的范围内对梁某承担赔偿责任。

【相关法条】

《婚姻法司法解释（二）》第二十六条　夫或妻一方死亡的，生存一方应当对婚姻关系存续期间的共同债务承担连带清偿责任。

199. 高速公路上乘客下车被撞伤由谁承担责任？

【案情介绍】

陈女士从某县城乘坐去省会的大客车到省会附近的某乡。大客车途经某乡高速公路出口处时，司机周某安排陈女士在高速公路下车。陈女士下车后步行不到一分钟，就被在高速公路内行驶的白某驾驶的一辆轿车撞伤。经交管部门认定，陈女士和白某负同等责任。陈女士要求让自己在高速路内下车的司机周某和撞伤自己的司机白某共赔偿 5 万元。

【评析】

高速公路上司机违章下客，造成人员伤害的，客车公司承担赔偿责任，这属于客运合同纠纷之诉；乘客在高速公路下车后，因交通事故受伤，肇事汽车的保险公司需要承担赔偿责任，这属于交通事故赔偿之诉。伤者所受到的损失，在交通事故赔偿之后，对于不足部分，可以再提起客运合同纠纷诉讼，以保护乘客的合法权益。

本案中乘客陈女士作为成年人，具有完全辨别能力和行为能力，却下车到高速公路上，不但置自己的生命安全于不顾，而且严重危害了高速公路的通行安全，存在严重过错行为，是事故发生的主要原因。司机周某由于其在事故中的违法和过错行为，与陈女士的严重过错行为相当，二人行为均是造成此次事故的主要原因，应认定二人共同承担此次事故的主要责任。肇事机动车驾驶司机白某，在驾驶机动车辆时，未与前方车辆保持安全车距，导致其临危无法采取有效的避让措施，造成陈女士受伤的道路交通事故，应承担本次交通事故的次要责任。

【相关法条】

《侵权责任法》第六条 行为人因过错侵害他人民事权益，应当承担侵权责任。

《侵权责任法》第二十六条 被侵权人对损害的发生也有过错的，可以减轻侵权人的责任。

《道路交通安全法》第六十七条 行人、非机动车、拖拉机、轮式专用机械车、铰接式客车、全挂拖斗车以及其他设计最高时速低于七十公里的机动车，不得进入高速公路。高速公路限速标志标明的最高时速不得超过一百二十公里。

200. 出租车乘客开门下车时撞伤骑车人，由谁承担赔偿责任？

【案情介绍】

鲜某乘坐出租车到某汽车客运站附近出租车停车点下车时，恰巧一电动车从旁边驶过。因鲜先生开门时用力过猛，车门将经过的电动车撞翻在地，电动车司机韩女士摔倒在地受伤，为此，鲜某赔偿了韩女士2 000元医药费。临走时，出租车司机还以车门被剐蹭掉漆为由强行向鲜某索要了500元维修费。鲜某当时有急事需要处理急着赶路，就支付了费用。后来鲜某听朋友说，出租车司机也有责任，要赔钱也不能由鲜某一个人赔。请问乘客下出租车开车门撞伤人的责任到底由谁承担？

【评析】

若车辆停在机动车道，非机动车行驶在机动车道内，出现下车开门相撞，则应该非机动车行驶人负主要责任，并处罚相应罚款；相反的，如果是在非机动车道内出现事故，说明机动车辆违反了《道路交通安全法实施条例》第六十三条的规定，妨碍了其他车辆和行人通行。

本案中乘客搭载出租车，无形中已经形成运输服务合同，出租车有保障乘客安全的义务：①如果出租车司机把乘客鲜某安全送达目的地后，合同已经履行完毕，如尽到了合同的附属安全注意义务，出租车司机已经做到安全防范的情况下，由乘客鲜某担责。②鲜某作为乘客是完全民事行为能力人，具有是否安全的判断力，如乘客鲜某开车门撞了骑电动车人韩女士，鲜某有过失行为，应承担相应的法律责任，出租车司机没有责任。③如果说，出租车司机按规定停好了车，不存在交通违法，也就不应该承担什么责任。但出租车司机停靠的地点属违章停车，那就应该由出租车司机承担全部责任。即使停车地点没问题，出租车司机也有义务确保乘客安全义务。如果是后车（骑电动车）韩女士违章，后车本身也会承担一定比例的责任。

【相关法条】

《道路交通安全法实施条例》第六十三条　机动车在道路上临时停车，应当遵守下列规定：

（一）在设有禁停标志、标线的路段，在机动车道与非机动车道、人行道之间设有隔离设施的路段以及人行横道、施工地段，不得停车；

（二）交叉路口、铁路道口、急弯路、宽度不足4米的窄路、桥梁、陡坡、隧道以及距离上述地点50米以内的路段，不得停车；

（三）公共汽车站、急救站、加油站、消防栓或者消防队（站）门前以及距离上述地点30米以内的路段，除使用上述设施的以外，不得停车；

（四）车辆停稳前不得开车门和上下人员，开关车门不得妨碍其他车辆和行人通行；

（五）路边停车应当紧靠道路右侧，机动车驾驶人不得离车，上下人员或者装卸物品后，立即驶离；

（六）城市公共汽车不得在站点以外的路段停车上下乘客。

201. 乘客在公交车上财物被盗，承运人应否赔偿？

【案情介绍】

刘女士在乘坐某路公交车时，上车不久就发现自己随身携带的包被打开，包内单位刚发的1万元年终奖现金不见了。刘女士发现身边站着的一位乘客神色紧张，有扒窃的嫌疑，于是立即告知司机为防小偷逃跑，不要打开车门，把车直接开到附近的派出所报案。但司机怕影响线路的营运而拒绝，到下一站时，车门打开，小偷匆忙下车逃离现场。刘女士认为自己在公交车上财物被盗，司机没有制止行窃行为，也不协助刘女士捉拿扒手，有重大过错，应承担自己的损失，但公交公司拒绝承担赔偿责任。

【评析】

乘客自上公交车那一刻开始，就与公交公司形成了客运合同关系，公交公司作为客运合同的承运人，应当在合理期间内将乘客安全运输到目的地。本案中刘女士购票乘坐公交公司运营的公交车，双方之间已经形成运输合同关系，承运人依法负有及时、安全运送旅客及尽力救助遇险旅客的义务。但在此案中，公交司机不但没有采取任何措施挽回刘女士的损失，反而开门让小偷逃走，这是职务上具有义务的义务人不作为的行为。如果刘女士有确凿证据证明司机的行为，那么司机所在单位即公交公司应当承担刘女士的损失。

【相关法条】

《合同法》第三百零一条　承运人在运输过程中，应当尽力救助患有急病、分娩、遇险的旅客。

《侵权责任法》第二十八条　损害是因第三人造成的，第三人应当承担侵权责任。

《刑事诉讼法》第一百零八条　任何单位和个人发现有犯罪事实或者犯罪嫌疑人，有权利也有义务向公安机关、人民检察院或者人民法院报案或者举报。

被害人对侵犯其人身、财产权利的犯罪事实或者犯罪嫌疑人，有权向公安机关、人民检察院或者人民法院报案或者控告。

公安机关、人民检察院或者人民法院对于报案、控告、举报，都应当接受。

202. 未年检车辆出险，保险公司是否理赔？

【案情介绍】

丁某驾车与他人车辆发生碰撞，造成两车不同程度受损的交通事故。经交警队认定双方对事故负同等责任。事故发生后，保险公司以丁某的车辆逾期未年检为由拒绝理赔。请问这种情况下，保险公司拒赔合法吗？

【评析】

根据《道路交通管理条例》的规定，机动车必须按期限进行年检，未按时年检，交通管理部门可以依法作出处罚，即机动车未年检属一般性违法行为，应受到行政处罚。车辆行驶证的年检属于行政管理范畴，行驶证未按期年检应由交管部门依法处理，事故的发生与车辆是否年检没有必然联系，保险公司不能因此免除保险责任。

保险合同系格式合同，车辆未年检保险公司不理赔属免责条款。根据《保险法》的规定，对于保险合同中免除保险责任的条款，保险公司在承保时应就该免责条款进行明确告知，如果保险公司未能举证证明其已履行了告知义务，则该条款不产生效力。

本案中，如果事故的发生不是因为车辆安全技术问题，保险公司在承保时对该免责条款亦未尽明确告知义务，则事故车辆虽逾期未年检保险公司仍应理赔。

【相关法条】

《保险法》第十七条第二款　对保险合同中免除保险人责任的条款，保险人在订立合同时应当在投保单、保险单或者其他保险凭证上作出足以引起投保人注意的提示，并对该条款的内容以书面或者口头形式向投保人作出明确说明；未作提示或者明确说明的，该条款不产生效力。

《最高人民法院关于适用〈中华人民共和国保险法〉若干问题的解释（二）》第九条　保险人提供的格式合同文本中的责任免除条款、免赔额、免赔率、比例赔付或者给付等免除或者减轻保险人责任的条款，可以认定为保险法第十七条第二款规定的"免除保险人责任的条款"。

保险人因投保人、被保险人违反法定或者约定义务，享有解除合同权利的条款，不属于保险法第十七条第二款规定的"免除保险人责任的条款"。

《道路交通管理条例》第十七条　车辆必须经过车辆管理机关检验合格，领取号牌、行驶证，方准行驶。

《道路交通管理条例》第二十条　机动车必须按车辆管理机关规定的期限接受检验，未按规定检验或检验不合格的，不准继续行驶。

203. 老年人免费坐公交意外受伤，公交车承担赔偿责任吗？

【案情介绍】

69岁的朱大爷独自坐上一辆公交车去早市买菜。到站后，朱大爷向后门走去，准备下车，公交车突然发动，老人腿脚本来就不灵便，再加上手上拎着推拉车，没能站稳，摔倒在车内，导致朱大爷腰腿骨折，需要住院治疗。朱大爷的家属要求公交公司承担治疗费，遭到拒绝。原因是朱大爷上车时刷的是老年优惠卡。请问老年人免费乘坐公交车意外受伤，公交车应该承担赔偿责任吗？

【评析】

按照《合同法》的相关规定，如果双方存在合同关系，那么任何一方都必须按照合同的约定全部履行自己的义务。一旦构成违约行为，当事一方必须依法承担民事责任。根据《消费者权益保护法》的规定，商家提供的商品或者服务无论是免费或有偿，都应该保障消费者的基本安全。免票不同于无票，免费也并不意味着免除保障消费者安全的责任，老年人手中持有的卡其实就是车票。依法免票的乘客，在客运合同中与购票乘客地位相同。

本案中朱大爷乘车，他实际上和公交公司已形成了一种双务合同关系。朱大爷是在免费搭乘公交车途中受伤，应视为公交公司未能完全履行其安全运输的义务，其行为已构成违约。朱大爷由此产生的相关医疗费用等，公交公司应当作出相应赔偿。

【相关法条】

《合同法》第六十条　当事人应当按照约定全面履行自己的义务。

《合同法》第三百零二条　承运人应当对运输过程中旅客的伤亡承担损害赔偿责任，但伤亡是旅客自身健康原因造成的或者承运人证明伤亡是旅客故意、重大过失造成的除外。

前款规定适用于按照规定免票、持优待票或者经承运人许可搭乘的无票旅客。

第九章 未成年人的权益保护

未成年人是祖国的未来和希望。当我们在新闻或网站上看到未成年人被侵害的事件频频发生时，总觉得这些事情离我们的生活很遥远。只有亲眼看到或听到父母离婚后孩子无家可归、孩子在幼儿园受到侵害等事件发生时，才深深地感觉到这些真实发生的案件原来就在我们身边。让所有的孩子在阳光下茁壮成长，保护未成年人的合法权益。本章对生活中遇到的案例进行评析，以法条应用的形式，紧紧围绕社会中易发的难点问题对法律规定进行解释，从家庭保护、学校保护、社会保护到司法保护，并附相关法条，全面展开。书中的案例分析有助于宣传和贯彻实施保护未成年人权益的法律，引导教师、家长自觉遵纪守法。

204. 未成年人在校受伤责任由谁承担？

【案情介绍】

某学校六年级 11 岁的学生杨某在课间操上厕所之际用水果刀捅伤七年级 12 岁的学生苏某，苏某因抢救无效死亡。苏某的父母追到学校哭闹，扬言要把杨某打死，并要求杨某的监护人（父母）及学校赔偿。

【评析】

一般来说，未满 18 周岁的人都是未成年人。未成年人可分为无民事行为能力人、限制民事行为能力人。一般 8 周岁以下为无民事行为能力人，8 周岁以上（包含 8 周岁）为限制民事行为能力人。对于这两种人在校期间受到伤害、造成他人人身伤害或者第三人侵权造成未成年人人身伤害的，第三人、学校和监护人应承担各自不同的责任。

公民的健康权依法受法律保护，侵害公民的身体应当承担民事赔偿责任。本案中杨某与苏某发生纠纷，苏某被杨某用刀捅死，事发时两个人均为限制民事行为能力人，故杨某实施的侵权行为所应承担的赔偿责任由其监护人（父母）承担。学校的责任视其是否尽到教育、管理职责而定，如学校已尽到教育、管理职责，不应承担责任，否则应在过错范围内承担赔偿责任。

【相关法条】

《侵权责任法》第二十六条　被侵权人对损害的发生也有过错的，可以减轻侵权人的责任。

《侵权责任法》第三十二条　无民事行为能力人、限制民事行为能力人造成他人损害的，由监护人承担侵权责任。监护人尽到监护责任的，可以减轻其侵权责任。

有财产的无民事行为能力人、限制民事行为能力人造成他人损害的，从本人财产中支付赔偿费用。不足部分，由监护人赔偿。

《侵权责任法》第三十八条　无民事行为能力人在幼儿园、学校或者其他教育机构学习、生活期间受到人身损害的，幼儿园、学校或者其他教育机构应当承担责任，但能够证明尽到教育、管理职责的，不承担责任。

《侵权责任法》第三十九条　限制民事行为能力人在学校或者其他教育机构学习、生活期间受到人身损害，学校或者其他教育机构未尽到教育、管理职责的，应当承担责任。

《侵权责任法》第四十条　无民事行为能力人或者限制民事行为能力人在幼儿园、学校或者其他教育机构学习、生活期间，受到幼儿园、学校或者其他教育机构以外的人员人身损害的，由侵权人承担侵权责任；幼儿园、学校或者其他教育机构未尽到管理职责的，承担相应的补充责任。

205. 学校提前放学，小学生在放学途中发生意外伤害事故，学校是否应承担责任？

【案情介绍】

肖某与文某均为某县某乡某小学的学生。2014 年 5 月 23 日下午，学校提前放学，肖某和文某在放学途中玩耍时，肖某先用木棍打到文某的脚，文某即用稻草梗戳伤肖某的左眼，经鉴定肖某的左眼伤残程度为十级。事发后，肖某花费医疗费 1.8 万元，肖某家人要求学校和文某的监护人赔偿医疗费、伤残赔偿金等 8 万元。

【评析】

校园伤害事故属一般民事侵权范畴，适用过错责任原则。学校与学生的关系是教育管理关系。学生家长与学校之间的关系不是监护职责的约定或推定转移，而是一种委托教育合同关系，保护未成年学生的人身安全是委托教育合同的附随义务。这种附随义务也是一种法定义务，来自《教育法》和《未成年人保护法》的直接规定，它要求学校对未成年学生负有教育、管理和保护职责，如学校因过错违反该义务导致校园伤害事故则应承担损害赔偿责任。

本案中学校提前放学未通知家长使未成年人脱离监护处于危险之中，学校是有责任的。肖某在学校提前放学途中，被同学文某用稻草戳伤眼睛，校方在安全管理方面存在过错，应承担赔偿责任，文某的监护人也承担赔偿责任。

【相关法条】

《侵权责任法》第四十条　无民事行为能力人或者限制民事行为能力人在幼儿园、学校或者其他教育机构学习、生活期间，受到幼儿园、学校或者其他教育机构以外的人员人身损害的，由侵权人承担侵权责任；幼儿园、学校或者其他教育机构未尽到管理职责的，承担相应的补充责任。

《学生伤害事故处理办法》第十三条　下列情形下发生的造成学生人身损害后果的事故，学校行为并无不当的，不承担事故责任；事故责任应当按有关法律法规或者其他有关规定认定：

（一）在学生自行上学、放学、返校、离校途中发生的；

（二）在学生自行外出或者擅自离校期间发生的；

（三）在放学后、节假日或者假期等学校工作时间以外，学生自行滞留学校或者自行到校发生的；

（四）其他在学校管理职责范围外发生的。

《未成年人保护法》第二十二条　学校、幼儿园、托儿所应当建立安全制度，加强对未成年人的安全教育，采取措施保障未成年人的人身安全。

206. 学生上体育课摔伤由谁负责？

【案情介绍】

柳某是某高中一年级的学生，因体育课打篮球摔倒而骨折，花费医疗费8 000余元。柳某的父母认为学校应当对柳某的摔伤承担全部责任，要求学校赔偿医疗费、交通费、误工费、营养费等费用共计2万多元。学校不同意赔偿，认为柳某是在打篮球过程中自己摔伤的，自由活动前体育老师安排了热身运动并进行了安全教育，柳某受伤后校方也及时通知了家长，学校没有过错。

【评析】

限制民事行为能力人在学校或者其他教育机构学习、生活期间受到人身损害，学校或者其他教育机构未尽到教育、管理职责的，应当承担责任。如在体育课上受伤，学校的体育设施有没有问题，教师的讲解和保护有没有到位都是要考虑的因素。学校如有过错，则要承担相应责任；如果学校完全正常授课操作，发生事故的原因是学生自己不注意或意外，在双方均无过错的情况下，应该根据公平原则确定双方的责任。

本案中，柳某在体育课打篮球时受伤，学校与学生双方对该损害均无过错，属教学意外事故。但根据公平原则，学校应该对学生在教学活动中受到的损害给予一定的赔偿。因此，应由双方分担责任。

【相关法条】

《侵权责任法》第三十九条 限制民事行为能力人在学校或者其他教育机构学习、生活期间受到人身损害，学校或者其他教育机构未尽到教育、管理职责的，应当承担责任。

《侵权责任法》第四十条 无民事行为能力人或者限制民事行为能力人在幼儿园、学校或者其他教育机构学习、生活期间，受到幼儿园、学校或者其他教育机构以外的人员人身损害的，由侵权人承担侵权责任；幼儿园、学校或者其他教育机构未尽到管理职责的，承担相应的补充责任。

207. 孩子在幼儿园受伤，谁来承担赔偿责任？

【案情介绍】

王某的孩子入托在一所私人办的幼儿园里。2014年6月5日，幼儿园老师带孩子们玩耍时，王某的孩子从滑梯上摔下来。幼儿园将孩子送到附近的医院，医院检查后发现孩子的胳膊骨折需要住院治疗。等孩子出院后，王某去幼儿园要求赔偿误工费等一些费用，幼儿园却说已经付了医疗费，不再承担任何责任。

【评析】

我国《民法总则》规定，未满8周岁的未成年人是无民事行为能力人，其民事活动、行为后果由法定监护人或委托监护人承担责任。在幼儿园期间，无论是上课就读、课间休息，还是吃饭、午睡，其监护责任都由幼儿园承担。幼儿园完全有义务对孩子们的各个具体行为予以监护。孩子在幼儿园受伤后，家长可以要求园方赔偿医疗费、误工费、营养费以及交通费。

幼儿园承担责任后根据2002年6月25日教育部令第12号《学生伤害事故处理办法》第二十七条的有关规定，向老师行使追偿权，因学校教师或其他工作人员在履行职务中的故意或重大过失造成的学生伤害事故，学校予以赔偿后，可以向有关责任人员追偿。

本案中王某的孩子在幼儿园受伤导致的医疗费用幼儿园应予以赔偿。幼儿园赔偿后，可以向有关的责任人追偿。

【相关法条】

《侵权责任法》第三十九条 限制民事行为能力人在学校或者其他教育机构学习、生活期间受到人身损害，学校或者其他教育机构未尽到教育、管理职责的，应当承担责任。

《侵权责任法》第四十条 无民事行为能力人或者限制民事行为能力人在幼儿园、学校或者其他教育机构学习、生活期间，受到幼儿园、学校或者其他教育机构以外的人员人身损害的，由侵权人承担侵权责任；幼儿园、学校或者其他教育机构未尽到管理职责的，承担相应的补充责任。

《关于审理人身损害赔偿案件司法解释》第七条 对未成年人依法负有教育、管理、保护义务的学校、幼儿园或者其他教育机构，未尽职责范围内的相关义务致使未成年人遭受人身损害，或者未成年人致他人人身损害的，应当承担与其过错相应的赔偿责任。

208. 好心帮忙看孩子，孩子摔伤需要承担赔偿责任吗？

【案情介绍】

邻居李女士带着6岁的女儿到路大妈家请求帮忙。李女士称，自己网购的家电需要去提货，家里没人，希望路大妈能帮忙照看孩子。考虑两家关系一直不错，路大妈就答应了。午饭后，路大妈带着李女士的孩子到小区里玩耍，孩子穿着旱冰鞋在小区里飞快地滑行，因速度太快摔了一跤，孩子哭闹不止。路大妈带孩子到附近的医院检查，经医生诊断，孩子的左腿骨折。路大妈垫付了孩子当时的各项医疗费用共计3890元。孩子出院后，路大妈委婉地向李女士提出，希望李女士支付她垫付的3890元各项医疗费。令路大妈没想到的是，李女士要求路大妈承担孩子受伤后由李女士支付的医疗费和后续的康复费、营养费等合计7640元。

【评析】

这是一起委托监护纠纷。路大妈答应帮李女士照看孩子，双方就已经产生了委托监护的法律关系，孩子受伤，路大妈负有一定责任。但由于路大妈执行的是无偿监护，所以她不应当承担全部的责任，建议双方共同支付医疗费。

本案中，路大妈在未经委托人李女士同意的情况下，带孩子出去滑旱冰摔伤，没有尽到看护职责，应当承担赔偿责任。

【相关法条】

《民通意见》第二十二条　监护人可以将监护职责部分或者全部委托给他人。因被监护人的侵权行为需要承担民事责任的，应当由监护人承担，但另有约定的除外；被委托人确有过错的，负连带责任。

《民法总则》第三十四条　监护人的职责是代理被监护人实施民事法律行为，保护被监护人的人身权利、财产权利以及其他合法权益等。

监护人依法履行监护职责产生的权利，受法律保护。

监护人不履行监护职责或者侵害被监护人合法权益的，应当承担法律责任。

209. 未成年人在学校组织的外出活动中受伤，学校需要承担责任吗？

【案情介绍】

某小学组织学生到公园进行春游活动。学生在离校前，班主任对学生进行了安全注意事项的教育。到公园后老师对学生开展的各项活动进行了严格管理。休息期间，刘明等学生私自脱离教师的管理在公园内乘坐碰碰车。刘明等3位小学生乘坐的碰碰车与他车相撞，刘明的安全带脱扣导致刘明从车上坠地，造成刘明"脾破裂，肾挫伤"。

刘明受伤后，负责带队的老师与公园管理人员一同送刘明到某县医院住院治疗，共花费医疗费2万余元。事发后，刘明的父母要求该小学与公园共同支付12万余元的人身损害赔偿。

【评析】

未成年学生与学校等教育机构之间的关系，从本质上讲，是一种教育关系，不是基于民事法律规定和血缘关系形成的父母以及其他监护人与未成年学生之间的监护关系。根据《教育法》和《未成年人保护法》等法律、行政法规以及最高人民法院有关司法解释规定的精神，学校等教育机构对未成年学生所负的是教育、管理和保护责任，而不是民事法律意义上的监护责任。学校有过错的，应当承担适当赔偿责任；无过错的，就不承担赔偿责任。

本案中，该学校在进行春游离校前，老师对学生进行了春游相关的安全教育，学生在教师的指导下进行各项活动，学校在此尽了教育责任。但在休息时，刘明不听教师的教育擅自脱离管理，私自跑到公园内的碰碰车上玩耍，因碰碰车设施失效造成刘明从车上摔下而受伤。学校和公园管理人员将受伤的刘明送到医院治疗，学校已尽了救助和保护责任。为此，从案情可以认定，学校已按法定职责尽了学生春游安全、管理和教育的责任。学校在整个春游过程中不存在过错。因此，学校不承担刘明摔伤的民事赔偿责任。刘明受伤的直接原因是安全带脱扣，显然是公园园林管理处对碰碰车的安全设施疏于管理造成的，公园园林管理处为刘明的人身损害承担责任。

【相关法条】

《侵权责任法》第三十九条　限制民事行为能力人在学校或者其他教育机构学习、生活期间受到人身损害，学校或者其他教育机构未尽到教育、管理职责的，应当承担责任。

《侵权责任法》第四十条　无民事行为能力人或者限制民事行为能力人在幼儿园、学校或者其他教育机构学习、生活期间，受到幼儿园、学校或者其他教育机构以外的人员人身损害的，由侵权人承担侵权责任；幼儿园、学校或者其他教育机构未尽到管理职责的，承担相应的补充责任。

210. 小学生在学校内被烫伤，学校应否承担责任？

【案情介绍】

某小学二年级 8 岁学生祁某在中午放学后到学校开水房打开水，在打完开水回教室的过程中不慎被楼道的回弹式常闭防盗门撞倒，祁某的腿被烫伤。事后，祁某家人要求学校承担赔偿责任。学校应否承担责任？

【评析】

根据《侵权责任法》第三十九条的相关规定，对于限制行为能力人在学校受到的伤害，学校承担的是过错责任，即如果要学校承担赔偿责任，需要提供证据证明学校存在教育、管理过错，而且要证明受到的伤害与学校的过错有因果关系。

本案中虽然祁某的损害发生在中午放学以后，但祁某尚未离开学校，还在学校的管理和控制之中，因而学校还应继续承担管理学生的义务和责任。由于学校疏于管理，没有完全尽到责任，所以学校对祁某的损害结果应承担相应的责任。

【相关法条】

《侵权责任法》第三十八条　无民事行为能力人在幼儿园、学校或者其他教育机构学习、生活期间受到人身损害的，幼儿园、学校或者其他教育机构应当承担责任，但能够证明尽到教育、管理职责的，不承担责任。

211. 儿童在超市儿童游乐园内玩耍致伤，责任应由谁承担？

【案情介绍】

蔡女士带孩子在某超市消费时，她3岁的女儿在该超市儿童游乐园玩耍不慎摔伤，造成左胳膊骨折，共花3 000余元治疗费。蔡女士认为女儿是在超市摔伤的，超市应承担责任。超市则认为蔡女士的女儿摔伤一方面是因其他小朋友推挤造成的，另一方面蔡女士作为监护人未尽到监护义务，且超市儿童游乐园无须付费，不设专门的看管人员，儿童游乐园提示牌上已写明，"设施无偿使用，如发生任何意外，本店恕不负责"，因此超市不应承担责任。

【评析】

根据《消费者权益保护法》第十八条规定，经营者应当保证其提供的商品或服务符合保障人身、财产安全的要求。超市对其在经营场所提供的服务负有安全保证义务。尽管超市儿童游乐园无须付费，但它是为方便顾客所用，并且作为商场招徕顾客来此购物的手段和工具。因此，属于经营者向消费者提供的一种服务。据此超市负有法律上的义务，需要保证在超市儿童游乐园内玩耍的儿童的人身安全。超市明知来超市游乐园玩耍的儿童年龄都小，无民事行为能力，容易发生人身伤害，却未设专人进行看护管理，显然没有尽到安全保证义务，依法应当承担责任。但蔡女士作为女儿的监护人没有监管到位是主要原因，自己也要承担责任。

【相关法条】

《消费者权益保护法》第十八条 消费者有权要求经营者提供的商品和服务，符合保障人身、财产安全的要求。

《侵权责任法》第三十七条 宾馆、商场、银行、车站、娱乐场所等公共场所的管理人或者群众性活动的组织者，未尽到安全保障义务，造成他人损害的，应当承担侵权责任。

因第三人的行为造成他人损害的，由第三人承担侵权责任；管理人或者组织者未尽到安全保障义务的，承担相应的补充责任。

《合同法》第四十条 提供格式条款一方免除其责任、加重对方责任、排除对方主要权利的，该条款无效。

《民法通则》第一百零六条 ……公民、法人由于过错侵害国家的、集体的财产，侵害他人财产、人身的，应当承担民事责任。

《关于审理人身损害赔偿案件司法解释》第六条第一款　从事住宿、餐饮、娱乐等经营活动或者其他社会活动的自然人、法人、其他组织，未尽合理限度范围内的安全保障义务致使他人遭受人身损害，赔偿权利人请求其承担相应赔偿责任的，人民法院应予支持。

《消费者权益保护法》第十八条　经营者应当保证其提供的商品或者服务符合保障人身、财产安全的要求。

212. 非婚生子女如何落户?

【案情介绍】

林女士的女儿已经五周岁了，林女士生女儿时是某市某单位的集体户口。由于林女士是未婚生育，目前林女士在本市想买房落户，房子买好了，林女士本人的户口也落到房子上了，但是片区的派出所不给她的孩子落户口，林女士应该如何办理这件事?

【评析】

非婚生子女落户应首先到计生部门咨询并接受计划外生育处理，然后再带上户口簿、居民身份证、计划生育服务证、小孩"出生医学证明"原件及复印件、书面入户申请等到分局办证中心咨询办理所需的其他相关资料。非婚生子女可以随父母一方报户口。

本案中林女士可持上述证件及资料，到户口所在地的派出所申请办理孩子的出生登记。如果无出生医学证明，孩子的母亲林女士要拿到司法部门作的亲子鉴定，然后到派出所申请办理出生登记即可。

【相关法条】

《婚姻法》第二十五条　非婚生子女享有与婚生子女同等的权利，任何人不得加以危害和歧视。

213. 生父不认私生子，如何获得抚养费?

【案情介绍】

在孩子出生前后，王小姐的男友曾支付孩子的出生费用，并陪同其用他的医保卡买过药，但无发票。孩子满周岁后男友否认孩子是他的，并拒付抚养费。王小姐让孩子的生父作亲子鉴定，但男友拒绝。王小姐可以要求男友支付抚养费吗?

【评析】

亲子鉴定因涉及身份关系，原则上应当双方自愿。但是如果非婚生子女以及与其共同生活的父母一方有相当证据证明被告为非婚生子女的生父或者生母，且非婚生子女本人尚未成年，亟须抚养和教育的，如果男方不能提供足以推翻亲子关系的证据，又拒绝作亲子鉴定的，应当推定其亲子关系成立。但是，应当严格掌握以下条件：

首先，提出申请的一方应当是亟待抚养和教育的非婚生子女或与非婚生子女共同生活的父母一方；其次，提出申请的一方已经完成了与其请求相当的证明责任；再次，被申请人提不出足以推翻亲子关系存在的证据；最后，被申请人拒绝作亲子鉴定。只要同时具备上述条件，就可推定对其不利的事实成立。婚生子女与非婚生子女的法律地位是一样的，本案中王小姐的男友有义务承担孩子的抚养费。

【相关法条】

《婚姻法》第二十条　非婚生子女享有与婚生子女同等的权利，任何人不得加以危害和歧视。不直接抚养非婚生子女的生父或生母，应当负担子女的生活费和教育费，直至子女能独立生活为止。

《婚姻法》第三十七条　关于子女生活费和教育费的协议或判决，不妨碍子女在必要时向父母任何一方提出超过协议或判决原定数额的合理要求。

《婚姻法》第四十八条　对拒不执行有关扶养费、抚养费、赡养费、财产分割、遗产继承、探望子女等判决或裁定的，由人民法院依法强制执行。有关个人和单位应负协助执行的责任。

214. 父母婚内分居不管子女的，子女可追索抚养费吗？

【案情介绍】

吴先生和柴女士因夫妻关系恶化而分居，双方婚生女儿（婷婷）由柴女士一人抚养，在长达 6 年的分居中吴先生对女儿不闻不问，现在 7 岁的婷婷可否向法院请求吴先生一方给付抚养费？

【评析】

父母对未成年子女的抚养义务是无条件的、强制性的，无论是婚姻存续期间，还是解除婚姻关系后，抚养未成年子女都是父母的法定义务，且法律也并没有规定离婚是主张子女抚养费的前提条件。父母拒不履行抚养子女的义务的，子女都有权请求支付抚养费。因此，未成年的子女或已成年但不能独立生活的子女可以作为原告向未尽抚养义务的父母追索抚养费。

本案中，吴先生和柴女士 7 岁的女儿婷婷可以向法院请求父亲吴先生给付抚养费。

【相关法条】

《婚姻法》第二十一条　父母对子女有抚养教育的义务；子女对父母有赡养扶助的义务。父母不履行抚养义务时，未成年的或不能独立生活的子女，有要求父母付给抚养费的权利。

《婚姻法司法解释（三）》第三条　婚姻关系存续期间，父母双方或者一方拒不履行抚养子女义务，未成年或者不能独立生活的子女请求支付抚养费的，人民法院应予支持。

215. 未成年人可以立遗嘱吗？

【案情介绍】

16 岁的小周在一家超市做营销经理。因父母早逝，小周从 8 岁起就随姑姑一起生活，小周经常买彩票，一次他意外地中了 80 万元。之后没多久小周就被医院确诊患有尿毒症，于是他立下遗嘱说将自己名下的所有财产都留给姑姑。继承法规定遗嘱设立人必须成年，未成年人小周设立的遗嘱是否有效？

【评析】

无完全民事行为能力人不具备遗嘱能力，只有具有完全行为能力的人才可以立遗嘱。我国《继承法》规定，遗嘱设立人必须具有完全民事行为能力，无行为能力人或限制行为能力人设立的遗嘱无效。根据我国《民法总则》的规定，16 周岁以上不满 18 周岁的公民，以自己的劳动收入为主要生活来源的，视为完全民事行为能力人。

本案中小周虽然未满 18 周岁，但已满 16 岁且已参加工作，能够以自己的劳动收入作为自己的生活来源，因此他可以视为完全民事行为能力人，可以作为遗嘱设立人。如果小周所立的遗嘱符合遗嘱的法定形式要件和实质要件，那么他所立的遗嘱有效。

【相关法条】

《民法总则》第十八条　成年人为完全民事行为能力人，可以独立实施民事法律行为。

十六周岁以上的未成年人，以自己的劳动收入为主要生活来源的，视为完全民事行为能力人。

《继承法》第二十二条　无行为能力人或者限制行为能力人所立的遗嘱无效。

《继承法意见》第四十一条　遗嘱人立遗嘱时必须有行为能力。无行为能力人所立的遗嘱，即使其本人后来有了行为能力，仍属无效遗嘱。遗嘱人立遗嘱时有行为能力，后来丧失了行为能力，不影响遗嘱的效力。

216. 父母能擅自挪用孩子的压岁钱吗？

【案情介绍】

14岁的牛牛跑到某派出所，对民警说，他将自己积攒10多年的5万多元压岁钱给父母保管，父母给他办理了银行的存款账户后，把他的5万多元的压岁钱全部存到银行。暑假牛牛想参加夏令营，需要外出的费用，当牛牛向父母要回银行卡到银行自动取款机取钱时，发现卡内的钱被父母全部转走了。于是牛牛跑到派出所求助。牛牛的父母能擅自挪用他的压岁钱吗？

【评析】

大人给孩子的压岁钱属于赠与性质，与孩子之间形成的是赠与合同关系。孩子接受压岁钱，赠与合同就依法成立，其所有权就属于孩子，家长无权予以处分。关于压岁钱的使用，因孩子是未成年人，法律上属于无民事行为能力人或者限制民事行为能力人，其父母或其他监护人对其有监护职责，包括管理和保护被监护人的财产。

因此，父母替孩子保管压岁钱符合法律规定。但法律为保护被监护人权益，明确规定父母或其他监护人除为被监护人的利益外，不得处理被监护人的财产。否则处分行为不具效力。

本案中牛牛作为限制民事行为能力人，父母可以为他代为保管或只有为了他的利益才能处分他的财产，否则处分行为便不具有效力。他的父母应归还他积攒的压岁钱。

【相关法条】

《民法总则》第十九条　八周岁以上的未成年人为限制民事行为能力人，实施民事法律行为由其法定代理人代理或者经其法定代理人同意、追认，但是可以独立实施纯获利益的民事法律行为或者与其年龄、智力相适应的民事法律行为。

《民通意见》第一百二十九条　赠与人明确表示将赠与物赠给未成年人个人的，应当认定该赠与物为未成年人的个人财产。

第十章 人身损害的权益保护

生命和健康是公民享有一切权利的基础，受法律保护。当我们每一个自然人的生命、健康、身体受到不法侵害，造成伤害、残疾、死亡及精神损害时，怎样才能获得赔偿？学点人身伤害权益保护的法律知识，将可能避免或减少人身伤害事故的发生，避免遭遇索赔无门的困境。

217. 成年大学生在校期间因自身原因发生意外死亡，学校该承担责任吗？

【案情介绍】

大学生小刘在学校放寒假后并未归家，小刘父母打电话请学校辅导员寻找未果，十几天后在学校发现小刘尸体，小刘父母感觉可能是小刘想不开，自杀了，因为小刘挂了好几门课，辅导员曾找小刘谈过话，也给小刘父母打过电话，指出小刘有可能会因挂课留级或者被劝退。小刘在与父母的沟通中，曾反复强调压力很大。后经公安鉴定确认小刘系自杀，家属要求学校承担赔偿责任。学校应该承担责任吗？

【评析】

由于本案中的大学生已成年，属于完全民事行为能力人，学校对其没有责任。因此，学校对在校大学生应承担的是过错责任，即当学校对学生受到的伤害存在过错时，才承担相应的责任。

本案中，由于大学生小刘自身的原因，并且是在校发生的意外事故。学校不存在任何过错行为，所以不承担责任。如果把责任强加给学校，就有失公平了。

【相关法条】

《侵权责任法》第六条 行为人因过错侵害他人民事权益，应当承担侵权责任。

根据法律规定推定行为人有过错，行为人不能证明自己没有过错的，应当承担侵权责任。

218. 无票乘客旅途中受到损害的能否要求赔偿？

【案情介绍】

某村村民马某乘坐一辆大巴车回家，因跟大巴司机赵某是亲戚，其并未购买车票。在行驶过程中由于路面湿滑导致汽车撞上了路旁的电线杆，最终导致马某面部受伤，脑震荡。马某在接受救治后要求客运公司对其伤害进行赔偿，而客运公司则以马某并未购票为由拒绝进行赔偿。

【评析】

根据《合同法》的规定，承运人应当对运输过程中旅客的伤亡承担损害赔偿责任，但伤亡是旅客自身健康原因造成的或者承运人能证明伤亡是旅客故意、重大过失造成的除外。前款规定适用于按照规定免票、持优待票或者经承运人许可搭乘的无票旅客。

本案中马某虽然并未买票，他是否同客运公司达成运输合同，是决定客运公司是否需要承担责任的关键。但大巴司机赵某同意马某乘坐自己的大巴车，双方形成了客运合同关系。因此，赵某有义务将乘客马某安全并及时地送达目的地，并保证乘客的人身、财产安全不受损害。马某的受伤，原因在于赵某的汽车在行驶过程中因路面湿滑而撞上了路旁的电线杆，与马某自身无关，赵某或大巴车所属运输公司应赔偿马某由此而造成的各项损失。

【相关法条】

《侵权责任法》第十六条　侵害他人造成人身损害的，应当赔偿医疗费、护理费、交通费等为治疗和康复支出的合理费用，以及因误工减少的收入。造成残疾的，还应当赔偿残疾生活辅助具费和残疾赔偿金。

《合同法》第三百零二条　承运人应当对运输过程中旅客的伤亡承担损害赔偿责任，但伤亡是旅客自身健康原因造成的或者承运人证明伤亡是旅客故意、重大过失造成的除外。前款规定适用于按照规定免票、持优待票或者经承运人许可搭乘的无票旅客。

219. 行人不慎掉入窨井，责任由谁来承担？

【案情介绍】

南某在某街道的人行道上散步，掉进一个无盖窨井，造成腿部受伤。事后，他了解到该窨井早已投入使用，但井盖被人偷走，井口周边没有警示标志。他想知道可以向窨井的管理方索赔吗？

【评析】

根据《侵权责任法》的相关规定，窨井等地下设施造成他人损害，管理人不能证明尽到管理职责的，应当承担侵权责任。

本案中，市政管理处未尽到管理、维护义务，也没有及时补上井盖或放置安全警示标志，导致行人南某掉进窨井受伤，明显存在严重失责，对此应承担相应的赔偿责任。本案中市政管理处必须举证证明对于井盖的缺失自己并没有过错，否则就要承担法律责任。

【相关法条】

《侵权责任法》第九十一条 在公共场所或者道路上挖坑、修缮安装地下设施等，没有设置明显标志和采取安全措施造成他人损害的，施工人应当承担侵权责任。

窨井等地下设施造成他人损害，管理人不能证明尽到管理职责的，应当承担侵权责任。

《城市道路管理条例》第二十三条 设在城市道路上的各类管线的检查井、箱盖或者城市道路附属设施，应当符合城市道路养护规范。因缺损影响交通和安全时，有关产权单位应当及时补缺或者修复。

《关于审理人身损害赔偿案件司法解释》第十六条 下列情形，适用民法通则第一百二十六条的规定，由所有人或者管理人承担赔偿责任，但能够证明自己没有过错的除外：（一）道路、桥梁、隧道等人工建造的构筑物因维护、管理瑕疵致人损害的；……

《最高人民法院关于民事诉讼证据的若干规定》第四条 建筑物或者其他设施以及建筑物上的搁置物、悬挂物发生倒塌、脱落、坠落致人损害的侵权诉讼，由所有人或者管理人对其无过错承担举证责任。

《治安管理处罚法》第三十七条 有下列行为之一的，处五日以下拘留或者五百元以下罚款；情节严重的，处五日以上十日以下拘留，可以并处五百元以下罚款：……（二）在车辆、行人通行的地方施工，对沟井坎穴不设覆盖物、防围和警示标志的，或者故意损毁、移动覆盖物、防围和警示标志的。

220. 使用居民小区的健身器械时出现伤害事故，谁来承担责任？

【案情介绍】

62岁的李大妈在自家小区内的健身器材锻炼身体时不慎摔倒，导致李大妈的腰腿摔伤。李大妈认为该小区内的公用健身器材存在严重的安全隐患，同时物业公司对公用健身器材的管理不善也是自己摔倒的重要原因。李大妈与小区物业双方未就赔偿事宜达成一致意见，李大妈打算将物业公司诉至法院，要求物业公司对本次事故产生的医疗费、护理费、交通费、住院伙食补助费、营养费、残疾赔偿金及精神损害抚慰金进行赔偿。

【评析】

对于住宅小区内安装的具有公益性质的健身器材，小区的物业公司负有配建、维护和管理义务。健身器材属于小区内的公共设施，物业有责任对小区内的公共设施进行管理，保证其正常使用。当公用健身器材超过安全使用年限或存在可能危及公众安全的隐患时，其所有者或管理者应当在履行日常检查的同时，及时进行设备的维修或更换，必要时应当在开放式健身区域设置相应的警示牌，警示某些不当行为，避免危险的发生。当这些器材给他人造成损害时，物业管理公司应承担相应的责任。如果是由于受害人未遵照安全使用说明，或故意毁损健身器材等原因而造成的损害，受害人自身也应当承担与过错相应的责任。

小区物业提供健身器材，业主在使用中造成伤害，关键是看物业是否有过错，是否尽到了安全保障义务。已经尽到安全保障义务的，为没有过错，不承担侵权责任。没有尽到安全保障义务的，为有过错，应当对自己的过错造成的侵权后果承担赔偿责任。

本案中李大妈作为成年人，在公共场所锻炼身体，未能对自身掌握健身器材能力进行适当判断，亦未尽到对健身器材安全性能的一般注意义务，对造成的损失自己应承担责任。

【相关法条】

《侵权责任法》第三十七条　宾馆、商场、银行、车站、娱乐场所等公共场所的管理人或者群众性活动的组织者，未尽到安全保障义务，造成他人损害的，应当承担侵权责任。

因第三人的行为造成他人损害的，由第三人承担侵权责任；管理人或者组织者未尽到安全保障义务的，承担相应的补充责任。

《公共文化体育设施条例》第二十五条　公共文化体育设施管理单位应当建立、健全安全管理制度，依法配备安全保护设施、人员，保证公共文化体育设施的完好，确保公众安全。

公共体育设施内设置的专业性强、技术要求高的体育项目，应当符合国家规定的安全服务技术要求。

《物业管理条例》第五十五条 物业存在安全隐患，危及公共利益及他人合法权益时，责任人应当及时维修养护，有关业主应当给予配合。

责任人不履行维修养护义务的，经业主大会同意，可以由物业服务企业维修养护，费用由责任人承担。

《全民健身条例》第三十条 公园、绿地、广场等公共场所和居民住宅区的管理单位，应当对该公共场所和居民住宅区配置的全民健身器材明确管理和维护责任人。

221. 误入别人家被狗咬，双方均应承担责任吗？

【案情介绍】

陈某到某村找人，却误入另一村民家，直接进门后被该村民家的看家狗咬伤，自己花费 1 000 多元医疗费。陈某要求村民赔偿自己受伤所产生的医疗费，该村民觉得是陈某误进他家才被狗咬伤，他没有任何责任。陈某想知道该村民到底该不该担责？

【评析】

根据《侵权责任法》相关规定，饲养的动物造成他人损害的，动物饲养人或者管理人应当承担侵权责任，但能够证明损害是因被侵权人故意或者重大过失造成的，可以不承担或者减轻责任。

动物伤人是一种特殊侵权，适用无过错归责原则，即动物造成他人损害的，动物的饲养人或者管理人应当负责，除非他们能证明，损害是由受害人的过错或者第三人的过错而造成的，否则狗的主人都应该对狗负有管理责任。从此事看来，狗主人明显疏于管理，存在过错，他应承担相应的民事赔偿责任。鉴于受害人非法侵入私人住宅，具有重大过错，应相对减轻狗主人的赔偿额度。具体到本案，通常情况下，找人一般先要敲门、呼叫并征得主人同意后才能进入主人家中。陈某没有考虑这些通常做法，擅自进入他人家中，被狗咬伤，具有重大过失。根据《侵权责任法》的规定，该村民可以不承担或应当减轻责任。

【相关法条】

《侵权责任法》第七十八条 饲养的动物造成他人损害的，动物饲养人或者管理人应当承担侵权责任，但能够证明损害是因被侵权人故意或者重大过失造成的，可以不承担或者减轻责任。

《侵权责任法》第七十九条 违反管理规定，未对动物采取安全措施造成他人损害的，动物饲养人或者管理人应当承担侵权责任。

222. 客户在银行门口摔倒，银行有无赔偿责任？

【案情介绍】

周女士骑自行车到某农业银行支行取钱，不料被门前低垂的 U 型铁链绊倒，腰部和下巴受伤，花去医疗费 2 万元，周女士多次要求银行承担医疗费。银行负责人回复事发虽然是晚上，但事发位置照明很好，银行已最大程度尽到了安全保障义务，周女士作为成年人，由于疏忽大意或对链条高度判断不准导致绊倒，其自身应该负全部责任，银行不应承担赔偿责任。

【评析】

有证据证明银行没有尽到合理义务保障顾客的人身安全的，可以要求银行承担适当的赔偿责任。在本案中银行门前铁链下垂到地面，很容易将人绊倒，银行方面存在对客户没有尽到安全保障义务的过错，依法应当承担侵权责任。而周女士作为成年人，没有仔细观察路面情况，也存在过错，周女士自己也应承担一部分责任。

【相关法条】

《侵权责任法》第三十七条　宾馆、商场、银行、车站、娱乐场所等公共场所的管理人或者群众性活动的组织者，未尽到安全保障义务，造成他人损害的，应当承担侵权责任。

因第三人的行为造成他人损害的，由第三人承担侵权责任；管理人或者组织者未尽到安全保障义务的，承担相应的补充责任。

223. 居民小区内滑倒摔伤，物业究竟该不该进行赔偿？

【案情介绍】

孟某在小区内骑电动车外出，因路面上有冻在地面的积雪，车轮突然一滑摔倒了，到医院检查后，诊断结果是胳膊骨折，在医院治疗痊愈，花了约两千元治疗费用。孟某认为，自己摔伤与物业公司没有及时清理小区路面积雪有关。他随后找到小区物业，希望对方承担相应的医药费，但遭到拒绝。物业公司辩称，物业公司在单元楼门上都张贴了"通知"，提醒业主们雪天路滑，出行注意安全，因此已尽到提醒、告知的义务，业主摔伤完全是自己不小心造成的，不应该再由物业公司承担赔偿责任。物业公司究竟是否应对居民在小区内摔伤负赔偿责任呢？

【评析】

物业服务公司应按照物业服务合同的约定履行相应的义务，其义务范围包括物业共用部位和相关场地的清洁卫生、公共绿化的养护和管理、清扫积雪等服务义务。如果受害人对损害结果的发生也有过错，那么受害人和侵权人按照各自的过失大小、原因比例来承担相应的民事责任。如果受害人没有过错，那么，侵权人承担全部的民事责任。

本案中，物业服务公司并未及时清扫干净积雪，其履行合同的义务不符合约定。业主孟某在走路的过程中也应具有谨慎注意、防范风险发生的义务，由于自己的疏忽大意，导致损害结果的发生，应承担部分民事责任，而不应由物业公司承担全部民事责任。

【相关法条】

《物业管理条例》第二条　本条例所称物业管理，是指业主通过选聘物业服务企业，由业主和物业服务企业按照物业服务合同约定，对房屋及配套的设施设备和相关场地进行维修、养护、管理，维护物业管理区域内的环境卫生和相关秩序的活动。

《物业管理条例》第三十五条　物业服务企业应当按照物业服务合同的约定，提供相应的服务。

物业服务企业未能履行物业服务合同的约定，导致业主人身、财产安全受到损害的，应当依法承担相应的法律责任。

224. 楼上坠物砸伤行人，谁来承担责任？

【案情介绍】

丁女士送孩子去上课，走到某小区楼房单元门口时，被一个突然从天而降的易拉罐砸中头部，血流不止，路人见状迅速拨打了急救电话。经住院治疗，医院确诊为颅骨骨折、顶部硬膜出血，花去医疗费5万多元。丁女士无法确定肇事者，该单元共计24层，每层有2个住户。事故发生在该楼的门口，丁女士不知该向谁主张权利要求赔偿。

【评析】

从建筑物中抛掷物品或者从建筑物上坠落的物品造成他人损害，难以确定具体侵权人的，除能够证明自己不是侵权人外，由可能加害的建筑物使用人给予补偿，即高空抛物的取证比较困难，如果没有监控录像等能确定物品来源的证据，整栋楼的居民很可能要受"牵连"。

本案属于高空坠物案件，是典型的特殊侵权案件。此类案件适用过错推定原则，即建筑物的悬挂物脱落造成他人损害，其所有人、管理人或使用人不能证明自己没有过错的，都应承担赔偿责任。

本案中小区单元楼的住户都可能是侵权人，住户如不能证明自己没有过错，就推定存在过错，应当承担赔偿责任。丁女士可以综合考虑事发地点、砸伤部位、方向及易拉罐重量等因素，将肇事者的范围尽量准确锁定。若无法确认扔易拉罐的人，可向有管辖权的人民法院提起诉讼，将小区单元楼的所有住户均列为共同被告，还可将物业管理公司一并列为被告。

【相关法条】

《民法通则》第一百二十六条　建筑物或者其他设施以及建筑物上的搁置物、悬挂物发生倒塌、脱落、坠落造成他人损害的，它的所有人或者管理人应当承担民事责任，但能够证明自己没有过错的除外。

《侵权责任法》第八十七条　从建筑物中抛掷物品或者从建筑物上坠落的物品造成他人损害，难以确定具体侵权人的，除能够证明自己不是侵权人的外，由可能加害的建筑物使用人给予补偿。

《最高人民法院关于适用〈中华人民共和国侵权责任法〉若干问题的解释》第一百三十一条　依照侵权责任法第八十七条确定的补偿责任，以不超过被害人实际损失的50%为限。

225. 医院以没有直系家属签字拒绝手术导致病人死亡，是否要承担责任？

【案情介绍】

梁某的妹妹在2014年7月12号下午5点左右突发剧烈腹痛被送某市医院后，诊断结果为急性胰腺炎，医院以没有直系家属签字拒绝手术，采用保守疗法。等12号晚上11点多梁某从外地赶过来时，梁某的妹妹已陷入深度昏迷，错过最佳手术时机，虽经紧急手术治疗，但2天后仍告不治，不幸去世。请问医院是否该对梁某妹妹的死亡承担一定的责任？

【评析】

医生在紧急情况下对病人有救助的义务。因抢救生命垂危的患者，无法取得患者意见又无家属或者关系人在场时，经医疗机构负责人或者授权的负责人批准，医院可以立即实施相应的医疗措施。

本案中梁某妹妹的死亡需要上级医疗机构确认是因医院没有及时手术导致的，医院应当根据病人的病情制定抢救措施，即便家属不在，也应及时进行抢救，医院应承担责任。

【相关法条】

《侵权责任法》第五十六条　因抢救生命垂危的患者等紧急情况，不能取得患者或者其近亲属意见的，经医疗机构负责人或者授权的负责人批准，可以立即实施相应的医疗措施。

《医疗事故处理条例》第三十三条第一款　有下列情形之一的，不属于医疗事故：（一）在紧急情况下为抢救垂危患者生命而采取紧急医学措施造成不良后果的。

226. 病人自杀，医院是否有责任？

【案情介绍】

李某因患有抑郁症到某市某医院住院治疗。入院后，李某被安排入住在该院四楼3病区干部病房，接受护理级别为一级护理。住院期间，李某被诊断为抑郁症、躁狂症、焦虑症以及失眠症等多种精神疾病。经过一个月的治疗，病情不但未有明显好转，还有了自责自罪感，李某不时流露出厌世的悲观情绪。2015年3月21日凌晨，李某利用陪护亲属熟睡之机，离开病房。李某来到四楼走廊东侧，打开窗户跳了下去。大约凌晨2点陪护亲属发现李某不见了，便和医生、护士立即进行寻找，最后在住院部大楼下的草坪上发现了坠楼的李某。后虽经医护人员的全力抢救，李某还是没有了生命的体征，宣告死亡。

李某的亲属认为医院对李某的死亡负有不可推卸的责任。李某从交费住院时起就与医院形成了医疗合同关系，是因为医院的管理、护理工作存在缺陷，未尽到护理、安全责任，才导致李某从住院部四楼的破窗跳楼死亡，医院应承担赔偿责任。为此，李某的家人多次与医院交涉，但医院以李某系自杀为由，拒绝了李某家人的赔偿请求。

【评析】

公民、法人违反合同义务，或者因实施侵权行为，给他人造成损害的，应当承担民事责任。患者到医院住院治疗，医患双方即存在医疗服务合同关系，医院应当按照规范为患者提供安全的医疗设施和医疗服务。医院方虽收取了护理费用，但不能以此视为医方应当派专门医护人员不间断地看护患者。医院对患者采取的护理措施不是对病人进行看管、限制病人活动自由，医院对病人的人身安全并不负有监护义务。对于一般病人，即没有精神病或其他需要特别看护和护理的病人，并且在治疗期间具有辨认和控制的能力，能够意识到自己的行为所产生的后果，如果医院按照规定行使了护理或看护义务，病人系自杀死亡的，医院不应承担责任。

但本案中李某患有精神病，需要特别看护，并且在治疗期间不具有辨认和控制的能力，不能够意识到自己的行为所产生的后果。根据卫生部《关于加强对精神病院管理的通知》附件第五条明确要求："对出现严重自伤、自杀、拒食或严重兴奋、冲动伤人、外跑等，可危及生命或危害社会治安者应属紧急收治范围，并应给予特级护理。"卫生部《医院工作制度》第三十三条规定的"特级护理"明确要求："派专人昼夜守护，严密观察病情变化"；第十一条还规定了严格的门卫制度。《民通意见》第一百六十条明确规定："在幼儿园、学校生活、学习的无民事行为能力人或者在精神病院治疗的精神病人，受到伤害或者给他人造成损害，单位有过错的，可以责令这些单位适当给予赔偿。"由此可见，对在精神病院治疗的精神病人受到伤害时，实行的是过错责任赔偿原则。

本案医院的行为存在过错，主要是医院方对自己行为可能发生的结果，应当预见或者能够预见而没有预见，或虽然预见到了却轻信这种结果可以避免，违反了注意义务并造成精神病人的损害，由此医院方须承担过失的侵权责任。因而，其对李某的死亡应承担相应的过失侵权责任。

【相关法条】

《侵权责任法》第二十七条 损害是因受害人故意造成的，行为人不承担责任。

《侵权责任法》第三十七条 宾馆、商场、银行、车站、娱乐场所等公共场所的管理人或者群众性活动的组织者，未尽到安全保障义务，造成他人损害的，应当承担侵权责任。

因第三人的行为造成他人损害的，由第三人承担侵权责任；管理人或者组织者未尽到安全保障义务的，承担相应的补充责任。

《中华人民共和国精神卫生法》第二十八条 除个人自行到医疗机构进行精神障碍诊断外，疑似精神障碍患者的近亲属可以将其送往医疗机构进行精神障碍诊断。对查找不到近亲属的流浪乞讨疑似精神障碍患者，由当地民政等有关部门按照职责分工，帮助送往医疗机构进行精神障碍诊断。

疑似精神障碍患者发生伤害自身、危害他人安全的行为，或者有伤害自身、危害他人安全的危险的，其近亲属、所在单位、当地公安机关应当立即采取措施予以制止，并将其送往医疗机构进行精神障碍诊断。

《消费者权益保护法》第十八条　经营者应当保证其提供的商品或者服务符合保障人身、财产安全的要求。

卫生部《关于加强对精神病院管理的通知》附件第五条　对出现严重自伤、自杀、拒食或严重兴奋、冲动伤人、外跑等，可危及生命或危害社会治安者应属紧急收治范围，并应给予特级护理。

卫生部《医院工作制度》第三十三条规定的"特级护理"明确要求："派专人昼夜守护，严密观察病情变化"；第十一条还规定了严格的门卫制度。

《民通意见》第一百六十条　在幼儿园、学校生活、学习的无民事行为能力人或者在精神病院治疗的精神病人，受到伤害或者给他人造成损害，单位有过错的，可以责令这些单位适当给予赔偿。

《最高人民法院关于民事诉讼证据的若干规定》第四条　下列侵权诉讼，按照以下规定承担举证责任：……（八）因医疗行为引起的侵权诉讼，由医疗机构就医疗行为与损害结果之间不存在因果关系及不存在医疗过错承担举证责任。

227. 建筑物或者其他设施倒塌致人损害的，责任怎么承担？

【案情介绍】

周某到某乡某小学附近的田地里看庄稼，走到该学校西墙边的一条小路时，学校正在新修建的院墙突然倒塌，周某被砸伤，后村民将周某送至医院。周某痊愈后，其在医院住院治疗的医疗费共计2万余元，周某要求该小学和建筑施工单位共同承担赔偿各项损失合计4万余元。学校和施工单位互相推诿，周某不知道他的损伤应由谁来承担责任。

【评析】

公民享有生命健康权，建筑物、构筑物或者其他设施倒塌造成人身损害的，由建设单位与施工单位承担连带责任；建设单位、施工单位赔偿后，有其他责任人的，有权向其他责任人追偿；只要受害人证明其所受损害系因建筑物倒塌造成的，建设单位与施工单位无论是否有过错，都必须先直接承担责任，并且两主体之间是连带责任，受害人有权向建设单位或施工单位中的任何一方主张全部赔偿责任。

本案中，某乡某小学正在修建的院墙倒塌，将路过的周某砸伤，由此对周某身体造成的损害，该建筑公司作为正在施工建设的施工单位，应当承担赔偿责任，该小学作为建设单位应当承担连带赔偿责任。

【相关法条】

《侵权责任法》第八十六条 建筑物、构筑物或者其他设施倒塌造成他人损害的，由建设单位与施工单位承担连带责任。建设单位、施工单位赔偿后，有其他责任人的，有权向其他责任人追偿。

因其他责任人的原因，建筑物、构筑物或者其他设施倒塌造成他人损害的，由其他责任人承担侵权责任。

《关于审理人身损害赔偿案件司法解释》第十六条 下列情形，适用民法通则第一百二十六条的规定，由所有人或者管理人承担赔偿责任，但能够证明自己没有过错的除外：（一）道路、桥梁、隧道等人工建造的构筑物因维护、管理瑕疵致人损害的；……前款第（一）项情形，因设计、施工缺陷造成损害的，由所有人、管理人与设计、施工者承担连带责任。

228. 乘客在公交车上被踩伤，公交公司应赔偿否？

【案情介绍】

杜女士乘坐某公交车，司机驾驶车辆起步时另一乘客因未站稳，失控踩到杜女士的右脚，造成她右脚脚趾受伤，杜女士要求公交公司承担赔偿责任。公交公司辩称"本案是运输合同纠纷，公交公司在提供客运服务的过程中不存在违约行为，没有过错。公交公司不同意赔偿，杜女士受伤是由其他乘客侵权造成的，应当由侵权人赔偿"。杜女士应该找谁赔偿？

【评析】

在客运合同中，承运人应当对运输过程中旅客的伤亡承担损害赔偿责任，但伤亡是旅客自身的健康原因造成的或者承运人证明伤亡是旅客故意、重大过失造成的除外。

本案中，如果另一乘客和公交车司机都存在过错，即都有责任的情况下，两者属于共同的侵权，杜女士可以要求另一乘客和公交车司机共同承担侵权责任并负连带责任。公交公司作为承运方，应保证乘客的人身安全。而杜女士在乘坐其运营的公交车过程中受伤，公交公司承担违约责任，应对杜女士所遭受的损失进行赔偿。

【相关法条】

《合同法》第三百零二条 承运人应当对运输过程中旅客的伤亡承担损害赔偿责任，但伤亡是旅客自身健康原因造成的或者承运人证明伤亡是旅客故意、重大过失造成的除外。

229. 乘客在公交车上因为自身疾病晕倒摔伤，公交公司是否应承担责任？

【案情介绍】

韩大爷乘坐某路公交车，当车辆行驶至车站停车后，站立在下车门附近的韩大爷摔倒受伤。公交车司机将韩大爷送往医院救治。事后，韩大爷的家属要求公交公司赔偿因车进站停车导致韩大爷受伤的医疗费、护理费等各项损失共计 2.5 万余元。公交公司对韩大爷家属的要求不予认可，认为：①公交车在运输过程中不存在任何过错，公交车进站停车后韩大爷受伤是自己跌倒的；公交车内的监控录像显示，当时韩大爷站在后车门口，右手拉着扶手，公交车到站停止两秒钟后，车门还没有全开，韩大爷忽然倒下了。在韩大爷摔倒时，驾驶及停靠平稳，无急刹车现象，韩大爷旁边无其他乘客推挤。②韩大爷受伤是其自身健康原因所致，事发后接诊医院的门诊病历载明：韩大爷因头晕、头胀、高血压跌倒至医院就诊。公交车公司该不该承担责任？

【评析】

本案中，韩大爷在乘坐公交车过程中，未发生任何交通事故，且根据当时公交车内的监控录像显示，韩大爷摔倒时公交车驾驶和停靠平缓，无任何急刹车等状况，在韩大爷周围亦无任何其他乘客挤碰。韩大爷有高血压病史，并曾因头晕跌倒。因此韩大爷家属要求公交公司赔偿医疗费、护理费等各项费用的理由不成立。

【相关法条】

《合同法》第三百零二条　承运人应当对运输过程中旅客的伤亡承担损害赔偿责任，但伤亡是旅客自身健康原因造成的或者承运人证明伤亡是旅客故意、重大过失造成的除外。

230. 劝酒致饮酒人伤亡，组织者、劝酒者、同饮者是否有责任？

【案情介绍】

李某给孩子办满月酒，召集自己的亲朋好友在某酒店聚餐。李某的同事杨某平时酒量就不好，由于酒桌上大伙互相劝酒，等到散场后发现杨某倒地不省人事。李某赶紧打了 120 电话，将杨某送至医院洗胃、输液后方才好转。事后，李某越想越怕，请问万一杨某发生了意外，李某作为组织者是否要承担法律责任？

【评析】

同席醉酒导致他人人身损害，这属于因不作为的方式侵害他人人身权利的行为。同席饮酒的每个人都负有照顾本人及同席人，确保同席饮酒的人不因饮酒致人身损害的义务。醉酒者忽视和放任自身安全负主要责任，其他人员则负有未尽注意义务的次要责任。根据我国《民法通则》和《侵权责任法》的相关规定，劝酒人应当对饮酒人的酒量和承受能力作出符合常理的必要判断，并负有给予饮酒人必要劝阻的注意义务。如果没有尽到注意义务，造成饮酒人伤亡的，根据各自的过错程度，组织者、劝酒者、同饮者均要承担一定的民事赔偿责任。

如果主观上存在强迫的过错，对于损害后果的发生，劝酒人应当承担相应的过错赔偿责任。过度劝酒致人醉酒受伤，侵害了他人生命权、健康权、身体权，应承担相应法律责任。

本案中杨某醉酒并非强迫性劝酒行为所致，应当减轻劝酒人的赔偿责任。参加聚会的人中应根据各自的过错程度，组织者、劝酒者、同饮者均要承担一定的民事赔偿责任。当然，醉酒人自身也有一定的过错。

【相关法条】

《民法通则》第一百零六条　公民、法人违反合同或者不履行其他义务的，应当承担民事责任。

公民、法人由于过错侵害国家的、集体的财产，侵害他人财产、人身的，应当承担民事责任。

没有过错，但法律规定应当承担民事责任的，应当承担民事责任。

《侵权责任法》第六条　行为人因过错侵害他人民事权益，应当承担侵权责任。

《侵权责任法》第二十六条　被侵权人对损害的发生也有过错的，可以减轻侵权人的责任。

231. 游人在公益性公园出了事故谁来赔偿？

【案情介绍】

某市公益性公园内一棵大杨树突然断裂，当时两名老太太正在树底下下棋，倒下的树枝将两人全部砸中，其中一人被砸到头部，两人伤势严重，被旁边的游客救起送到医院治疗。公园是否应负赔偿责任？

【评析】

公益性公园虽然不是经营性的场所，但法律规定"从事其他社会活动的自然人、法人、其他组织"也是具有安全保障义务的，因此，基于保障民众人身和财产安全性的立法目的，公益性公园不能因其具有开放性和免费性，就可以免除安全事故责任。也就是说，公益性公园的安全保障义务，对于有一定危险性的公共设施，应设置相应的警示标志；对设施未尽合理的管理义务，并由此引发安全事故，公益性公园须承担责任。

本案中杨树断裂砸伤人无论是因为树龄老化还是因为病虫害原因，都是因为该公园未对树木进行全面安全检查，并未就该杨树可能致人损害履行相应的提示义务，作为管理者应当增强安全意识和责任意识。该公园应对受伤的老人承担赔偿责任。

【相关法条】

《侵权责任法》第三十七条　宾馆、商场、银行、车站、娱乐场所等公共场所的管理人或者群众性活动的组织者，未尽到安全保障义务，造成他人损害的，应当承担侵权责任。

因第三人的行为造成他人损害的，由第三人承担侵权责任；管理人或者组织者未尽到安全保障义务的，承担相应的补充责任。

《关于审理人身损害赔偿案件司法解释》第六条　从事住宿、餐饮、娱乐等经营活动或者其他社会活动的自然人、法人、其他组织，未尽合理限度范围内的安全保障义务致使他人遭受人身损害，赔偿权利人请求其承担相应赔偿责任的，人民法院应予支持。

232. 乘坐电梯发生事故该由谁来承担责任？

【案情介绍】

李某去一家娱乐场所应聘，当李某所乘电梯开门时，电梯门突然关闭并下行，坠到负一楼，李某被送到某医院抢救无效身亡。造成电梯发生故障的原因有很多，其中包括维修不到位、乘坐电梯不规范和电梯本身存在质量问题等。本案中李某乘电梯发生事故该由谁来承担责任？

【评析】

根据我国侵权责任法的相关规定，因产品存在缺陷造成他人损害的，生产者应当承担侵权责任。我国产品质量法也规定，生产者应当对其生产的产品质量负责。本案中，只要证明李某的死亡是由于电梯存在故障造成的，且电梯的生产者不能证明其具有法定的免责事由，则电梯的生产者应对此承担损害赔偿责任。

本案中娱乐场所和电梯的维护保养公司也应当对事故负责。电梯维护保养公司有定期维护保养电梯的义务，如果未尽义务导致有人受伤，则属于对受害人的人身直接侵权行为。

【相关法条】

《刑法》第一百三十四条　在生产、作业中违反有关安全管理的规定，因而发生重大伤亡事故或者造成其他严重后果的，处三年以下有期徒刑或者拘役；情节特别恶劣的，处三年以上七年以下有期徒刑。

《侵权责任法》第三十七条　宾馆、商场、银行、车站、娱乐场所等公共场所的管理人或者群众性活动的组织者，未尽到安全保障义务，造成他人损害的，应当承担侵权责任。

因第三人的行为造成他人损害的，由第三人承担侵权责任；管理人或者组织者未尽到安全保障义务的，承担相应的补充责任。

《侵权责任法》第四十一条　因产品存在缺陷造成他人损害的，生产者应当承担侵权责任。

《产品质量法》第四十一条　因产品存在缺陷造成人身、缺陷产品以外的其他财产（以下简称他人财产）损害的，生产者应当承担赔偿责任。

生产者能够证明有下列情形之一的，不承担赔偿责任：

（一）未将产品投入流通的；

（二）产品投入流通时，引起损害的缺陷尚不存在的；

（三）将产品投入流通时的科学技术水平尚不能发现缺陷的存在的。

233. 大雪压断树枝伤人，谁来承担责任？

【案情介绍】

某村村民杨某骑电动车去县城，当杨某的电动车经过县城某超市门前时，恰巧有大雪压断的枯枝坠落，杨某来不及躲避被砸中了头部，当时杨某头部血流不止，杨某被超市的店员送往附近的医院，杨某住院治疗期间共花掉医疗费 8 000 余元。现杨某欲要求人身损害赔偿，应当向谁主张？

【评析】

杨某由于树枝坠落而受到伤害，根据《侵权责任法》的规定，因林木折断造成他人损害，林木的所有人或者管理人不能证明自己没有过错的，应当承担侵权责任。

本案中，杨某被大雪压断的枯枝砸伤，行道树木的管理人县城市绿化行政主管部门必须证明自己没有过错，否则就要向杨某承担赔偿责任。作为行道树的管理人，县城市绿化行政主管部门没有及时修剪树木枯枝，存在过错，因此，应当向杨某承担赔偿责任。

【相关法条】

《侵权责任法》第九十条　因林木折断造成他人损害，林木的所有人或者管理人不能证明自己没有过错，应当承担侵权责任。

《城市绿化条例》第十七条　城市的公共绿地、风景林地、防护绿地、行道树及干道绿化带的绿化，由城市人民政府城市绿化行政主管部门管理；各单位管界内的防护绿地的绿化，由该单位按照国家有关规定管理；单位自建的公园和单位附属绿地的绿化，由该单位管理；居住区绿地的绿化，由城市人民政府城市绿化行政主管部门根据实际情况确定的单位管理；城市苗圃、草圃和花圃等，由其经营单位管理。

《城市绿化条例》第二十二条　城市的绿地管理单位，应当建立、健全管理制度，保持树木花草繁茂及绿化设施完好。

234. 两个人吵架一方猝死，另一方是否应承担民事赔偿责任？

【案情介绍】

两个小学生在学校打架，老师把双方家长都请到学校，三方见面后各自的家长却争吵起来，两位家长开始对骂，继而准备厮打，此时被老师拉开。不料一位家长突然昏倒倒地，不久救护车抵达后经医师检查证实已经死亡。经法医鉴定，死者生前患有高血压、心脏病，因激烈争吵后情绪激动，病情恶化，心跳加快、血压升高导致死亡。另一位家长是否应对死者承担刑事责任和民事赔偿？

【评析】

两个人在公众场合，一方故意用语激烈，对受害人进行侮辱、诽谤，受害人无法承受人格上的侮辱气绝身亡的，行为人要负刑事责任。如果采用侮辱、诽谤的方式刺激对方，造成对方死亡，则构成侮辱罪或者诽谤罪。如果采用其他方式刺激对方，使对方身体受到伤害的，将构成故意伤害罪。

本案中两个人吵架，结果一人因心脏病死亡，该死亡的原因，不是对方故意或者过失造成，不构成刑事犯罪，因此，另一人不应承担刑事责任。但是，该人死亡的直接诱因是两个人吵架，因此，虽然另一方不必承担刑事责任，但依法是要承担一定的民事赔偿责任的。

本案中涉案一方不能预见其行为可能造成对方死亡的结果，但双方在解决问题的方式上均存在过激行为，双方的争吵在一定程度上加速了死亡一方的心脏病和高血压发作。死亡一方自身的疾病是主要原因，因此其本人应承担主要责任；另一方的行为是引发死亡的次要原因，应承担次要赔偿责任。

【相关法条】

《侵权责任法》第六条　行为人因过错侵害他人民事权益，应当承担侵权责任。

根据法律规定推定行为人有过错，行为人不能证明自己没有过错的，应当承担侵权责任。

《侵权责任法》第二十六条　被侵权人对损害的发生也有过错的，可以减轻侵权人的责任。

235. 保姆在做家务时受伤，雇主是否承担赔偿责任？

【案情介绍】

吴女士请了一个保姆在家做家务。保姆在吴女士家擦玻璃时不慎从窗台上掉下摔伤，花去医疗费1万余元。吴女士对此事是否要承担责任？

【评析】

根据《关于审理人身损害赔偿案件司法解释》的相关规定，雇员因劳务或从事雇佣活动而使自身遭受损害的，雇主要承担无过错责任。根据《侵权责任法》的相关规定，个人之间形成劳务关系，提供劳务一方因劳务自己受到损害的，根据双方各自的过错承担相应的责任。

本案中，吴女士对保姆从事工作未尽到提供安全工作环境的责任，存在一定过错。当然保姆作为长期专门从事家庭服务的人员，也未尽到必要的谨慎义务，对其自身遭受的伤害亦有过错，因此双方应按过错比例承担责任份额，吴女士应该承担一定的责任。

【相关法条】

《侵权责任法》第三十五条 个人之间形成劳务关系，提供劳务一方因劳务造成他人损害的，由接受劳务一方承担侵权责任。提供劳务一方因劳务自己受到损害的，根据双方各自的过错承担相应的责任。

《关于审理人身损害赔偿案件司法解释》第十一条 雇员在从事雇佣活动中遭受人身损害，雇主应当承担赔偿责任。

236. 替人干活受伤，谁承担赔偿责任？

【案情介绍】

李华与李芳是姐妹，李华是某家政服务公司的清洁工。2013年5月，李华因感情受到打击而精神失常，无法在家政服务公司继续上班。2013年6月妹妹李芳替姐姐上班。2014年3月中旬的一天，李芳为某单位清洗玻璃幕墙时从三楼掉了下去，摔伤住院20多天，共花去医疗费5万余元。出院后，李芳认为自己是从事家政服务公司的工作时受伤，应当享受工伤待遇。但公司以李芳只是员工的家属，替姐姐上班不能成为公司的员工为由，拒绝处理。

【评析】

根据《工伤保险条例》的有关规定，构成工伤的前提是员工必须与用人单位存在劳动关系，李芳替姐姐李华上班，只能说李芳代替姐姐为家政服务公司付出劳动，但并不等于与家政服务公司建立劳动关系。李芳虽然跟家政服务公司不存在劳动关系。但李芳一直按照家政服务公司的规定替姐姐上班做清洁工的工作，家政服务公司知道和承认李芳上班一事，家政服务公司按李芳的工作情况给李华支付工资。据此，家政服务公司与李芳之间的关系应当认定为雇佣关系。雇员因工受到损害，雇主应当承担责任。

本案中，李芳作为家政服务公司的雇员，在上班期间干活致伤，虽家政服务公司对李芳的损害无过错，但李芳是为家政服务公司的利益而遭受损害。家政服务公司应当承担赔偿责任。

【相关法条】

《民法通则》第一百三十二条 当事人对造成损害都没有过错的，可以根据实际情况，由当事人分担民事责任。

《关于审理人身损害赔偿案件司法解释》第十一条 雇员在从事雇佣活动中遭受人身损害，雇主应当承担赔偿责任。

《工伤保险条例》第六十二条　依照本条例规定应当参加工伤保险而未参加工伤保险的用人单位职工发生工伤的，由该用人单位按照本条例规定的工伤保险待遇项目和标准支付费用。

237. 雨后树倒砸坏了私家车由谁承担责任？

【案情介绍】

因下大雨某小区一棵树木倒下，砸中了小区内停放在墙边的私家车。树干砸在汽车引擎盖、挡风玻璃、车顶等处，使车辆玻璃破碎，车体变形。车主赵先生认为自己的车受损是小区物业没有管理好树木所致，要求小区物业公司赔偿。他的奔驰车只上了交强险，没有车损险，4S店维修费估价7.8万元。但小区物业公司认为树倒是因不可抗力，物业公司不承担责任。请问物业公司是否应担责？

【评析】

物业公司应该对物业管理区域内的公共设施和相关场地（包括对小区内景观园林、草木）及时管理维护，若因物业维护不到位导致业主财产损失，物业应当承担一定的责任。

如果车辆停放位置不是停车位，则车主对损害的发生也有一定的过错。根据《侵权责任法》规定，被侵权人赵某对损害发生也有过错的可以适当减轻侵权人的责任。车主赵某除了购买基础的交强险外，如果同时购买车损险，并且购买车损险当中的不计免赔险，那么，无论大树的管理方是谁，车主都可以直接找保险公司申请代位赔偿。

本案中赵先生只购买了交强险，没有车损险，无法向保险公司申请赔偿。

【相关法条】

《侵权责任法》第二十六条　被侵权人对损害的发生也有过错的，可以减轻侵权人的责任。

238. 当事人双方对造成的损害均无过错，如何承担赔偿责任？

【案情介绍】

王某驾驶汽车在公路上正常行驶。突然，汽车车轮将一块石头碾压迸出，刚好击中路旁张某的头部，张某受重伤昏倒。王某送张某去附近的医院抢救，一共花掉医疗费 4 万元。为此，张某要求王某赔偿其医疗费、伤残补助费等总计 6 万元。王某认为自己不是故意的，不应该承担全部责任？

【评析】

张某的损失应由王某和张某两个人共同承担。其理由是：其一，我国《侵权责任法》对一般侵权行为的归责原则是过错原则，即只有当当事人对侵害事实的发生有过错时，才承担民事责任。从本案来看，无论是作为加害人的王某还是作为受害人的张某，他们对损害的发生均无过错，因此，谁对此事故独自承担责任都有失公平。其二，我国《侵权责任法》对于这种情况规定了公平原则。公平原则是指既不能适用过错责任原则，又不能适用无过错责任原则，同时行为人又能证明自己尽了注意义务，但受害人遭受重大损害得不到赔偿显失公平的情况下，人民法院即可根据双方当事人的实际情况，按公平合理负担的原则判定，由双方分担损失的责任。

【相关法条】

《民法通则》第一百三十二条　当事人对造成损害都没有过错的，可以根据实际情况，由当事人分担民事责任。

《侵权责任法》第六条　行为人因过错侵害他人民事权益，应当承担侵权责任。

根据法律规定推定行为人有过错，行为人不能证明自己没有过错的，应当承担侵权责任。

《侵权责任法》第七条　行为人损害他人民事权益，不论行为人有无过错，法律规定应当承担侵权责任的，依照其规定。

239. 雇员致他人受伤的，谁来承担责任？

【案情介绍】

2014 年 6 月，林某雇曹某驾驶自带车辆为其开展搬家公司的经营活动。同年 8 月 7 日，曹某受林某安排为客户搬家，曹某所驾车辆因严重超载、紧急处置不当，与贺某驾驶的二轮摩托车相撞，致贺某受伤。某交警大队作出交通事故认定书，认定曹某负事故的全部责任，贺某无责。贺某伤后住院治疗 13 天后出院，贺某找到曹某要求赔偿医疗费、误工费等损失 1 万余元，曹某认为自己是受林某雇佣而驾驶车辆，是劳务行为，应由雇主林某承担赔偿责任，而林某认为事故的发生责任完全在于雇员曹某驾驶不当，与自己无关，拒绝承担责任。那么，雇员曹某致贺某受伤的责任由雇主林某还是雇员曹某来承担？

【评析】

雇员在从事雇佣活动中致人损害的，雇主应当承担赔偿责任；雇员因故意或者重大过失致人损害的，应当与雇主承担连带赔偿责任。雇主承担连带赔偿责任的，可以向雇员追偿。

本案中曹某在事发当日驾车从事搬家行为，系受雇主林某安排而从事林某指示范围内的劳务活动，故对于曹某在从事该雇佣活动中致贺某受伤的损害，雇主林某应当依法承担赔偿责任，同时曹某为客户搬家所驾车辆因严重超载、紧急处置不当，对该事故的发生有过错。所以，雇主林某应当与雇员曹某对贺某的受伤承担连带赔偿责任。

【相关法条】

《关于审理人身损害赔偿案件司法解释》第九条 雇员在从事雇佣活动中致人损害的，雇主应当承担赔偿责任；雇员因故意或者重大过失致人损害的，应当与雇主承担连带赔偿责任。

《侵权责任法》第三十四条 用人单位的工作人员因执行工作任务造成他人损害的，由用人单位承担侵权责任。

劳务派遣期间，被派遣的工作人员因执行工作任务造成他人损害的，由接受劳务派遣的用工单位承担侵权责任；劳务派遣单位有过错的，承担相应的补充责任。

240. 老人在洗澡堂洗澡摔伤，如何获得赔偿？

【案情介绍】

黄大妈到公共洗澡堂买票洗澡，不慎在转身冲洗头发时滑倒摔到头部，当即就觉得头疼痛得不能动弹，随即休克，服务员打120后救护车将黄大妈送到某市医院抢救后脱险，痊愈后花去医药费2万余元，还得休养一个月。请问黄大妈摔伤之事由谁来赔偿？

【评析】

根据《消费者权益保护法》规定，宾馆、商场、餐馆等经营场所的经营者，应当对消费者尽到安全保障义务；消费者因购买、使用商品或者接受服务受到人身、财产损害的，享有依法获得赔偿的权利。

本案中，判断洗澡堂是否需要承担违约责任，关键要看洗澡堂是否尽到了安全保障义务。黄大妈作为消费者在接受服务时，有权要求洗澡堂提供的商品和服务符合保障人身、财产安全的要求。因经营者未尽到安全保障义务，给消费者造成人身、财产损失的，应予赔偿。消费者自身有过错的，可适当减轻经营者的赔偿责任。黄大妈在洗澡堂摔伤，洗澡堂作为经营者应举证证明其提供齐全的防滑、防倒设施及尽到安全保障之义务，如果不能举证，则要承担赔偿责任。同时，黄大妈的年龄是否需要家人陪同？或是自己不慎摔倒？如果自身亦有一定过错，应根据具体情况，酌情减轻洗澡堂的赔偿责任。

【相关法条】

《消费者权益保护法》第七条　消费者在购买、使用商品和接受服务时享有人身、财产安全不受损害的权利。

消费者有权要求经营者提供的商品和服务，符合保障人身、财产安全的要求。

《消费者权益保护法》第十八条　经营者应当保证其提供的商品或者服务符合保障人身、财产安全的要求。对可能危及人身、财产安全的商品和服务，应当向消费者作出真实的说明和明确的警示，并说明和标明正确使用商品或者接受服务的方法以及防止危害发生的方法。

宾馆、商场、餐馆、银行、机场、车站、港口、影剧院等经营场所的经营者，应当对消费者尽到安全保障义务。

241. 美容美发失败造成人身伤害的，可否要求精神损害赔偿？

【案情介绍】

小韩在某美容美发店做纳米离子直发烫时头皮毛发被烫伤，但令小韩没想到的是，在她做完头发2天后，她的整个头皮和脸开始发红、发肿、糜烂，头发一拨就脱落。她到美容美发店找老板赔偿，老板告诉小韩，做纳米离子烫发的美发药水是正规厂家生产的，给她做烫发的美容美发师也取得了资格证，此事件应该跟她的体质有关，美容美发店不负赔偿责任。几天后小韩头发全部脱落，在万般无奈之际被父母带到某中医院治疗了半年之久才治愈，在医院住院期间，小韩精神失常。出院后，小韩和她的父母再去找美容美发店老板时，这家美容美发店老板已经转让了该店。小韩和家人打算找到美容美发店的老板后，起诉到法院要求老板赔偿她的全部损失，并且赔偿她的精神损失费。

【评析】

美容损害不同于一般的人身损害，它往往是由于美容产品的缺陷造成消费者的轻伤、残疾而引起精神上的损害，也包括产品缺陷以外的原因引起的侵害人格尊严、侵犯隐私等精神损害。

本案中小韩做纳米离子直发烫失败，造成了受害人小韩头部、面部发红、发肿、糜烂，甚至容貌毁损，使当事人痛苦万分。这种损害实质是一种人身侵权行为，是美容美发店没有完全履行与消费者之间形成的美发法律关系中的义务而造成的损害。因此，美容美发店老板应该承担小韩美容美发损害，包括精神损害的经济补偿责任。

【相关法条】

《关于确定民事侵权精神损害赔偿责任司法解释》第十条　精神损害的赔偿数额根据以下因素确定：

（一）侵权人的过错程度，法律另有规定的除外；

（二）侵害的手段、场合、行为方式等具体情节；

（三）侵权行为所造成的后果；

（四）侵权人的获利情况；

（五）侵权人承担责任的经济能力；

（六）受诉法院所在地平均生活水平。

法律、行政法规对残疾赔偿金、死亡赔偿金等有明确规定的，适用法律、行政法规的规定。

《消费者权益保护法》第四十九条　经营者提供商品或者服务，造成消费者或者其他受害人人身伤害的，应当赔偿医疗费、护理费、交通费等为治疗和康复支出的合理费用，以及因误工减少的收入。造成残疾的，还应当赔偿残疾生活辅助具费和残疾赔偿金。造成死亡的，还应当赔偿丧葬费和死亡赔偿金。

《侵权责任法》第二十二条　侵害他人人身权益，造成他人严重精神损害的，被侵权人可以请求精神损害赔偿。

242. 宾馆客人无故死亡，宾馆有没有法律责任？

【案情介绍】

王某入住某宾馆。次日，服务员发现王某死亡。经法医鉴定王某的死亡原因系突发心脏病。事发后，王某的父母要求宾馆赔偿各种经济损失20万元。对王某的死宾馆有没有赔偿责任？

【评析】

对王某的死宾馆有没有赔偿责任要看宾馆是否尽到安全保障义务，而且宾馆的行为与人员死亡之间是否有一定的因果关系。宾馆承担的是安全注意义务，如果意外完全是由死者的原因造成，宾馆不承担责任；如果死亡的结果与宾馆的安全管理不当有关，宾馆应承担相应的责任。例如，顾客发病时通知宾馆而宾馆无作为，宾馆应定性为重大过失，承担相应的民事责任；如系突发性疾病，并且发病时未通知宾馆，或通知宾馆后宾馆采取了必要的措施，比如现场抢救、呼叫急救中心，一般视为宾馆已做到了充分注意的义务，其无责任。

本案中王某系突发心脏病而死亡，死亡的结果与宾馆的安全管理没有任何关系，宾馆不应该承担赔偿义务。

【相关法条】

《侵权责任法》第三十七条　宾馆、商场、银行、车站、娱乐场所等公共场所的管理人或者群众性活动的组织者，未尽到安全保障义务，造成他人损害的，应当承担侵权责任。

因第三人的行为造成他人损害的，由第三人承担侵权责任；管理人或者组织者未尽到安全保障义务的，承担相应的补充责任。

《关于审理人身损害赔偿案件司法解释》第六条　从事住宿、餐饮、娱乐等经营活动或者其他社会活动的自然人、法人、其他组织，未尽合理限度范围内的安全保障义务致使他人遭受人身损害，赔偿权利人请求其承担相应赔偿责任的，人民法院应予支持。

243. 客人不慎从酒店客房中坠下，赔偿责任如何确认？

【案情介绍】

朱先生入住某酒店，发现阳台门一直紧锁，不让随意进出，朱先生为房间通风要求服务员打开，服务员打开后告诉朱先生阳台没有护栏。晚上，朱先生自己登上阳台，因周围灯光黑暗，也没有防护栏，朱先生不慎一脚踩空从二楼坠下，腰腿部瞬间剧痛，他昏迷不醒了一整天。该阳台原来围有钢筋水泥防护栏，后来被认定为私自改建的违章建筑而拆掉，仅留下不宽的一个小平台。朱先生质疑，是酒店安全警示不足导致他坠楼，要求酒店方进行相关赔偿。

【评析】

宾馆、商场等经营场所的经营者，应对消费者尽到安全保障义务；安全保障义务人有过错的，应当在其能够防止或者制止损害的范围内承担相应的补充赔偿责任。如果经营者未尽到安全保障义务，应当承担与过错相应的民事赔偿责任。本案中酒店没有履行必要的安全保障义务，依法应对朱先生承担相应的赔偿责任，但朱先生在酒店明确告知没有护栏的情况，还要求酒店员工开锁并进入阳台，自身也有一定过错，也应承担一定的责任。

【相关法条】

《消费者权益保护法》第十八条　经营者应当保证其提供的商品或者服务符合保障人身、财产安全的要求。对可能危及人身、财产安全的商品和服务，应当向消费者作出真实的说明和明确的警示，并说明和标明正确使用商品或者接受服务的方法以及防止危害发生的方法。

宾馆、商场、餐馆、银行、机场、车站、港口、影剧院等经营场所的经营者，应当对消费者尽到安全保障义务。

《侵权责任法》第二十六条　被侵权人对损害的发生也有过错的，可以减轻侵权人的责任。

244. 顾客在商场摔伤，商场是否应当赔偿？

【案情介绍】

文先生在某大型超市购物时，因商场海鲜专柜处地板湿滑，文先生不慎滑倒导致他左腿骨折。文先生住院治疗，花了1万余元的治疗费，文先生要求商场赔偿，但商场一直拒绝承担其医疗费。商场对文先生的摔伤是否应当赔偿？

【评析】

经营者和管理者应增强安全保障意识，对存在缺陷、可能引发危险的设施、设备应在显著位置予以警示，并提供安全防护措施，最好设专人对购物人群给予引导、协助或提示；同时，应当定期检查、排查常用设施设备，对有危险的地方应当及时修理更换以保障消费者的安全，对地板应进行防滑和防水处理，避免顾客人身损害问题的发生。作为消费者，在商场购物时，也应提高自身防范意识。对于显而易见的危险，或者说一般人通常情况下可以避免的损害，不得请求商场赔偿。也就是说，如果完全是由于自身原因造成的损害，如走路不看路撞到柱子等，不应苛求商场赔偿。如果损害部分是由于受害人自身原因造成的，可以减轻安全保障义务人的民事责任。

安全保障义务是指经营者在经营活动中，应当采取一定的行动来防止消费者、潜在的消费者或者其他进入服务场所的人员的人身或财产免受侵害。

本案属于公共场所管理责任纠纷，该大型超市作为购物场所，应对进入其营业场所的人员尽到合理限度范围内人身、财产安全的保障义务，在地板较滑的情况下应采取防护措施如铺设地垫、设置警示标志、及时组织人员提示等保障进入营业场所人员的人身安全。因超市未尽到安全保障义务，对文先生的损失应承担赔偿责任。文先生作为一名完全民事行为能力人，在行走的过程中未尽到谨慎注意义务，造成自己摔伤，应承担次要责任。

【相关法条】

《侵权责任法》第三十七条　宾馆、商场、银行、车站、娱乐场所等公共场所的管理人或者群众性活动的组织者，未尽到安全保障义务，造成他人损害的，应当承担侵权责任。

《消费者权益保护法》第七条　消费者在购买、使用商品和接受服务时享有人身、财产安全不受损害的权利。

消费者有权要求经营者提供的商品和服务，符合保障人身、财产安全的要求。

《消费者权益保护法》第十八条　经营者应当保证其提供的商品或者服务符合保障人身、财产安全的要求……宾馆、商场、餐馆、银行、机场、车站、港口、影剧院等经营场所的经营者，应当对消费者尽到安全保障义务。

245. 撞上小店玻璃门受伤，受害者可否起诉店主索赔？

【案情介绍】

张先生到某县城的一家饭店就餐。由于当天下雨，饭店的透明玻璃门只开了一扇，玻璃门上有门把手，门把手上方贴有"推""拉"小标识。当张先生低头一边看手机一边推门时，头部不慎碰到关闭的玻璃门上，致使头部撞伤流血。张先生被饭店的服务员送往附近的县医院，治疗花去医疗费800多元。事后张先生找饭店赔偿，认为自己是在饭店受到的损伤。但饭店拒绝承担他的治疗费，原因是饭店在门把手上已贴了"推""拉"小标识，饭店认为其已经尽到安全提醒义务。

【评析】

公共场所管理人负有安全保障义务。饭店作为经营者及管理者，其经营的饭店安装透明的玻璃门，该门把手上虽有标识，但标识不够明显，其存在过错；张先生作为完全民事行为能力人，开门时只顾看手机，未看到另一扇门是关闭的，自身存在过错，应适当减轻饭店的责任，故饭店对张先生造成的损失应承担相应的部分责任。

【相关法条】

《侵权责任法》第二十六条　被侵权人对损害的发生也有过错的，可以减轻侵权人的责任。

《侵权责任法》第三十七条　宾馆、商场、银行、车站、娱乐场所等公共场所的管理人或者群众性活动的组织者，未尽到安全保障义务，造成他人损害的，应当承担侵权责任。

246. 职工家属在单位食堂摔伤，单位应负责吗？

【案情介绍】

张女士是某学校的教师，是单亲妈妈。学校有职工食堂。平时张女士带着13岁的女儿张雨（化名）到食堂就餐。一天张女士带着张雨前往食堂用晚餐时，由于食堂地面刚刚被拖过，也未作任何警示标志，张雨一不留神摔倒，导致牙齿碰伤，花去2 000余元的医疗费。张女士要求学校食堂赔偿，但遭到拒绝，理由是食堂只是面向职工，是给职工的福利待遇，并非从事营业性经营，而张雨并非学校的职工，所以对张雨没有任何安全保障义务。张雨摔伤治疗的医药费，能否得到学校食堂的赔偿？

【评析】

尽管学校食堂是作为给职工的福利待遇，并非从事营业性经营，但学校食堂与张雨之间存在有偿服务关系，这意味着彼此之间已经存在"经营"与"消费"的服务关系。根据《消费者权益保护法》第十八条规定："经营者应当保证其提供的商品或者服务符合保障人身、财产安全的要求。"可张雨被摔伤的结果，恰恰表明食堂未尽职责。

本案中，张某的孩子张雨与学校食堂之间存在经营与服务的关系。学校食堂作为用餐的管理者，明知地板刚刚拖过，地面滑，极易导致他人摔伤，却疏于清理、疏于设立警示标志，明显对可能出现的损害抱疏忽大意或轻信可以避免的态度，即未能尽到安全保障义务，客观上也确实已经导致张雨的损失，要承担赔偿责任。张女士作为张雨的监护人，未能及时提醒张雨在湿滑地面行走时应小心，也有一定过错。

【相关法条】

《消费者权益保护法》第十八条　经营者应当保证其提供的商品或者服务符合保障人身、财产安全的要求。

《侵权责任法》第三十七条　宾馆、商场、银行、车站、娱乐场所等公共场所的管理人或者群众性活动的组织者，未尽到安全保障义务，造成他人损害的，应当承担侵权责任。

《关于审理人身损害赔偿案件司法解释》第六条　从事住宿、餐饮、娱乐等经营活动或者其他社会活动的自然人、法人、其他组织，未尽合理限度范围内的安全保障义务致使他人遭受人身损害，赔偿权利人请求其承担相应赔偿责任的，人民法院应予支持。

第十一章　妇女权益保护

在家庭里，妇女身兼慈母、孝女、贤妻等多重角色，承担着孕育生命、携幼扶老、勤俭持家的重大责任，是家庭和美、邻里和睦、美德传承的坚固磐石。在一个社会里，妇女是劳动者和建设者，妇女能顶半边天，在发展经济、改善民生、推动文明进步方面发挥不可或缺的重要作用，没有妇女的积极性，就不可能有伟大的社会变革，妇女的社会地位取决于社会进步的程度。妇女事业是一件关系到国家和民族前途的大事，但在我国有两千多年的封建历史、男尊女卑的传统观念根深蒂固，受历史传统和经济社会发展等因素的影响，妇女权益的平等和事实上的平等还存在一定的差距，这是我们必须正视的现实。为了帮助广大妇女运用法律武器维护自己的合法权益，我们结合生活中的一些实际案例，归纳总结妇女们遇到家庭矛盾、财产纠纷、抚养子女问题时的维权方法。

247. 妻子擅自堕胎，是否侵犯了丈夫的生育权？

【案情介绍】

韩先生与白女士经人介绍于 2010 年 2 月 16 日登记结婚。但婚前感情比较淡漠，婚后双方因家庭琐事发生矛盾，经常吵闹。婚后不久白女士怀孕了，但白女士感觉不到婚姻的温暖而不想要小孩。在怀孕 3 个月后，白女士在未与韩先生商量的情况下，擅自到医院做了引产手术。韩先生得知此事十分气愤，痛打了白女士，要求离婚，并提出白女士因擅自堕胎行为侵犯了自己的生育权，白女士应否赔偿？

【评析】

根据《妇女权益保障法》第五十一条规定："妇女有按照国家有关规定生育子女的权利，也有不生育的自由。"按照我国司法实践，妻子怀孕后是否生育应当由其本人来决定。妇女有生育子女的权利，也有不生育的自由，不生育的自由包括不怀孕或怀孕后终止妊娠的自由。

本案中白女士未经韩先生的同意擅自终止妊娠，并不违法，不需要承担法律责任，也不构成对韩先生生育权的侵犯。因此，韩先生无权请求损害赔偿。

【相关法条】

《妇女权益保障法》第五十一条　妇女有按照国家有关规定生育子女的权利，也有不生育的自由。

《婚姻法司法解释（三）》第九条　夫以妻擅自中止妊娠侵犯其生育权为由请求损害赔偿的，人民法院不予支持；夫妻双方因是否生育发生纠纷，致使感情确已破裂，一方请求离婚的，人民法院经调解无效，应依照婚姻法第三十二条第三款第（五）项的规定处理。

248. 丈夫打伤妻子要赔偿吗？

【案情介绍】

龚先生和白女士是夫妻关系，夫妻两人因家庭琐事经常吵架甚至动手打架。2015年9月26日，龚先生因家庭矛盾纠纷将妻子白女士砍成重伤，龚先生潜逃。龚先生对白女士实施家庭暴力，如果白女士起诉要求民事赔偿能否得到法院支持？

【评析】

生命权、身体权、健康权均是独立的人格权利，专属于权利人自身。因为夫妻具有独立之人格，其相对应的人身权利应受到保护，故夫与妻一方不得以任何借口剥夺另一方的生命权，侵害另一方的身体权和健康权。

根据《刑事诉讼法》第九十九条规定，被害人由于被告人的犯罪行为而遭受物质损失的，在刑事诉讼过程中，有权提起附带民事诉讼。条款中对加害人和受害人的关系并无限制性规定，不论其是否存在婚姻关系均可提出。《侵权责任法》第十六条规定："侵害他人造成人身损害的，应当赔偿医疗费、护理费、交通费等为治疗和康复支出的合理费用，以及因误工减少的收入。"只要侵权关系事实成立，侵权人就应承担相应的责任，被害人就可以提起附带民事诉讼，而与其在婚姻关系中的角色无关。

本案中龚先生故意伤害他人身体，致人重伤，其行为已构成故意伤害罪。白女士如提起附带民事诉讼要求损害赔偿，是有法律依据的。

【相关法条】

《婚姻法》第二条　……保护妇女、儿童和老人的合法权益。

《婚姻法》第三条　……禁止家庭暴力。禁止家庭成员间的虐待和遗弃。

《婚姻法》第四十三条 ……对正在实施的家庭暴力，受害人有权提出请求，居民委员会、村民委员会应当予以劝阻；公安机关应当予以制止。

《妇女权益保障法》第三十八条 妇女的生命健康权不受侵犯。禁止溺、弃、残害女婴；禁止歧视、虐待生育女婴的妇女和不育的妇女；禁止用迷信、暴力等手段残害妇女；禁止虐待、遗弃病、残妇女和老年妇女。

《侵权责任法》第十六条 侵害他人造成人身损害的，应当赔偿医疗费、护理费、交通费等为治疗和康复支出的合理费用，以及因误工减少的收入。

《刑事诉讼法》第九十九条 被害人由于被告人的犯罪行为而遭受物质损失的，在刑事诉讼过程中，有权提起附带民事诉讼（对加害人和受害人的关系并无限制性规定）。

249. 妻子生下女婴，丈夫抛弃妻女的行为法律应如何处理？

【案情介绍】

杨女士经人介绍认识了马先生，相识两个月后，两个人步入婚姻殿堂。婚后不久杨女士怀孕，足月后在医院产下一名女婴，可重男轻女的马先生看到杨女士生下的是女婴后，竟抛妻弃女，独自离开了医院。杨女士看到了丈夫的态度，康复出院后，直接将女儿带到娘家抚养，并为孩子上了户口，随了杨姓。现在孩子7岁，杨女士对此事一直不能释怀，打算与马先生离婚，但杨女士担心丈夫马先生不支付孩子的抚养费。

【评析】

男女一方提出离婚后，是否准予离婚，不取决于另一方是否同意离婚，而是法院依据夫妻双方的感情是否确已破裂和调解有无效来决定。可见"感情是否确已破裂、调解无效"是人民法院审理离婚案件确定准离与不准离的原则界限。

本案中杨女士和马先生分居长达7年之久，感情确已破裂，杨女士随时可以向法院起诉离婚，法院判决离婚的主要依据是夫妻感情确已破裂调解无效。关于子女生活费和教育费的协议或判决，不妨碍子女在必要时向父母任何一方提出超过协议或判决原定数额的合理要求。抚养权方面，要按照哪一方的抚养对孩子成长有利的原则作出决定。两岁以下的孩子一般判给母亲抚养。没有抚养孩子的一方应支付抚养费。

【相关法条】

《宪法》第四十九条　婚姻、家庭、母亲和儿童受国家的保护。

父母有抚养教育未成年子女的义务，成年子女有赡养扶助父母的义务。

《婚姻法》第三十二条　人民法院审理离婚案件，应当进行调解；如感情确已破裂，调解无效，应准予离婚。

《婚姻法》第三十七条　离婚后，一方抚养的子女，另一方应负担必要的生活费和教育费的一部或全部，负担费用的多少和期限的长短，由双方协议；协议不成时，由人民法院判决。

250. 男女未婚同居产生矛盾，解除同居关系法院会受理吗？

【案情介绍】

张先生和赵女士于 2013 年同居，一年后生育一子，未补办结婚登记手续。现双方产生了矛盾要分手，赵女士想解除同居关系，法院会受理吗？

【评析】

本案中张先生和赵女士是在 1994 年 2 月以后发生的同居关系，且未补办结婚登记手续，故赵女士要求解除同居关系不受法律保护，不属于法院受理范围。但如果张先生和赵女士在孩子抚养权问题上发生争议，要求通过诉讼解决，属于法院受理范围。

【相关法条】

《婚姻法司法解释（二）》第一条　当事人起诉请求解除同居关系的，人民法院不予受理。但当事人请求解除的同居关系，属于婚姻法第三条、第三十二条、第四十六条规定的"有配偶者与他人同居"的，人民法院应当受理并依法予以解除。

《婚姻法司法解释（一）》第五条　未按婚姻法第八条规定办理结婚登记而以夫妻名义共同生活的男女，起诉到人民法院要求离婚的，应当区别对待：

（一）1994 年 2 月 1 日民政部《婚姻登记管理条例》公布实施以前，男女双方已经符合结婚实质要件的，按事实婚姻处理；

（二）1994 年 2 月 1 日民政部《婚姻登记管理条例》公布实施以后，男女双方符合结婚实质要件的，人民法院应当告知其在案件受理前补办结婚登记；未补办结婚登记的，按解除同居关系处理。

251. 妻子怀孕期间，丈夫有外遇向妻子提出离婚，妻子可以获得精神损害赔偿吗？

【案情介绍】

2016 年 6 月贾先生与宋女士在某交友网站上认识，不久两个人便订婚；2017 年，两个人在某区民政局登记结婚。结婚初期，夫妻感情尚可，但后来贾先生继续上网交友，在网上结交了兰某，随后贾先生与兰某偷偷同居。贾先生出轨后，对家里的事情过问得越来越少，对妻子宋女士非常冷漠甚至不闻不问。在宋女士的一再逼问下，贾先生承认了自己有外遇的事实。宋女士不能接受丈夫贾先生背叛自己的事实，欲向法院提起离婚诉讼。但是就在此时，宋女士发现自己怀孕了。宋女士可否向丈夫贾先生提出离婚并要求精神损害赔偿？

【评析】

根据《婚姻法司法解释（一）》第二条的规定，有配偶者与他人同居的情形是指有配偶者与婚外异性，不以夫妻名义，持续、稳定地共同居住。丈夫经常以各种理由和借口不回家，在双方婚姻关系存续期间，丈夫有外遇，在外面有不正当的男女关系，违背了夫妻之间互相忠诚的法定义务。对夫妻感情破裂存在过错，使妻子遭受了一定的精神损害，构成了女方离婚时要求精神损害赔偿的要件。

本案中贾先生未履行夫妻间应遵守的忠贞义务，婚内出轨，属于过错方。妻子宋女士虽已怀孕，但可以提起离婚诉讼，为保障女方的身心健康，宋女士在起诉离婚的同时可以一并主张贾先生对其精神赔偿的请求，依法可以获得法院的支持。

【相关法条】

《婚姻法》第三十四条　女方在怀孕期间、分娩后一年内或中止妊娠后六个月内，男方不得提出离婚。女方提出离婚的，或人民法院认为确有必要受理男方离婚请求的，不在此限。

《婚姻法》第四十六条　有下列情形之一，导致离婚的，无过错方有权请求损害赔偿：

（一）重婚的；

（二）有配偶者与他人同居的；

（三）实施家庭暴力的；

（四）虐待、遗弃家庭成员的。

《侵权责任法》第二十二条　侵害他人人身权益，造成他人严重精神损害的，被侵权人可以请求精神损害赔偿。

252. 妻子被丈夫殴打，妻子想不开喝农药自杀，丈夫要负法律责任吗？

【案情介绍】

小张和小刘是一对年轻的夫妻，两个人经常为小事吵得不可开交，一吵架丈夫小张就殴打妻子小刘，终于有一次在挨了小张的殴打之后，小刘忍无可忍，喝农药自杀了，小张要负法律责任吗？

【评析】

如果只是偶尔的殴打行为，妻子自杀，属于意外事件，丈夫不需要负法律责任。但丈夫小张长期殴打致使妻子小刘自杀的，构成虐待罪。本案中小刘的近亲属可以向法院起诉并提起附带民事诉讼。

【相关法条】

《刑法》第二百六十条　虐待家庭成员，情节恶劣的，处二年以下有期徒刑、拘役或者管制。

《刑事诉讼法》第九十九条　被害人由于被告人的犯罪行为而遭受物质损失的，在刑事诉讼过程中，有权提起附带民事诉讼。被害人死亡或者丧失行为能力的，被害人的法定代理人、近亲属有权提起附带民事诉讼。

《刑事诉讼法》第一百一十二条　对于自诉案件，被害人有权向人民法院直接起诉。被害人死亡或者丧失行为能力的，被害人的法定代理人、近亲属有权向人民法院起诉。人民法院应当依法受理。

253. 不离婚，能要求丈夫支付扶养费吗？

【案情介绍】

喇先生系教育单位的离退休职工，现年61岁，退休工资每月5 000余元。十年前喇先生与周女士再婚。周女士无任何经济来源，婚后两个人的经济来源为喇先生的工资收入。十年来喇先生的工资收入一直交由周女士管理使用。后双方因不能妥善处理家庭矛盾而争执不休，喇先生将工资卡从周女士手中要回。周女士没有经济来源，无奈之下要求喇先生履行夫妻间扶养义务，每月给付扶养费800元，但没有提起离婚的诉讼请求。

【评析】

根据《婚姻法》第二十条规定，夫妻有互相扶养的义务。一方不履行扶养义务时，需要扶养的一方，有要求对方给付扶养费的权利。也就是说，夫妻相互扶养义务存在的前提是要有合法的夫妻关系存在，同时，必须有一方当事人需要扶养，而另一方有扶养能力。需要扶养的一方有权请求对方给付扶养费。本案中周女士在没有生活来源的情况下要求喇先生给付扶养费，其请求符合法律规定。

【相关法条】

《婚姻法》第二十条　夫妻有互相扶养的义务。一方不履行扶养义务时，需要扶养的一方，有要求对方付给扶养费的权利。

254. 妻子不能生育，丈夫起诉离婚应否准予？

【案情介绍】

2008年10月刘华（化名）与范美芳（化名）偶然相识，之后两人彼此对对方的感觉都不错，很快就确定了恋爱关系。2009年5月，刘华和范美芳办理了婚事。婚后5年，范美芳一直没有怀孕，刘华和范美芳四处求医检查治疗，确认女方不育，后经过多次治疗，范美芳始终未能怀孕。为此，刘华的态度慢慢发生了变化，后来刘华、范美芳两个人经常因为一点儿小事就发生争吵。刘华一直吵着要跟范美芳离婚，因范美芳不能生育，导致夫妻感情彻底破裂。而范美芳认为，夫妻感情并未彻底破裂，不同意与刘华离婚。

【评析】

我国《婚姻法》规定男女都有生育的权利。但不是每个人都有生育的能力，当生育方面存在问题时，夫妻双方应冷静对待，积极想办法治疗疾病，通过离婚的方式来解决生育问题是不可取的。

本案中刘华与范美芳婚前相处一年多，彼此间较为了解。婚后为治疗范美芳的病，两个人四处求医，尽了很大的努力。刘华与范美芳虽因生育问题产生矛盾，但夫妻感情并未彻底破裂。根据我国《婚姻法》的规定，如果刘华起诉到法院，必须"夫妻感情确已破裂"法院才会准予解除婚姻，因此本案的情况法院是不会准予离婚的。第一次起诉后未判离婚，若双方实质上分居两年以上后，刘华可再次起诉离婚。

【相关法条】

《婚姻法》第三十二条　男女一方要求离婚的，可由有关部门进行调解或直接向人民法院提出离婚诉讼。人民法院审理离婚案件，应当进行调解；如感情确已破裂，调解无效，应准予离婚。有下列情形之一，调解无效的，应准予离婚：

（一）重婚或有配偶者与他人同居的；

（二）实施家庭暴力或虐待、遗弃家庭成员的；

（三）有赌博、吸毒等恶习屡教不改的；

（四）因感情不和分居满二年的；

（五）其他导致夫妻感情破裂的情形。

一方被宣告失踪，另一方提出离婚诉讼的，应准予离婚。

255. 签了堕胎协议男方就不用抚养孩子了吗？

【案情介绍】

陈小姐在工作中认识了有家室的董某，后两个人发展成情人关系。半年后的2016年8月，陈小姐发现自己怀孕了，她想拿孩子逼董某离婚，董某坚决不同意陈小姐生下孩子，两个人为此争吵不休。2017年1月，陈小姐同意流产，但要董某补偿20万元。董某怕陈小姐以后再纠缠，便与陈小姐签订了一份协议，约定陈小姐堕胎后，董某一次性给付20万元；若陈小姐生下孩子，董某不负责抚养。但陈小姐打起了退堂鼓，此时陈小姐已经怀孕近5个月，陈小姐还是决定把孩子生下来。

2017年4月8日，陈小姐和董某的私生女儿如意（化名）出生。为了生孩子，陈小姐辞去了工作，此时她没有任何收入，陈小姐觉得经济压力很大，于是找到董某，要求他承担女儿如意的抚养费。董某拿出当初签订的堕胎协议，拒绝支付抚养费。签了堕胎协议男方就不用抚养孩子了吗？

【评析】

本案中，虽然陈小姐与董某曾签订堕胎协议，约定孩子出生董某不承担抚养义务，但此协议与法律规定的法定义务冲突，应视为无效。董某作为女儿如意的亲生父亲，不能以该协议为由，拒不支付抚养费。如意随母亲共同生活，董某理应承担适当的抚养费。

【相关法条】

《婚姻法》第二十一条 父母对子女有抚养教育的义务；子女对父母有赡养扶助的义务。父母不履行抚养义务时，未成年的或不能独立生活的子女，有要求父母付给抚养费的权利。子女不履行赡养义务时，无劳动能力的或生活困难的父母，有要求子女付给赡养费的权利。

《婚姻法》第二十五条 非婚生子女享有与婚生子女同等的权利，任何人不得加以危害和歧视。不直接抚养非婚生子女的生父或生母，应当负担子女的生活费和教育费，直至子女能独立生活为止。

256. 人工流产造成的损害由谁承担？

【案情介绍】

张小姐在某茶艺馆做服务员，与客户刘某产生好感后一起同居生活，不久后张小姐发现自己怀孕了，她随即把这个消息告诉了刘某。刘某听后却要求张小姐立即把孩子打掉。张小姐到医院做了流产手术。事后，张小姐不仅没有得到刘某的半点关心，也见不到刘某的身影。为此，张小姐要求刘某赔偿自己做流产手术花去的医疗费及营养费等共计1万元。

【评析】

张小姐与刘某之间无合法夫妻关系，不具备合法的生育条件，所以张小姐有权自行作出决定不生育子女终止妊娠，所产生的费用以及必要的营养费，对于双方来说都没有过错，但是刘某应当对张小姐予以适当的帮助和补偿。恋爱关系在法律上不具有任何的约束力，如果一方受到伤害，只要另一方不是出于故意或者重大过失，他（她）就不用承担法律上的赔偿责任。所以，刘某不能承担赔偿责任，只能自愿分担相关的费用。

【相关法条】

《民法通则》第一百三十二条 当事人对造成损害都没有过错的，可以根据实际情况，由当事人分担民事责任。

《妇女权益保护法》第五十一条第一款 妇女有按照国家有关规定生育子女的权利，也有不生育的自由。

257. 遭遇家庭暴力、不忠，受害方能否要求精神损害赔偿？

【案情介绍】

村民代先生与余女士经人介绍结婚，并于 2013 年生育一女。代先生长期离家，在县城某工厂打工，而余女士则留在老家照顾老人及孩子。夫妻两个人在婚后聚少离多，经常为家庭琐事争吵，感情也逐渐淡漠。长期的两地分居导致代先生与一位工厂女工谈起了恋爱。余女士从朋友处得知代先生有外遇，于是带孩子来县城试图让代先生回心转意，可是代先生却无任何悔意。余女士三番五次的哀求，换来的却是代先生的辱骂和殴打，最近的一次殴打导致余女士鼻梁被打断。余女士在受伤住院期间也没见到代先生的人影，饱受痛苦的余女士在出院后，要求与丈夫代先生离婚并分割夫妻共同财产，同时主张精神损害赔偿 8 万元。

【评析】

精神损害以金钱的形式进行赔偿，主要是为了使无过错一方感情上的痛苦通过有过错一方的经济赔偿得到减轻或消除，对无过错一方起到一定的抚慰作用，而不是进行经济补偿。根据《婚姻法》的规定，一方有四种情形导致离婚的，无过错方有权请求损害赔偿，这四种情况都是直接导致夫妻感情破裂，致使离婚的重大过错行为，包括重婚、有配偶者与他人同居、实施家庭暴力、虐待、遗弃家庭成员。因家庭暴力导致离婚的案件，无过错方不论是原告或是被告，均可在提出离婚诉讼或应诉时要求过错方承担赔偿责任。如果因一方过错导致离婚的，在财产分割方面还可以优先照顾无过错方。

本案中，代先生不顾家庭责任、忠诚义务，在婚内与第三者同居，且存在家庭暴力，属过错方。如果余女士起诉离婚，法院应支持余女士的请求。

【相关法条】

《婚姻法》第四十六条　有下列情形之一，导致离婚的，无过错方有权请求损害赔偿：……（三）实施家庭暴力的……

《婚姻法司法解释（一）》第一条　家庭暴力是指行为人以殴打、捆绑、残害、强行限制人身自由或者其他手段，给其家庭成员的身体、精神等方面造成一定伤害后果的行为。

《侵权责任法》第十六条　侵害他人造成人身损害的，应当赔偿医疗费、护理费、交通费等为治疗和康复支出的合理费用，以及因误工减少的收入。造成残疾的，还应当赔偿残疾生活辅助具费和残疾赔偿金。造成死亡的，还应当赔偿丧葬费和死亡赔偿金。

《侵权责任法》第二十二条　侵害他人人身权益，造成他人严重精神损害的，被侵权人可以请求精神损害赔偿。

258. 配偶一方婚后患精神病，婚姻是否有效？

【案情介绍】

郑先生与李女士于 2012 年 3 月 20 日在某市登记结婚并举行了婚礼。婚后由于工作原因，郑先生经常出差在外，在家的时间越来越少。2015 年年初，李女士生下孩子却无人照顾，患上了产后抑郁症。李女士认为丈夫郑先生对自己越来越冷漠，肯定外面有女人，精神开始恍惚。每当郑先生出差回来，李女士开始没完没了地跟郑先生吵架，砸东西，哭泣，病情日益恶化。李女士已无法清晰地辨识自己的意识，经医院鉴定李女士患上了严重的精神疾病。郑先生认为妻子李女士婚后患精神病，他们的婚姻无效。

【评析】

李女士在婚前身体及精神状况良好，未患有医学上认为不应当结婚的疾病，郑先生与李女士之间的婚姻应属合法有效。在婚姻关系存续期间，李女士患上精神疾病并无法治愈，不属于我国《婚姻法》所规定的婚姻无效情形，且夫妻之间存在相互扶养的义务。李女士患有精神病，郑先生应支付一定的经济帮助。以保障患病一方的权益。

【相关法条】

《婚姻法》第十条　有下列情形之一的，婚姻无效：

（一）重婚的；

（二）有禁止结婚的亲属关系的；

（三）婚前患有医学上认为不应当结婚的疾病，婚后尚未治愈的；

（四）未到法定婚龄的。

《婚姻法》第十二条　无效或被撤销的婚姻，自始无效。当事人不具有夫妻的权利和义务。同居期间所得的财产，由当事人协议处理；协议不成时，由人民法院根据照顾无过错方的原则判决。对重婚导致的婚姻无效的财产处理，不得侵害合法婚姻当事人的财产权益。当事人所生的子女，适用本法有关父母子女的规定。

259. 女工因怀孕被开除是违法行为吗？

【案情介绍】

韩女士在某医药公司担任店长，劳动合同期为 2012 年 2 月 20 日至 2014 年 2 月 19 日。2012 年 9 月，韩女士怀孕了，因医生建议需要保胎，韩女士通过电话向公司人事部经理请了一个月的假。当韩女士一个月假期满后上班时，人事部经理告知韩女士已被医药公司解除了劳动关系。该案中韩女士孕期请假被解雇，医药公司的做法是否违法？

【评析】

根据《劳动合同法》的相关规定，女职工在孕期、产期、哺乳期，用人单位不得擅自解除劳动合同；劳动者在规定的医疗期内或者女职工在孕期、产期、哺乳期内，劳动合同期限届满时，用人单位应当将劳动合同的期限顺延至医疗期、孕期、产期、哺乳期期满为止。

本案中韩女士与医药公司之间的劳动合同至 2014 年 2 月 19 日才期满，韩女士在此期间怀孕，有权依医嘱享受病假。韩女士通过打电话的方式请假获得了医药公司人事部经理的批准，之后医药公司又单方面强行解除与韩女士的劳动合同关系，明显违背法律规定，构成违约，医药公司应向韩女士支付经济补偿金和违法解除劳动合同的赔偿金。

【相关法条】

《劳动法》第二十九条　劳动者有下列情形之一的，用人单位不得依据本法第二十六条、第二十七条的规定解除劳动合同：

（一）患职业病或者因工负伤并被确认丧失或者部分丧失劳动能力的；

（二）患病或者负伤，在规定的医疗期内的；

（三）女职工在孕期、产期、哺乳期内的；

（四）法律、行政法规规定的其他情形。

《劳动合同法》第四十二条　劳动者有下列情形之一的，用人单位不得依照本法第四十条、第四十一条的规定解除劳动合同：

（一）从事接触职业病危害作业的劳动者未进行离岗前职业健康检查，或者疑似职业病病人在诊断或者医学观察期间的；

（二）在本单位患职业病或者因工负伤并被确认丧失或者部分丧失劳动能力的；

（三）患病或者非因工负伤，在规定的医疗期内的；

（四）女职工在孕期、产期、哺乳期的；

（五）在本单位连续工作满十五年，且距法定退休年龄不足五年的；

（六）法律、行政法规规定的其他情形。

《妇女权益保障法》第二十六条　任何单位均应根据妇女的特点，依法保护妇女在工作和劳动时的安全和健康，不得安排不适合妇女从事的工作和劳动。

妇女在经期、孕期、产期、哺乳期受特殊保护。

《女职工劳动保护规定》第四条　不得在女职工怀孕期、产期、哺乳期降低其基本工资，或者解除劳动合同。

260. 妇女在工作场所遭遇性骚扰，单位要赔偿吗？

【案情介绍】

2013年4月周女士到一家广告公司工作，与广告公司签订了为期三年的劳动合同。2013年12月，周女士因无法忍受上司总是给自己手机发黄段子而提出辞职。在办理完毕相关手续之后，周女士想为自己讨个说法。周女士在工作场所遭遇性骚扰，可否诉至法院，要求单位赔偿？

【评析】

女职工因职场性骚扰而提出解除劳动合同时，如果女职工能提供证据证明其在工作场所确实受到了经常性的性骚扰，则法院可以依据《劳动合同法》第三十八条的规定，认定用人单位未按照劳动合同约定提供劳动保护或劳动条件，从而支持女职工关于经济补偿的诉讼请求。

本案中，用人单位未按照劳动合同约定提供劳动保护或劳动条件导致周女士提出解除劳动合同，广告公司应支付周女士解除劳动关系的经济补偿金。

【相关法条】

《妇女权益保障法》第四十条　禁止对妇女实施性骚扰。受害妇女有权向单位和有关机关投诉。

《妇女权益保障法》第五十八条　违反本法规定，对妇女实施性骚扰或者家庭暴力，构成违反治安管理行为的，受害人可以提请公安机关对违法行为人依法给予行政处罚，也可以依法向人民法院提起民事诉讼。

261. 怀孕期间男方要求女方终止妊娠并离婚，女方可以要求赔偿吗？

【案情介绍】

岳女士怀孕 3 个月时，丈夫乔先生要求她终止妊娠并离婚。岳女士终止妊娠后同意与乔先生离婚，除分割夫妻共同财产外，岳女士还可以向乔先生要求相应的赔偿（精神赔偿、身体伤害赔偿）吗？

【评析】

女方怀孕期间及终止妊娠后半年内，男方不得起诉离婚。一般双方离婚时不能要求补偿或者赔偿，除非有证据证明一方存在过错。根据《婚姻法》第四十六条有关规定，本案中岳女士无权请求乔先生支付相应的赔偿（精神赔偿、身体伤害调养赔偿）。

【相关法条】

《婚姻法》第三十四条　女方在怀孕期间、分娩后一年内或中止妊娠后六个月内，男方不得提出离婚。女方提出离婚的，或人民法院认为确有必要受理男方离婚请求的，不在此限。

《婚姻法》第四十六条　有下列情形之一，导致离婚的，无过错方有权请求损害赔偿：

（一）重婚的；

（二）有配偶者与他人同居的；

（三）实施家庭暴力的；

（四）虐待、遗弃家庭成员的。

第十二章　老年人权益保护

我国立法的一项重要原则就是保护老年人的合法权益，从《宪法》《婚姻法》《继承法》《刑法》《老年人权益保护法》到众多地方性法规都有关于老年人权益保护的规定。老年人属于社会的弱势群体，面对自身的权益受到侵犯，更多的老年人却选择了"忍"字。有的老人不知如何运用法律，忍气吞声地承受着一切；有的老人认为"家丑不可外扬"，不愿打官司"丢人"；有的则是不敢向法律讨说法，唯恐事后子女与之断绝关系，令自己的晚年生活雪上加霜。这种种心理状态，使得老人们的"亲情防线"异常薄弱。在法律条文面前，"剪不断，理还乱"的亲情，成了老年人维权过程中的最大障碍。而有了亲情障碍，老年人在维权上的力度就小得多，客观上也助长了侵权事件的发生。老年人应该勇敢地拿起法律武器，要为自己争取权利。

262. 不赡养父母违法吗？

【案情介绍】

毛老太太一生历经坎坷，丈夫早已去世，她含辛茹苦地将3个子女拉扯大。现毛老太长子已年近五旬，次子和女儿也早过了而立之年，可谓儿孙满堂，毛老太早该颐养天年了。然而，事与愿违，子女们都不愿承担老人的生活费，而且几个月都不看望老人一回。毛老太没有生活能力，还患有高血压，请问毛老太的3个子女不赡养她违法吗？

【评析】

赡养父母是子女的法定义务，如果不能在身边赡养，要承担给付赡养费的民事责任；无论在什么情况下，子女都要履行对父母的赡养义务，成年且有能力的子女要是不赡养父母的话，这属于违法行为。因此导致父母流离失所的话，就会构成刑法中规定的遗弃罪。

本案中对于年老、患病、没有独立生活能力的毛老太，子女们都负有赡养义务，否则，毛老太有要求子女给付赡养费的权利。根据我国刑法的规定，拒绝赡养，情节恶劣的，处五年以下有期徒刑、拘役或者管制。

【相关法条】

《宪法》第四十九条　成年子女有赡养扶助父母的义务（这种义务是无期限的，只要父母需要赡养扶助，子女就应继续履行这一义务，并且不能以放弃继承为由拒绝履行赡养义务）。

《婚姻法》第二十一条　父母对子女有抚养教育的义务；子女对父母有赡养扶助的义务……子女不履行赡养义务时，无劳动能力的或生活困难的父母，有要求子女付给赡养费的权利。

《老年人权益保障法》第十四条　赡养人应当履行对老年人经济上供养、生活上照料和精神上慰藉的义务，照顾老年人的特殊需要。

《老年人权益保障法》第十五条　赡养人应当使患病的老年人及时得到治疗和护理；对经济困难的老年人，应当提供医疗费用。

对生活不能自理的老年人，赡养人应当承担照料责任；不能亲自照料的，可以按照老年人的意愿委托他人或者养老机构等照料。

《刑法》第二百六十一条　对于年老、年幼、患病或者其他没有独立生活能力的人，负有扶养义务而拒绝扶养，情节恶劣的，处五年以下有期徒刑、拘役或者管制。

263. 老年夫妻感情不和，一方能否对另一方拒绝履行扶助义务？

【案情介绍】

赵女士与孙先生是再婚的一对老年夫妻，虽然在一起生活多年但感情不和，赵女士患有高血压、心脏病，但在赵女士生病住院期间，孙先生总是以感情不和为由拒绝探望，也拒付医疗费。孙先生能否拒绝对赵女士履行扶助义务？

【评析】

夫妻扶养义务是指在婚姻关系存续期间，夫妻双方在生活上和物质上相互扶助的义务。当一方失去能力时，另一方负有扶养和照顾的义务；在一方生病时，另一方必须给予照顾或是送医院治疗；当配偶为限制能力或无行为能力时，另一方有承担法定监护人的权利和义务。

本案中赵女士与孙先生虽然感情不和，但两个人仍是夫妻，双方仍有互相扶养扶助的法定义务，赵女士要求孙先生支付她治病期间的医疗费属于夫妻间的扶养金，是合理的，孙先生应该承担。孙先生不应该以与赵女士感情不和为由拒绝支付医疗费。

【相关法条】

《婚姻法》第二十条　夫妻有互相扶养的义务。一方不履行扶养义务时，需要扶养的一方，有要求对方付给扶养费的权利。

264. 儿媳对公婆有赡养义务吗？

【案情介绍】

李女士的婆婆共生育一子一女，女儿远嫁他乡，儿子（李女士的丈夫）几年前就去世了，李女士的婆婆一直居住在女儿家。由于年龄大、体弱多病，李女士的婆婆想让儿媳承担赡养义务，但李女士认为婆婆把多年积蓄都给了女儿，她的丈夫已去世，她作为儿媳没有义务对婆婆尽赡养义务。

【评析】

我国法律上的父母子女关系分为两种：①自然血亲的父母子女关系，包括父母与婚生子女及非婚生子女关系；②法律拟制的父母子女关系，包括养父母与养子女、有抚养关系的继父母与继子女，这两种父母子女关系之间均有相互扶养（抚养和赡养）的法律义务。儿媳与父母、其丈夫和子女之间存在相互扶养（扶养和赡养）的法律义务，与公婆之间不存在法定的赡养义务。但是根据《继承法》的规定，对公婆尽了主要赡养义务的丧偶儿媳可以作为第一顺序的继承人。《老年人权益保障法》规定了赡养人的配偶有协助赡养义务。

本案中李女士作为儿媳对公婆的赡养义务是建立在婚姻存续的基础上的。李女士的丈夫死亡，婚姻也就解体了。她自然也就没有了对公婆法律上的赡养义务。如果儿媳履行了对公婆的赡养，那就有权利继承公婆的遗产。

【相关法条】

《婚姻法》第二十一条　子女对父母有赡养扶助的义务。

《继承法》第十二条　丧偶儿媳对公、婆，丧偶女婿对岳父、岳母，尽了主要赡养义务的，作为第一顺序继承人。

《老年人权益保障法》第十四条　赡养人应当履行对老年人经济上供养、生活上照料和精神上慰藉的义务，照顾老年人的特殊需要。

赡养人是指老年人的子女以及其他依法负有赡养义务的人。

赡养人的配偶应当协助赡养人履行赡养义务。

265. 再婚老人一方的遗产如何继承？

【案情介绍】

李先生的母亲于 2013 年过世，留有一房，是父母用单位的公积金购买的。2014 年李先生的父亲李大爷与毛女士再婚，毛女士再婚时带着一个 14 岁的儿子，现在李先生担心的是，如果他父亲去世，该房是自己亲生母亲在世时和父亲一同购买的，与毛女士及其儿子无关。自己是父亲的儿子，这套房屋应该属于他……那么这套房子到底该如何分配呢？

【评析】

我国《继承法》规定，遗产按照下列顺序继承："第一顺序：配偶、子女、父母。"在李先生的母亲去世后，他母亲拥有的那一半房屋由李大爷和李先生共同继承，另一半房产则属于李大爷的个人财产。如果李大爷去世，毛女士作为他的妻子、毛女士的儿子是作为与李大爷形成抚养关系的继子，与李先生均为第一顺序继承人，共同分割属于李大爷的那份遗产。

【相关法条】

《婚姻法》第十八条　有下列情形之一的，为夫妻一方的财产：

（一）一方的婚前财产；

（二）一方因身体受到伤害获得的医疗费、残疾人生活补助费等费用；

（三）遗嘱或赠与合同中确定只归夫或妻一方的财产；

（四）一方专用的生活用品；

（五）其他应当归一方的财产。

《继承法》第十条　遗产按照下列顺序继承：

第一顺序：配偶、子女、父母。

第二顺序：兄弟姐妹、祖父母、外祖父母。

继承开始后，由第一顺序继承人继承，第二顺序继承人不继承。没有第一顺序继承人继承的，由第二顺序继承人继承。

本法所说的子女，包括婚生子女、非婚生子女、养子女和有扶养关系的继子女。

266. 由于子女干涉老年人的婚姻，两位老人没有登记结婚住在一起，该关系受法律保护吗？

【案情介绍】

秦女士的母亲在 2014 年年底去世了，她 75 岁的父亲由离异的保姆王阿姨照顾，两个人在一起日久生情，打算去办理结婚登记，秦女士强烈反对，不让父亲跟王阿姨办理结婚登记手续。两位老人没办法，只能过着同居生活。2017 年 12 月 10 日，秦女士的父亲突发脑出血去世，秦女士让王阿姨搬出其父亲的房子，但王阿姨认为：因秦女士的强烈反对导致她跟秦女士的父亲没有登记结婚，她跟秦女士的父亲之间存在事实婚姻，她有居住权。

【评析】

我国《婚姻法》规定，在 1994 年 2 月 1 日后，男女双方已经符合结婚实质要件，未补办结婚登记的，按同居关系处理。所以，秦女士的父亲和王阿姨的关系属于同居关系而非婚姻关系。同居关系是不受法律保护的。同居期间的财产问题由当事人双方协商处理，原则上双方的财产归各自所有，不发生法律上的共有关系。因此王阿姨和秦女士的父亲只是同居关系，不受法律保护，王阿姨没有居住的权利。

【相关法条】

《婚姻法》第三十条 子女应当尊重父母的婚姻权利，不得干涉父母再婚以及婚后的生活。子女对父母的赡养义务，不因父母的婚姻关系变化而终止。

《老年人权益保障法》第二十一条 老年人的婚姻自由受法律保护。子女或者其他亲属不得干涉老年人离婚、再婚及婚后的生活。

赡养人的赡养义务不因老年人的婚姻关系变化而消除。

267. 父母都有退休金，子女还要给赡养费吗？

【案情介绍】

柳某自己做点小生意，收入并不高。他的父母是水泥厂的退休职工，每人每个月有 1 500 元的退休金。最近柳某的父母找到他，要求柳某每月付 500 元赡养费。柳某认为父母有退休工资，他自己的经济条件又不是很好，孩子上大学需要钱，不想支付赡养费。请问：父母都有退休金，子女是否有权拒付赡养费？

【评析】

《婚姻法》第二十一条规定，父母对子女有抚养教育的义务；子女对父母有赡养扶助的义务。父母不履行抚养义务时，未成年的或不能独立生活的子女，有要求父母付给抚养费的权利。子女不履行赡养义务时，无劳动能力的或生活困难的父母，有要求子女付给赡养费的权利。因此赡养父母是每个子女应尽的责任与义务。老人的退休金是老人的合法收入，不能替代子女的赡养费。

本案中柳某的父母都有退休金，法律并未规定父母有退休金，子女就不需要赡养老人。子女的赡养义务是法定的，并非由于自己经济条件不是很好，父母有养老金，就可以推脱赡养义务，父母是否有生活来源不影响子女尽赡养义务。

【相关法条】

《老年人权益保障法》第十三条　老年人养老以居家为基础，家庭成员应当尊重、关心和照料老年人。

《老年人权益保障法》第十四条　赡养人应当履行对老年人经济上供养、生活上照料和精神上慰藉的义务，照顾老年人的特殊需要。

赡养人是指老年人的子女以及其他依法负有赡养义务的人。

赡养人的配偶应当协助赡养人履行赡养义务。

《老年人权益保障法》第十八条　家庭成员应当关心老年人的精神需求，不得忽视、冷落老年人。

与老年人分开居住的家庭成员，应当经常看望或者问候老年人。

用人单位应当按照国家有关规定保障赡养人探亲休假的权利。

《老年人权益保障法》第十九条　赡养人不得以放弃继承权或者其他理由，拒绝履行赡养义务。

赡养人不履行赡养义务，老年人有要求赡养人付给赡养费等权利。

赡养人不得要求老年人承担力不能及的劳动。

《婚姻法》第二十一条　……子女对父母有赡养扶助的义务。……子女不履行赡养义务时，无劳动能力的或生活困难的父母，有要求子女付给赡养费的权利。

268. 继子女是否该为继父母的赡养负责？

【案情介绍】

周女士10岁时母亲去世，12岁时他父亲老周给她找了继母王女士。老周和王女士婚后生有一个女儿，他们视之为掌上明珠。周女士认为虽然和继母王女士一起生活了十多年，但她从小感受到的是继母的冷言冷语甚至是打骂，跟继母没有丝毫的感情可言，如今父亲老周去世，她跟继母互不往来。王女士认为她和丈夫老周含辛茹苦把周女士抚养成人，尽到了抚养义务，如今她年老多病，又没有生活来源，周女士应该每月给她一定的赡养费。周女士认为继母应由她同父异母的妹妹来赡养，不应该是自己。

【评析】

子女对父母的赡养义务，不仅发生在婚生子女与父母间，而且也发生在非婚生子女与生父母间、养子女与养父母间以及继子女与履行了扶养义务的继父母之间。

本案中虽然周女士和王女士之间没有血缘关系，不是亲生的母女关系，但是存在继父母继子女关系，并且周女士在未成年期间王女士对她履行了抚养义务。根据《婚姻法》的规定，子女有赡养父母的义务，子女不履行该义务时，无劳动能力或者生活困难的父母有要求子女支付赡养费的权利。另外，《老年人权益保障法》规定，赡养人不得以放弃继承或者其他理由，拒绝履行赡养义务。周女士根据自己的收入情况应该每月向王女士支付赡养费。

【相关法条】

《婚姻法》第二十一条 ……子女对父母有赡养扶助的义务……子女不履行赡养义务时，无劳动能力的或生活困难的父母，有要求子女付给赡养费的权利。

《婚姻法》第二十七条第二款 继父或继母和受其抚养教育的继子女间的权利和义务，适用本法对父母子女关系的有关规定。

《老年人权益保障法》第十一条 赡养人应当履行对老年人经济上供养、生活上照料和精神上慰藉的义务，照顾老年人的特殊需要。

269. 退休的老人死亡，怎么发放养老金？家属没工作怎么办？

【案情介绍】

陶某的继父严某是青海省某企业的退休干部。2010年严某和陶某的母亲结婚，严某有一个女儿在深圳工作，陶某已成家立业。2017年严某因心肌梗死救治无效身亡，陶某现在想知道继父严某因病死亡后，养老金如何处理？陶某的母亲一直没有工作。

【评析】

根据青海省《关于建立统一的城乡居民基本养老保险制度的实施意见》，参保人在领取养老金期间死亡的，政府给予其法定继承人或指定受益人一次性丧葬补助金，补助标准为省政府确定的基础养老金标准的 10 个月。一次性丧葬补助金从城乡居民养老保险基金中列支。

本案中退休人员严某死亡，从他死亡的次月起，停发退休养老金，发给丧葬补助费，有供养亲属的，发给一次性抚恤金，发放标准，根据地方规定执行。陶某的母亲可以得到她继父单位的丧葬费和抚恤金。严某的女儿和陶某的母亲是法定继承人，可以要求分割抚恤金。

【相关法条】

《社会保险法》第十七条　参加基本养老保险的个人，因病或者非因工死亡的，其遗属可以领取丧葬补助金和抚恤金；在未达到法定退休年龄时因病或者非因工致残完全丧失劳动能力的，可以领取病残津贴。所需资金从基本养老保险基金中支付。

个人账户不得提前支取，记账利率不得低于银行定期存款利率，免征利息税。个人死亡的，个人账户余额可以继承。

青海省人民政府《关于建立统一的城乡居民基本养老保险制度的实施意见》青政〔2014〕46 号

……

八、养老金发放

……

参保人在领取养老金期间死亡的，政府给予其法定继承人或指定受益人一次性丧葬补助金，补助标准为省政府确定的基础养老金标准的 10 个月。一次性丧葬补助金从城乡居民养老保险基金中列支，补助资金纳入省级财政预算。

参保人死亡，其直系亲属应在其死亡之日起 30 日内到当地城乡居民养老保险经办机构办理相关手续。在缴费期间死亡的，其个人账户全部储存额（含政府补贴）一次性退给法定继承人或指定受益人；在领取养老金期间死亡的，从死亡次月起停止支付其养老金，其个人账户的资金余额（含政府补贴），一次性退给法定继承人或指定受益人，并按规定领取一次性丧葬补助金。逾期未提供资料导致养老金领取人员死亡后养老金超期支付的，多支付的养老金在发给的一次性丧葬补助金及养老金领取人个人账户余额中予以抵扣，不足以抵扣的，按规定予以追回。

《社会保险法》第十七条 参加基本养老保险的个人，因病或者非因工死亡的，其遗属可以领取丧葬补助金和抚恤金；在未达到法定退休年龄时因病或者非因工致残完全丧失劳动能力的，可以领取病残津贴。所需资金从基本养老保险基金中支付。

个人账户不得提前支取，记账利率不得低于银行定期存款利率，免征利息税。个人死亡的，个人账户余额可以继承。

270. 虐待老人是否构成犯罪？

【案情介绍】

吴某身体一直不好，生活不能自理，吴某的老伴去世后，吴某只能和自己唯一的儿子生活在一起。但吴某的这个儿子不孝顺，经常给吴某吃剩饭或者冷饭，有时甚至不给饭吃，并长期对吴某侮辱、打骂。吴某认为儿子的行为构成虐待罪，向派出所报案，派出所民警说吴某可以直接向法院起诉，是这样吗？

【评析】

"虐待"，具体是指经常以打骂、冻饿、捆绑、强迫超体力劳动、限制自由、凌辱人格等各种方法，从肉体、精神上迫害、折磨、摧残共同生活的家庭成员的行为。

本案中吴某的儿子长期打骂、侮辱他，已经构成了虐待罪。根据《刑法》第二百六十条的规定，本罪属于告诉才处理的自诉案件，一般采取不告不理的原则；被虐待人吴某可以直接向人民法院提起诉讼。但是，对于虐待家庭成员，致使被害人重伤、死亡的，则属于公诉案件，公安机关应当立案侦查。

【相关法条】

《宪法》第四十九条 ……禁止虐待老人、妇女和儿童。

《老年人权益保障法》第三条 禁止歧视、侮辱、虐待或者遗弃老年人。

《老年人权益保障法》第七十五条 干涉老年人婚姻自由，对老年人负有赡养义务、扶养义务而拒绝赡养、扶养，虐待老年人或者对老年人实施家庭暴力的，由有关单位给予批评教育；构成违反治安管理行为的，依法给予治安管理处罚；构成犯罪的，依法追究刑事责任。

《刑法》第二百六十条 虐待家庭成员，情节恶劣的，处二年以下有期徒刑、拘役或者管制。

犯前款罪，致使被害人重伤、死亡的，处二年以上七年以下有期徒刑。

第二百六十条之一　对未成年人、老年人、患病的人、残疾人等负有监护、看护职责的人虐待被监护、看护的人，情节恶劣的，处三年以下有期徒刑或者拘役。

单位犯前款罪的，对单位判处罚金，并对其直接负责的主管人员和其他直接责任人员，依照前款的规定处罚。

有第一款行为，同时构成其他犯罪的，依照处罚较重的规定定罪处罚。

271. 子女未尽赡养义务，是否丧失继承权？

【案情介绍】

梁大伯儿女双全，但儿子梁强（化名）因和父母矛盾不断，已多年不和父母来往，也不给赡养费。女儿梁芳（化名）一直在赡养父母，直到2015年年底梁大伯和老伴相继去世。老两口去世后留有一套房产，也没有留下遗嘱，现在梁大伯的儿子梁强找到梁芳，要求分割父母的遗产，说房子有他的份，要继承父母的遗产。请问梁强有权继承他父母的房产吗？

【评析】

赡养老人是我们每位子女应尽的义务，无论与老人之间有何矛盾或纠纷，甚至放弃继承权，都不能成为不赡养老人的借口。根据《继承法》第七条规定，继承人只有在存在法定四种行为之一的情况下，才会丧失继承权。梁强虽然不赡养老人，但是梁强并没有上述法定的丧失继承权的行为，因此梁强并未丧失继承权，仍然可以继承父母的遗产。根据继承法相关规定对被继承人尽了主要扶养义务或者与被继承人共同生活的继承人，分配遗产时，可以多分；有扶养能力和有扶养条件的继承人，不尽扶养义务的，分配遗产时，应当不分或者少分。

本案中梁强如有扶养能力和扶养条件，对父母未尽赡养义务的，在分割遗产时应当不分或少分。

【相关法条】

《继承法》第七条　继承人有下列行为之一的，丧失继承权：

（一）故意杀害被继承人的；

（二）为争夺遗产而杀害其他继承人的；

（三）遗弃被继承人的，或者虐待被继承人情节严重的；

（四）伪造、篡改或者销毁遗嘱，情节严重的。

《继承法》第十三条　对被继承人尽了主要扶养义务或者与被继承人共同生活的继承人，分配遗产时，可以多分。

有扶养能力和有扶养条件的继承人，不尽扶养义务的，分配遗产时，应当不分或者少分。

《继承法意见》第三十三条　继承人有扶养能力和扶养条件，愿意尽扶养义务，但被继承人因有固定收入和劳动能力，明确表示不要求扶养的，分配遗产时，一般不应因此而影响其继承份额。

第十三章 消费者权益保护

在商品经济社会，消费者常处于弱者地位。商品交易中存在的消费陷阱、欺诈行为、格式条款及霸王条款等侵犯消费者公平交易权的事例比比皆是。老百姓购买到假货或受到欺诈后不知往哪里投诉，也不知道如何获得索赔。谨防消费陷阱，不要轻信广告的夸大宣传，不要一味贪图便宜，在付款前要考虑存在的风险，一旦出现合法权益受到侵害的情况，可向工商、消协等部门投诉等行为都可以及时维护消费者自身的权益。

272. 在美发店寄存的物品丢失，美发店应否赔偿？

【案情介绍】

冯女士到某美发店去烫发，在烫发前冯女士将自己的皮包保存在该美发店的铁皮柜子里，服务员存包后将柜子钥匙递给她。等冯女士做完头发打开铁皮柜子，拿出皮包里的钱包准备付钱时，她的钱包里只剩几张零钱。冯女士明明在钱包里放了 500 元钱，存包后钥匙在她手里，钱包里的钱怎么不见了？冯女士拒绝付费，美发店老板否认钱在店里丢失。冯女士报了警。请问冯女士在美发店存包后，丢失的钱可否得到赔偿？

【评析】

顾客到美发店理发，美发店应保障顾客在消费场所的人身和财产安全。美发店为顾客提供免费的寄存服务，双方就形成了保管关系，美发店接受顾客的托管后，应当履行安全保障的义务，保证顾客的财产安全。

本案中，冯女士在美发店寄存财物，不论是人工保管还是自动保管，美发店都应当保证被保管物品的安全。但这要冯女士有在美发店存包时钱包里有钱的证据才能获得赔偿。

【相关法条】

《消费者权益保障法》第七条　经营者应当保证其提供的商品或者服务符合保障人身、财产安全的要求。

《消费者权益保障法》第十一条 消费者因购买、使用商品或者接受服务受到人身、财产损害的，享有依法获得赔偿的权利。

《侵权责任法》第三十七条 宾馆、商场、银行、车站、娱乐场所等公共场所的管理人或者群众性活动的组织者，未尽到安全保障义务，造成他人损害的，应当承担侵权责任。

因第三人的行为造成他人损害的，由第三人承担侵权责任；管理人或者组织者未尽到安全保障义务的，承担相应的补充责任。

273. 在饭店用餐被打，饭店应否负责？

【案情介绍】

解某和他几个朋友到一家饭店就餐。菜上桌以后，解某和朋友们高谈阔论起来，正在兴头上时，解某朋友无缘无故被一个喝醉酒者打破了头，警察来作了笔录，但打人者已经溜走。事后解某到医院缝了十几针。请问，解某产生的医疗费，饭店应不应该负法律责任？

【评析】

顾客在饭店消费，对于饭店来说，保障消费者的人身和生命安全就是其必须尽到的义务，但不应承担全部责任，要根据实际情况综合判断。饭店作为向消费者提供服务的公共场所，理应采取措施制止不法行为，防止伤害损失进一步扩大，保证消费者安全，因此解某在饭店用餐被打，饭店应承担赔偿责任。

【相关法条】

《消费者权益保护法》第七条 消费者在购买、使用商品和接受服务时享有人身、财产安全不受损害的权利。

消费者有权要求经营者提供的商品和服务，符合保障人身、财产安全的要求。

《侵权责任法》第三十七条 宾馆、商场、银行、车站、娱乐场所等公共场所的管理人或者群众性活动的组织者，未尽到安全保障义务，造成他人损害的，应当承担侵权责任。

因第三人的行为造成他人损害的，由第三人承担侵权责任；管理人或者组织者未尽到安全保障义务的，承担相应的补充责任。

274. 顾客在淘宝网上购买了假货，要求店主退货遭卖家拒绝，顾客该怎么办？

【案情介绍】

张女士在淘宝网上购买仿古董瓷器，收到货后。发现邮寄来的瓷器跟淘宝广告图片上的瓷器不论是花色还是大小都完全不一样。收到网购瓷器的第二天，张女士发现该瓷器降价处理，张女士要求卖家退货退款并承担来回的运费，但卖家以各种理由拒绝退货退款。

【评析】

根据《消费者权益保护法》第二十五条规定：经营者采用网络、电视、电话、邮购等方式销售商品，消费者有权自收到商品之日起七日内退货，且无须说明理由。还规定了"举证责任倒置"，即由经营者来证明自己的产品没有瑕疵，而经营者若不能证明商品没有瑕疵就要承担责任。

本案中的消费者张女士因出售瓷器的淘宝店店主利用虚假广告或者其他虚假宣传方式提供商品或者服务，其合法权益受到损害的，可以向经营者要求赔偿。若店主拒赔，可向淘宝网投诉并要求先行赔付。

【相关法条】

《消费者权益保护法》第二十五条　经营者采用网络、电视、电话、邮购等方式销售商品，消费者有权自收到商品之日起七日内退货，且无须说明理由，但下列商品除外：

（一）消费者定作的；

（二）鲜活易腐的；

（三）在线下载或者消费者拆封的音像制品、计算机软件等数字化商品；

（四）交付的报纸、期刊。

除前款所列商品外，其他根据商品性质并经消费者在购买时确认不宜退货的商品，不适用无理由退货。

消费者退货的商品应当完好。经营者应当自收到退回商品之日起七日内返还消费者支付的商品价款。退回商品的运费由消费者承担；经营者和消费者另有约定的，按照约定处理。

《消费者权益保护法》第四十四条　消费者通过网络交易平台购买商品或者接受服务，其合法权益受到损害的，可以向销售者或者服务者要求赔偿。网络交易平台提供者不能提供销售者或者服务者的真实名称、地址和有效联系方式的，消费者也可以向网络交易平台提供者要求赔偿；网络交易平台提供者作出更有利于消费者的承诺的，应当履行承诺。网络交易平台提供者赔偿后，有权向销售者或者服务者追偿。

网络交易平台提供者明知或者应知销售者或者服务者利用其平台侵害消费者合法权益，未采取必要措施的，依法与该销售者或者服务者承担连带责任。

《消费者权益保护法》第四十五条　消费者因经营者利用虚假广告或者其他虚假宣传方式提供商品或者服务，其合法权益受到损害的，可以向经营者要求赔偿。广告经营者、发布者发布虚假广告的，消费者可以请求行政主管部门予以惩处。广告经营者、发布者不能提供经营者的真实名称、地址和有效联系方式的，应当承担赔偿责任。

275. 在饭店用餐车辆停在饭店门口，车辆被盗，饭店应负责任吗？

【案情介绍】

田先生骑一辆轻便摩托车到饭店用餐，当时田先生问门口看车的保安，摩托车停在这里是否安全，保安说没问题，故田先生将摩托车锁好停放在饭店门口。约半个小时后，田先生吃完饭出门没有看到自己的摩托车，问饭店门口的保安时，保安说：刚才还在呢，怎么一转眼就不见了？发现摩托车不见了，田先生跟保安发生了争执。请问：该饭店对此是否负有责任？

【评析】

消费者在饭店就餐，饭店在为消费者提供服务的过程中，同时应保障消费者享有人身、财产的安全，除非饭店已尽到安全保障义务仍不能避免相关事实的发生。

本案中，田先生将摩托车停放在就餐的饭店门口，并且询问了饭店负责看车的保安放在这里是否安全，在得到肯定的答复后，将摩托车停放在这里。结果，就餐完毕后摩托车丢失。饭店没有尽到安全保障义务。但是由于摩托车被盗为第三人所为，饭店仅应承担相应的责任。

【相关法条】

《消费者权益保护法》第七条　消费者在购买、使用商品和接受服务时享有人身、财产安全不受损害的权利。

消费者有权要求经营者提供的商品和服务，符合保障人身、财产安全的要求。

《侵权责任法》第三十七条　宾馆、商场、银行、车站、娱乐场所等公共场所的管理人或者群众性活动的组织者，未尽到安全保障义务，造成他人损害的，应当承担侵权责任。

因第三人的行为造成他人损害的，由第三人承担侵权责任；管理人或者组织者未尽到安全保障义务的，承担相应的补充责任。

276. 顾客在试衣间丢了衣服，商场负责赔偿吗？

【案情介绍】

金女士在某商场的一家服装店内试穿衣服，回试衣间准备换上自己来时穿的衣服时，却发现自己的衣服不翼而飞。由于丢失的衣服是一件裙装外套，她没法儿走出商场，只得购买了商家的衣服。金女士的心里并不舒服，她认为自己的衣服丢在商场试衣间，商场应该负责。金女士向服装店要求赔偿时，服装店以店内贴出的"请妥善保管自己的财物，如有丢失，本商场概不负责"的告示拒绝赔偿。

【评析】

根据《消费者权益保护法》，经营单位有责任为消费者提供安全的消费环境，有责任尽到安全保障义务。经营单位没有尽到安保责任的，顾客有权向经营单位索赔。本案中顾客金女士来商场服装店购物，商场服装店有义务保障顾客金女士的财物安全。而试衣间作为商场内部的特殊空间，商场就更有义务保障顾客的财物安全。至于商场所贴出的"请妥善保管自己的财物，如有丢失，本商场概不负责"的告示，企图通过加重顾客的责任而免除商场的责任，是不合法的。如果顾客金女士能够证明自己的财物丢失在了商场服装店内，那么商场服装店就应该负全部责任。

【相关法条】

《侵权责任法》第二十六条　被侵权人对损害的发生也有过错的，可以减轻侵权人的责任。

《侵权责任法》第三十七条　宾馆、商场、银行、车站、娱乐场所等公共场所的管理人或者群众性活动的组织者，未尽到安全保障义务，造成他人损害的，应当承担侵权责任。

因第三人的行为造成他人损害的，由第三人承担侵权责任；管理人或者组织者未尽到安全保障义务的，承担相应的补充责任。

《消费者权益保护法》第十一条　消费者因购买、使用商品或者接受服务受到人身、财产损害的，享有依法获得赔偿的权利。

《消费者权益保护法》第十八条　经营者应当保证其提供的商品或者服务符合保障人身、财产安全的要求。对可能危及人身、财产安全的商品和服务，应当向消费者作出真实的说明和明确的警示，并说明和标明正确使用商品或者接受服务的方法以及防止危害发生的方法。

宾馆、商场、餐馆、银行、机场、车站、港口、影剧院等经营场所的经营者，应当对消费者尽到安全保障义务。

《消费者权益保护法》第二十六条第二款　经营者不得以格式条款、通知、声明、店堂告示等方式，作出排除或者限制消费者权利、减轻或者免除经营者责任、加重消费者责任等对消费者不公平、不合理的规定，不得利用格式条款并借助技术手段强制交易。

格式条款、通知、声明、店堂告示等含有前款所列内容的，其内容无效。

277. 某网店卖假货，买家告淘宝还是告网店？

【案情介绍】

2015 年 9 月 17 日马先生在淘宝网上购买了 5 万元的枸杞苗，经过一年的精心种植和养护，却发现枸杞苗只开花不结果并且跟当地的枸杞苗长势相差甚远，马先生想到他购买的枸杞苗可能是假的，经农技部门确认该苗确为假枸杞苗。2016 年 11 月 20 日马先生再次与销售枸杞苗的淘宝网的店主联系时，网店店主已经撤销网店，电话也联系不上。他不知道找不到网店店主时是否可以要求淘宝网赔偿自己的损失？

【评析】

根据《消费者权益保护法》的规定，消费者通过网络交易平台购买商品或者接受服务，其合法权益受到损害的，可以向销售者或者服务者要求赔偿。网络交易平台提供者不能提供销售者或者服务者的真实名称、地址和有效联系方式的，消费者也可以向网络交易平台提供者要求赔偿。

本案中，马先生首先可以向销售枸杞苗的商家要求赔偿。但是由于该商家已经撤销网店，且已无法联系，所以马先生可以要求淘宝网提供该商家的真实名称、地址和有效联系方式，如果淘宝网无法提供上述信息的，马先生可以要求淘宝网赔偿。

【相关法条】

《消费者权益保护法》第四十四条　消费者通过网络交易平台购买商品或者接受服务，其合法权益受到损害的，可以向销售者或者服务者要求赔偿。网络交易平台提供者不能提供销售者或者服务者的真实名称、地址和有效联系方式的，消费者也可以向网络交易平台提供者要求赔偿；网络交易平台提供者作出更有利于消费者的承诺的，应当履行承诺。网络交易平台提供者赔偿后，有权向销售者或者服务者追偿。

网络交易平台提供者明知或者应知销售者或者服务者利用其平台侵害消费者合法权益，未采取必要措施的，依法与该销售者或者服务者承担连带责任。

278. 快递公司丢失顾客物品该如何赔偿？

【案情介绍】

李某在网上买了一部 2 400 元的手机，买回来后觉得不满意，申请了退货。卖家就让李某通过快递的方式把手机寄回去，但卖家一直没有收到货，查询结果是卖家的本地业务员在派送的时候丢失了。但是李某的快件没有保价，快递单上说未保价物品损毁和灭失的按照快件资费 5 倍赔偿。李某的快件资费只有 15 元，5 倍也就是 75 元。请问这种事情通过法律该怎么解决？

【评析】

根据《合同法》的相关规定，提供格式条款的一方应当遵循公平原则确定当事人之间的权利和义务，并采取合理的方式提请对方注意免除或者限制其责任的条款，按照对方的要求，对该条款予以说明，提供格式条款一方免除其责任、加重对方责任、排除对方主要权利的，该条款无效。

保价与否并非认定赔偿标准的依据。保价与非保价的差别，仅体现在计算方式和举证责任上。保价快递丢失、毁损的，只须按照保价金额赔付；不保价快件丢失、毁损的，赔偿的依据是相关民事法律规定，托运一方对寄递物品的实际价值负有举证责任。

本案中，李某和快递公司之间的货运合同关系是合法有效的，李某交运货物并支付运费，快递公司作为承运人应当及时、安全地将货物运送至指定的地点。双方并未对赔偿额作出具体约定，快递公司应按快件实际损失进行赔偿。因快件丢失造成快递公司与客户间的交易终止，合同目的无法实现，李某的实际损失不仅包括货物的成本价值，也包括直接的可得利益，应以该商品的网上成交价 2 400 元作为赔偿的依据。

【相关法条】

《合同法》第三十九条　采用格式条款订立合同的，提供格式条款的一方应当遵循公平原则确定当事人之间的权利和义务，并采取合理的方式提请对方注意免除或者限制其责任的条款，按照对方的要求，对该条款予以说明。

格式条款是当事人为了重复使用而预先拟定，并在订立合同时未与对方协商的条款。

《消费者权益保护法》第二十六条　经营者不得以格式条款、通知、声明、店堂告示等方式，作出排除或者限制消费者权利、减轻或者免除经营者责任、加重消费者责任等对消费者不公平、不合理的规定，不得利用格式条款并借助技术手段强制交易。

格式条款、通知、声明、店堂告示等含有前款所列内容的，其内容无效。

《快递市场管理办法》第二十条　在快递服务过程中，快件（邮件）发生延误、丢失、损毁和内件不符的，经营快递业务的企业应当按照与用户的约定，依法予以赔偿。

企业与用户之间未对赔偿事项进行约定的，对于购买保价的快件（邮件），应当按照保价金额赔偿。

《合同法》第三百一十二条　货物的毁损、灭失的赔偿额，当事人有约定的，按照其约定；没有约定或者约定不明确，依照本法第六十一条的规定仍不能确定的，按照交付或者应当交付时货物到达地的市场价格计算。

279. 购物时摔坏物品，消费者该怎么赔偿？

【案情介绍】

何某到某商场给未婚妻选购订婚钻戒，在商场的珠宝专柜挑选珠宝，何某让商场服务员拿了一件标价 7 万元的玉镯，何某在查看时不慎将该玉镯掉在了地上，该玉镯摔出裂缝。商场立即叫来保安让何某赔偿，否则不让走人，何某以玉镯标价过高，实际并不值那么多钱，不同意与商场珠宝店专柜协商赔偿事宜，双方并未就赔偿达成一致意见。

【评析】

如果被损坏的商品无法恢复原状，消费者应该按照商品的市场价赔偿；如果是可以修复的，消费者应按照修复所需的费用赔偿。消费者非故意损坏的商品，商家明知可修复却要求消费者购买或按全价赔偿，这样的索赔就是不合理的。

本案中何某在挑选玉器时，不小心将玉镯摔到地上，应当承担赔偿责任。但对于玉镯这种易碎品，商家未及时采取防护措施，如明确提醒顾客挑选、试戴时要在玻璃柜台垫布的范围内，以避免摔碎，因此商家也要承担一定责任。何某在挑选玉镯时将其摔出裂缝，对玉镯造成了一定的损坏，该玉镯又无法恢复原状，由于无法确定该玉镯的实际价值，只能根据双方协商时的赔偿价格判决赔偿。

【相关法条】

《侵权责任法》第六条 行为人因过错侵害他人民事权益，应当承担侵权责任。

《消费者权益保护法》第二十六条 经营者在经营活动中使用格式条款的，应当以显著方式提请消费者注意商品或者服务的数量和质量、价款或者费用、履行期限和方式、安全注意事项和风险警示、售后服务、民事责任等与消费者有重大利害关系的内容，并按照消费者的要求予以说明。

280. 会员卡"一经售出，概不退还"？

【案情介绍】

2015年3月，张女士到一家美发店做头发。经店员的推荐，即日如果在本店充值5 000元就成了该店的会员，并且每次来消费是5折的折扣。当时美发店并没有提供书面合同，也没有解释会员卡的使用规定。2015年9月，张女士考上了另一城市某单位的公务员，于是向该美发店提出了退卡要求，但美发店以"会员卡售出概不退还"为由拒绝退卡。

【评析】

消费者有权自主选择接受或者不接受任何一项服务。美发店虽在会员卡反面印有"一经售出，概不退还"字样，但该规定系经营者单方作出的格式条款，限制了消费者的权益，且美发店并未向张女士作特别书面告知，以提醒其权益所受限制，因此该条款属无效，张女士有权根据自身情况来确定是否须继续履行双方服务合同。美发店扣除张女士消费费用后，应将剩余未使用的服务费用退还给她。

【相关法条】

《消费者权益保护法》第九条 消费者享有自主选择商品或者服务的权利。

消费者有权自主选择提供商品或者服务的经营者，自主选择商品品种或者服务方式，自主决定购买或者不购买任何一种商品、接受或者不接受任何一项服务。

消费者在自主选择商品或者服务时，有权进行比较、鉴别和挑选。

《消费者权益保护法》第二十六条 经营者不得以格式条款、通知、声明、店堂告示等方式，作出排除或者限制消费者权利、减轻或者免除经营者责任、加重消费者责任等对消费者不公平、不合理的规定，不得利用格式条款并借助技术手段强制交易。

格式条款、通知、声明、店堂告示等含有前款所列内容的，其内容无效。

281. 吃饭吃出虫子构成侵权还是违约？

【案情介绍】

高某于 2017 年 5 月 12 日在乔某开的小吃店吃饭，一个包子咬了一口后发现另一半里有半条虫子，高某觉得极为恶心，呕吐起来。高某找乔某理论，乔某说不收 10 元饭钱。高某听后非常气愤，要求乔某赔偿自己经济损失 10 元并承担精神损失 1 000 元。

【评析】

消费者能否要求精神损害赔偿，关键看其人格权益是否受到了严重损害和后果。假如消费者只是吃出虫子，没有对其人格权益造成严重损害或产生严重后果，则不能要求精神赔偿。此外，消费者只有在要求经营者承担侵权赔偿责任时才能提出精神损害赔偿，如果只是请求承担违约赔偿责任，则不能要求精神损害赔偿。

本案属于消费服务合同纠纷，饭店应当承担违约责任或是侵权责任。高某进饭店就餐，就与饭店订立了一个消费服务合同。饭店依据该合同，有义务提供质量合格的饭菜和服务，并在合理注意范围内保障消费者的安全。饭店提供的食物里有异物，属于饭店提供的饭菜质量不合格，此时饭店就构成了违约，应当承担违约责任。如果存在异物的菜给消费者人身健康造成损害，此时就发生违约责任和侵权责任竞合。高某可以在两种责任之间选择其一来追究饭店责任。

【相关法条】

《合同法》第一百二十二条 因当事人一方的违约行为，侵害对方人身、财产权益的，受损害方有权选择依照本法要求其承担违约责任或者依照其他法律要求其承担侵权责任。

《食品安全法》第一百四十八条 生产不符合食品安全标准的食品或者经营明知不符合食品安全标准的食品，消费者除要求赔偿损失外，还可以向生产者或者经营者要求支付价款十倍或者损失三倍的赔偿金；增加赔偿的金额不足一千元的，为一千元。但是，食品的标签、说明书存在不影响食品安全且不会对消费者造成误导的瑕疵的除外。

282. 顾客提前支付预付款但未消费，可否要求退款？

【案情介绍】

刘女士打算外出旅游，在网上预订酒店，付款 328 元。等刘女士到酒店办理入住时，酒店告知她已经住满没有房间了，刘女士要求退款，酒店客房负责人说预付款无法取消和退款。刘女士不知道她提前支付的预付款如果未消费，可否要求退款？

【评析】

预付款有别于定金，是一种预先支付的消费款，本案中预付款实际没有消费，对方没有实现约定的服务，消费者未消费的预付服务费应当给予退还。酒店主张预付款无法取消和退款是不合理的。刘女士如跟酒店协商不成，可以通过法律途径追回自己的款项。

【相关法条】

《消费者权益保护法》第二十六条　经营者不得以格式条款、通知、声明、店堂告示等方式，作出排除或者限制消费者权利、减轻或者免除经营者责任、加重消费者责任等对消费者不公平、不合理的规定，不得利用格式条款并借助技术手段强制交易。

格式条款、通知、声明、店堂告示等含有前款所列内容的，其内容无效。

《消费者权益保护法》第二十六条　经营者在经营活动中使用格式条款的，应当以显著方式提请消费者注意商品或者服务的数量和质量、价款或者费用、履行期限和方式、安全注意事项和风险警示、售后服务、民事责任等与消费者有重大利害关系的内容，并按照消费者的要求予以说明。

《消费者权益保护法》第二十八条　采用网络、电视、电话、邮购等方式提供商品或者服务的经营者，以及提供证券、保险、银行等金融服务的经营者，应当向消费者提供经营地址、联系方式、商品或者服务的数量和质量、价款或者费用、履行期限和方式、安全注意事项和风险警示、售后服务、民事责任等信息。

《消费者权益保护法》第五十三条　经营者以预收款方式提供商品或者服务的，应当按照约定提供。未按照约定提供的，应当按照消费者的要求履行约定或者退回预付款；并应当承担预付款的利息、消费者必须支付的合理费用。

《合同法》第八条　依法成立的合同，对当事人具有法律约束力。当事人应当按照约定履行自己的义务，不得擅自变更或者解除合同。依法成立的合同，受法律保护。

283. 消费者个人信息被泄露该如何维权?

【案情介绍】

孙女士是某高校的教师,她经常收到广告类的短信或者电话,内容包括房产广告、发票、保险等垃圾信息、诈骗信息和骚扰电话等。这些信息甚至影响到孙女士的正常作息生活。孙女士认为隐私很难得到保护,她不知道该如何维权。

【评析】

消费者个人信息被泄露,消费者个人一般很难知道是被谁给泄露出去的。法律规定明确了经营者在收集、使用、保管消费者个人信息时的义务。

本案中孙女士有权拒收商业信息,有权在个人信息被不当利用时要求商家立即停止侵害,或向相关部门投诉举报,拿起法律的武器保护自己。受到侵害时通过协商、调解、投诉、仲裁乃至诉讼等多种手段维护自己的合法权益。相关经营者应承担民事责任,对消费者停止侵害、恢复名誉、消除影响、赔礼道歉,并赔偿损失,工商行政管理或其他相关行政部门还可对违法经营者进行罚款、责令停业整顿、吊销营业执照等处罚。

【相关法条】

《消费者权益保护法》第二十九条　经营者收集、使用消费者个人信息,应当遵循合法、正当、必要的原则,明示收集、使用信息的目的、方式和范围,并经消费者同意。经营者收集、使用消费者个人信息,应当公开其收集、使用规则,不得违反法律、法规的规定和双方的约定收集、使用信息。

经营者及其工作人员对收集的消费者个人信息必须严格保密,不得泄露、出售或者非法向他人提供。经营者应当采取技术措施和其他必要措施,确保信息安全,防止消费者个人信息泄露、丢失。在发生或者可能发生信息泄露、丢失的情况时,应当立即采取补救措施。

经营者未经消费者同意或者请求,或者消费者明确表示拒绝的,不得向其发送商业性信息。

284. 消费者的人身权益受到侵害的, 可否得到民事赔偿?

【案情介绍】

大学生贾小姐到学校超市购物,出来后被超市工作人员以偷窃为名强行搜身。但经搜身核实,贾小姐并未偷东西。但是,贾小姐觉得在同学面前丢尽了颜面,精神受到极大的伤害。假期放假回家，贾小姐的妈妈文女士发现原本开朗的女儿变得时而哭泣，时而大笑，不敢接触任何人。贾小姐被家人带到医院就医，诊断出她患了精神病。贾小姐在当地精神病院住院治疗，花费巨大。贾小姐的妈妈文女士认为应该起诉超市，要求超市对已经发生的治疗费用及精神抚慰金作出赔偿。

【评析】

该超市的工作人员侮辱诽谤、搜查身体、侵犯贾小姐人身自由的行为严重侵害了贾小姐作为一个消费者的人身权益，对其造成了严重的精神损害。贾小姐可以根据《消费者权益保护法》第四十九条规定要求赔偿，还可以根据《消费者权益保护法》第五十一条规定要求精神损害赔偿。超市的工作人员是履行超市的职务行为致使贾小姐精神受到伤害的，应由超市承担民事赔偿责任。

【相关法条】

《消费者权益保护法》第四十九条 经营者提供商品或者服务，造成消费者或者其他受害人人身伤害的，应当赔偿医疗费、护理费、交通费等为治疗和康复支出的合理费用，以及因误工减少的收入。造成残疾的，还应当赔偿残疾生活辅助具费和残疾赔偿金。造成死亡的，还应当赔偿丧葬费和死亡赔偿金。

《消费者权益保护法》第五十一条 经营者有侮辱诽谤、搜查身体、侵犯人身自由等侵害消费者或者其他受害人人身权益的行为，造成严重精神损害的，受害人可以要求精神损害赔偿。

285. 消费者购买的商品六个月内发现瑕疵，可否要求退货？

【案情介绍】

2015年12月中旬，马女士在某商场给父母购买了一台洗脚按摩器。由于加热、开关等频出故障，洗脚按摩器先后于2015年12月和2016年2月更换过。不料，洗脚按摩器再次出现故障。马女士以产品质量问题要求退货，却遭到商场专柜方面拒绝。对方表示，马女士须拿出质量监督局方面出具的检测报告，确认属于产品质量问题方可退货。马女士不知道是否该提供产品质量有问题的检测报告。

【评析】

本案涉及瑕疵商品的举证责任问题。根据《消费者权益保护法》的规定，经营者应当保证在正常使用商品或者接受服务的情况下其提供的商品或者服务应当具有的质量、性能、用途和有效期限；但消费者在购买该商品或者接受该服务前已经知道其存在瑕疵，且存在该瑕疵不违反法律强制性规定的除外。经营者提供的机动车、计算机、电视机、电冰箱、空调器、洗衣机等耐用商品或者装饰装修等服务，消费者自接受商品或者服务之日起六个月内发现瑕疵，发生争议的，由经营者承担有关瑕疵的举证责任。

本案中，马女士购买的洗脚按摩器不属于耐用消费品，因此，马女士应该承担洗脚按摩器存在瑕疵的举证责任，她可以向相关产品质量检测机构申请检测。

【相关法条】

《消费者权益保护法》第二十三条　经营者应当保证在正常使用商品或者接受服务的情况下其提供的商品或者服务应当具有的质量、性能、用途和有效期限；但消费者在购买该商品或者接受该服务前已经知道其存在瑕疵，且存在该瑕疵不违反法律强制性规定的除外。

经营者提供的机动车、计算机、电视机、电冰箱、空调器、洗衣机等耐用商品或者装饰装修等服务，消费者自接受商品或者服务之日起六个月内发现瑕疵，发生争议的，由经营者承担有关瑕疵的举证责任。

《消费者权益保护法》第五十二条　经营者提供商品或者服务，造成消费者财产损害的，应当依照法律规定或者当事人约定承担修理、重作、更换、退货、补足商品数量、退还货款和服务费用或者赔偿损失等民事责任。

286. 顾客就餐被烫伤，饭店需要承担责任吗？

【案情介绍】

2016 年春节期间李某全家去饭店吃饭，就餐期间李某 8 岁的女儿小雨在桌旁玩耍时与正端着一盆汤的服务员相撞，结果汤全部泼在李某女儿头上将其烫伤，事后小雨住院十多天，共花费医疗费 2 万余元。李某要求饭店赔偿，饭店认为烫伤是小雨乱跑造成的，责任应该由李某全部承担。请问饭店有义务赔偿吗？

【评析】

小雨被烫伤，究竟应该追究谁的责任？为充分保障消费者的合法权益，消法规定此类案件的归责原则实行严格过错责任，亦称推定过错，只要损害发生在消费期间、场所，即应由经营者承担赔偿责任，除非经营者能证明自己无过错，或者损害是由消费者自身的原因所致。饭店方不能证实自己在提供服务时已尽充分合理的注意义务，并已采取必要的防范措施，因此对于小雨在饭店就餐时被烫伤，饭店方应承担责任。受害人小雨系年仅 8 岁的未成年人，属限制民事行为能力人，其认知、辨识、判断能力低于成年人，因此家长应起到监护责任。本案中家长应当知晓饭店内有火、热、烫等可能伤及小孩的地方，但对于小雨在就餐期间走动未予以必要的看护，没有履行好监护责任，也有过错。

【相关法条】

《消费者权益保护法》第七条　消费者在购买、使用商品和接受服务时享有人身、财产安全不受损害的权利。

消费者有权要求经营者提供的商品和服务，符合保障人身、财产安全的要求。

附录　常用的法律法规

《中华人民共和国宪法》——书中简称《宪法》

《中华人民共和国教育法》——书中简称《教育法》

《中华人民共和国食品安全法》——书中简称《食品安全法》

《中华人民共和国民法总则》——书中简称《民法总则》

《中华人民共和国刑法》——书中简称《刑法》

《中华人民共和国刑事诉讼法》——书中简称《刑事诉讼法》

《中华人民共和国民事诉讼法》——书中简称《民事诉讼法》

《中华人民共和国物权法》——书中简称《物权法》

《中华人民共和国合同法》——书中简称《合同法》

《中华人民共和国民法通则》——书中简称《民法通则》

《中华人民共和国劳动法》——书中简称《劳动法》

《中华人民共和国劳动合同法》——书中简称《劳动合同法》

《中华人民共和国继承法》——书中简称《继承法》

《中华人民共和国婚姻法》——书中简称《婚姻法》

《中华人民共和国侵权责任法》——书中简称《侵权责任法》

《中华人民共和国未成年人保护法》——书中简称《未成年人保护法》

《中华人民共和国老年人权益保障法》——书中简称《老年人权益保障法》

《中华人民共和国环境噪声污染防治法》——书中简称《环境噪声污染防治法》

《中华人民共和国社会保险法》——书中简称《社会保险法》

《中华人民共和国保险法》——书中简称《保险法》

《中华人民共和国治安管理处罚法》——书中简称《治安管理处罚法》

《中华人民共和国妇女权益保障法》——书中简称《妇女权益保障法》

《中华人民共和国母婴保健法》——书中简称《母婴保健法》

《中华人民共和国消费者权益保护法》——书中简称《消费者权益保护法》

《中华人民共和国道路交通安全法》——书中简称《道路交通安全法》

《中华人民共和国工伤保险条例》——书中简称《工伤保险条例》

《中华人民共和国劳动争议调解仲裁法》——书中简称《劳动争议调解仲裁法》

《婚姻登记管理条例》

《学生伤害事故处理办法》

《物业服务收费管理办法》

《城镇个人建造住宅管理办法》

《商品房销售管理办法》

《快递市场管理办法》

《物业管理条例》

《〈物业管理条例〉实施细则》

《城市道路管理条例》

《社会保险费征缴暂行条例》

《城市房地产开发经营管理条例》

《道路交通安全法实施条例》

《公共文化体育设施条例》

《全民健身条例》

《机动车交通事故责任强制保险条例》

《工资支付暂行规定》

《最高人民法院关于审理劳动争议案件适用法律若干问题的解释（三）》——书中简称《劳动争议案件司法解释（三）》

《中华人民共和国劳动合同法实施条例》——书中简称《劳动合同法实施条例》

《最高人民法院关于贯彻执行〈中华人民共和国民法通则〉若干问题的意见》（试行）——书中简称《民通意见》

《最高人民法院关于适用〈中华人民共和国民事诉讼法〉若干问题的意见》——书中简称《民诉意见》

《最高人民法院关于适用〈中华人民共和国民事诉讼法〉若干问题的解释》——书中简称《民事诉讼法司法解释》

《最高人民法院关于执行〈中华人民共和国刑事诉讼法〉若干问题的解释》——书中简称《刑事诉讼法司法解释》

《最高人民法院关于审理商品房买卖合同纠纷案件适用法律若干问题的解释》——书中简称《审理商品房买卖合同纠纷案件司法解释》

《最高人民法院关于适用〈中华人民共和国婚姻法〉若干问题的解释（一）》——书中简称《婚姻法司法解释（一）》

《最高人民法院关于适用〈中华人民共和国婚姻法〉若干问题的解释（二）》——书中简称《婚姻法司法解释（二）》

《最高人民法院关于适用〈中华人民共和国婚姻法〉若干问题的解释（三)》——书中简称《婚姻法司法解释（三)》

《最高人民法院关于贯彻执行〈中华人民共和国继承法〉若干问题的意见》——书中简称《继承法意见》

《最高人民法院关于审理人身损害赔偿案件适用法律若干问题的解释》——书中简称《关于审理人身损害赔偿案件司法解释》

《最高人民法院关于审理物业服务纠纷案件具体应用法律若干问题的解释》——书中简称《关于审理物业服务纠纷案件司法解释》

《最高人民法院关于适用〈中华人民共和国担保法〉若干问题的解释》——书中简称《担保法司法解释》

《最高人民法院关于人民法院审理离婚案件处理财产分割问题的若干具体意见》——书中简称《关于审理离婚案件处理财产分割意见》

《最高人民法院关于审理铁路运输人身损害赔偿纠纷案件适用法律若干问题的解释》——书中简称《关于审理铁路运输人身损害赔偿纠纷案件司法解释》

《最高人民法院关于审理道路交通事故损害赔偿案件适用法律若干问题的解释》——书中简称《关于审理道路交通事故损害赔偿案件司法解释》

《最高人民法院关于确定民事侵权精神损害赔偿责任若干问题的解释》——书中简称《关于确定民事侵权精神损害赔偿责任司法解释》

《建设部提高住宅设计质量和加强住宅设计管理的若干意见》

《最高人民法院关于审理工伤保险行政案件若干问题的规定》

《中华人民共和国精神卫生法》

后　记

　　时光荏苒，岁月如梭，一转眼，我在青海广播电视大学任教已经整整十二年了。这里是我工作、学习的地方。作为开展现代远程教育的高校，她站在时代前沿，领略着时代的脉搏，承载着时代的重任。在这看似没有时间、空间和地域限制的校园里，却包含着丰富、便捷的教学资源，接纳着来自不同地区、不同民族、不同职业、不同年龄的学子。她将时间、机会均等地赐予每个渴望求知者。

　　我喜欢这里的一草一木，一桌一椅，对这里的一切有某种特殊的情感——因为这里是我事业起步的地方。作为一名教书、育人、传道、授业、解惑的法学教育工作者，我一手执教，一手握笔，许多值得思考和感悟的案例促使我写出深深浅浅的文字。在面对成人的法学教育工作中，遭遇了很多，有来自心灵深处的呼声，有面对家庭的矛盾，有面对夫妻离婚后子女抚养问题的纠纷，有面对被用人单位无正当理由的辞退，有面对没有跟用人单位签订用工合同拿不到工资的困境，还有用人单位在试用期内不给员工缴纳社保，下班后在单位加班受伤后申请工伤的挫折……诸如此类，不胜枚举。将学生的这些疑问汇总下来，形成学生问题库。与此同时，在社区市民法律讲堂中，让我感触很深的是，前来听法律讲座的很多社区居民法律意识淡薄，文化水平低，认识和理解差异大，而社区普法人员严重不足，普法对象分散，难以组织。社区缺乏法律援助机构，加上社区又不是执法单位，社区法律服务缺乏具备相应法律知识的人才。面对不懂法带来的痛苦和遭受的不幸，我争取在课后做到有问必答；一度我的手机常常被社区居民拨打，电话那头传来的抱怨声、哭泣声、愤怒声，使我感受到他们的无助，我也尽量不厌其烦地为他们答疑解惑。

　　我深切地感受到这一刻我成了对社会有用的人，在忙碌平凡的工作中体现着自己的人生价值。每讲授一堂成人教育的法学课，每到一个社区进行法律讲座，都有新的问题、新的困难等着我，我深知自己肩负的重任。"老师，听完你的案例一转身就忘了……你能把这些知识编成小册子发给我们吗？"社区老百姓的这句话提醒了我，作为一名法学教育工作者，我有义务宣传法律常识，我可以将具体的案例和解析编成书，让更多学生和民众通过对发生在自己家、自己身边的案例来了解相关法律知识，从而不再烦恼，或减少烦恼，这是我义不容辞的责任。

　　编写法律实用案例汇编的愿望在我的心里酝酿了很久，但我清楚地知道自己的能力不够，这些实例文字就是发生在老百姓身边真实的生活记载，很多案例需要我去精心琢磨，写成书面的文字性东西后，更需要花时间去雕琢。我的心里沉甸甸的，我渴望这本图书能够成为普通民众和广大学生的法律手册。其中记载的无论是悲与喜，得与失，反映的都是这个时代普通民众的呼声。

　　这也是我生命的一部分，是我事业的新起点。我会在以后的教学生涯中再接再厉，勇往直前。

编者　马丽艳

2018 年 4 月

参考文献

1. 卜鹤. 这年头一定要懂点法律常识. 呼和浩特：内蒙古人民出版社，2010.

2. 林嘉. 以案说法·婚姻家庭继承法篇. 北京：中国人民大学出版社，2000.

3. 法规应用研究中心. 婚姻家庭法一本通（含婚姻法·收养法·继承法）. 3 版. 北京：中国法制出版社，2011.

4. 刘玉民. 妇女儿童权益保护. 北京：中国民主法制出版社，2015.

5. 刘东根，于丹，张宝菊. 妇女儿童权益保护. 合肥：黄山书社，2010.

6. 杨明. 婚恋中的房产问题. 北京：法律出版社，2007.

7. 国务院法制办公室. 中华人民共和国社会保险法注解与配套. 4 版. 北京：中国法制出版社，2017.

8. 中国法制出版社. 工伤保险条例新解读. 3 版. 北京：中国法制出版社，2012.

9. 中国人民大学法律援助中心. 谁动了我的权利？消费者维权纠纷必备法律常识. 北京：中国法制出版社，2016.

10. 中国法制出版社. 侵权赔偿法律适用全书：含赔偿标准. 北京：中国法制出版社，2010.

11. 法律出版社法规中心. 道路交通法律指引实用全书. 北京：法律出版社，2014.

12. 赵松梅. 消费者权益保护法实用案例. 呼和浩特：内蒙古人民出版社，2016.